秋田　茂
桃木 至朗 編著

グローバルヒストリーと戦争

HANDAI Livre 056
大阪大学出版会

グローバルヒストリーと戦争・目次

序章　グローバルヒストリーと戦争

秋田　茂
桃木至朗

一　戦争と秩序形成——地域秩序から国際秩序へ

本書は、グローバルヒストリーを動かす重要な要因として「戦争」に着目する。グローバルヒストリーでおなじみの世界の一体化と覇権争い、帝国と植民地支配や脱植民地化と国民国家形成などのテーマが、どれも戦争と不可分であることは言うまでもないが、そこでの戦争のとらえ方は、国民国家を基礎にした従来の伝統的な歴史観からは大きく変化しており、たとえば「日本史」が孤立した一国史ではないことも明白になる。近世軍事革命や近現代の武器移転など、軍事技術を介した関係性、それに二〇世紀の総力戦に限らず、戦争と軍隊がそのイメージや記憶も含めて国家・社会や国際関係のありかたに与えた影響の比較などは、新しい研究の代表例だろう。近世より以前の諸時代においても、人類史における戦争の発生から国家の編成や正統性原理、火器の役割まで、戦争を切り口にすることでグローバルな問題が浮かび上がる領域は少なくない。

本書では、⑴戦争と秩序形成、⑵戦争と歴史認識・アイデンティティの形成と変容、さらに、⑶武器・軍事技術の移転と秩序形成、以上の三点を中心に、古代から現代にいたる戦争をグローバルヒストリーの文脈で論じる。このテーマを掲げると、グローバルヒストリー研究の代表的論者である、アメリカ・シカゴ大学名誉教授のウィリアム・H・マクニールの著作『戦争の世界史――技術と軍隊と社会』（一九八二）を思い浮かべるかもしれない。マクニールの著書は、第二千年紀（西暦一〇〇〇〜二〇〇〇年）における軍事技術と社会の変容を論じた名著であり、その前半期に関しては非ヨーロッパ世界、とりわけ中国における市場経済の発展と軍事の関係が論じられ、近年のK・ポメランツの『大分岐』論争につながるヨーロッパを相対化する論点も提示されている。しかし、叙述の中心は近世以降のヨーロッパが対象であり、この古典的名著にも、近現代世界史に固有の「西洋中心史観」を見出すことが可能である。本書では、可能な限り西洋中心史観を相対化するため、古代から現代にいたる、日本を含めたアジア世界における戦争を具体的事例として取り上げるように努めた。

前述のように、本書の各章に共通する第一の論題は、戦争の結果として出現した「戦後秩序」の形成とその変容を通じた、戦争が果たした役割である。

戦後の秩序形成を考える上で不可欠なのが、戦争の規模（スケール）である。前近代の東部ユーラシアと海域アジアを中心としたアジア世界では、ユーラシア大陸各地での諸帝国の盛衰が、広域の地域秩序（regional order）を規定する要因となった。古代日本における律令国家体制の確立も、朝鮮半島における長期の動乱と「日唐百年の抗争」という観点から、東部ユーラシア世界の変容（中華帝国の興亡と遊牧系諸民族の台頭）と関連付けて考察することが必要になっている。この点は、一三～一四世紀にユーラシア大陸規模で世界帝国を確立したモンゴル帝国の周辺に位置した、諸地域での国家形成にとっても不可欠である。大越（ベトナム）や一四世紀の日本にとって、モンゴル帝国（元朝）との関係をいかに位置づけた上で、貿易関係を維持していくかが大きな課題となった。

現在グローバルヒストリー研究において、もっとも注目を集めているのが、「近世」（Early-Modern）の時代である。その契機となったのが、二〇〇〇年に刊行された前述のポメランツの話題作『大分岐』である。同書は、一八世紀を中心とする近世の世界史像を書き換える画期的な問題提起を行っている。ウォーラーステインの近代世界システム論に代表されるような、従来西欧中心に語られてきた近代世界経済の形成を、ユーラシア大陸の東西における近世東アジアの中国・日本と双方向的に比較した。西洋中心史観を相対化する視点の提示が挑発的で論争を引き起こしたことに示されるように、アジアから世界史認識を書き換える可能性を秘めた話題作である。本書では、「大分岐」論争そのものを扱う訳ではないが、近世世界の戦争が関連した地域秩序の見直しに関連する問題を提起している。それは、東部ユーラシアでは、近世初期、いわゆる「大航海時代」（長期の一六世紀）

における東アジア海域秩序への西欧諸国（特にポルトガル）の参入の問題であり、西部ユーラシア（ヨーロッパ）では、近世後期の北西ヨーロッパ国際秩序の形成、一六四八年のウェストファリア条約を嚆矢とする一七世紀後半以降の主権国家体制、いわゆる「ウェストファリア体制」の実態である。

イベリア両国を中心として「大航海時代」を語ることは、西洋中心史観の典型である。現在では、インド洋世界を含めた海域アジア史研究の進展により、西欧の冒険商人がアジア海域に来航するはるか以前の一三世紀から、アジアの海ではアジア現地商人を中心にした遠隔地交易が活発に展開される「交易の時代」（The Age of Commerce）であったことが明らかになっている。ポルトガル人による鉄砲伝来（軍事技術の移転）も、中国・明朝主導の海禁体制や東アジアでの海賊行為（後期倭寇）との関連で考えるべきである。

他方、ヨーロッパ側でも、近世後期（長期の一八世紀）の主権国家の形成と発展の実態が再検討されている。当該期に台頭しやがて海外膨張政策に転じた北西ヨーロッパの主権国家群は、イングランド（後の連合王国United Kingdom）やスウェーデンに代表されるように、「軍事革命」と国家財政の拡張を通じて、一人の君主が異なる政治体を複合的に統合した「財政軍事国家」（fiscal military state）であった。その国制下では、多国籍の軍人や官僚の登用が行われると共に、ユダヤ系やユグノー、非国教徒など少数派の海外貿易商人が国籍に拘らずかなり自由に活動できた。近世ヨーロッパ世界も、一九世紀以降顕在化した一国史的な枠組み（国民国家論）では捉えきれない、戦争の断続的な遂行を前提とする広域の地域秩序を有していた。

一九世紀の近代世界が、工業化による経済的な台頭と、植民地主義・帝国主義政策を通じて、ヨーロッパが世界で主導権を握った「ヨーロッパの世紀」であることは間違いない。その中心は、ヘゲモニー国家として君臨したイギリス帝国であったが、その台頭は海軍力の優越と財政・金融力を通じたナポレオン戦争の勝利によりもたらされた。近現代史において、「パクス・ブリタニカ」や後の「パクス・アメリカーナ」に代表される国際秩序＝ヘゲモニー（覇権）は、軍事力と経済力により支えられたが、いずれの国際秩序も世界的（地球的）規模での戦争に勝利した結果確立されたものであった。だが、近代における欧米列強諸国の優位、非ヨーロッパ地域における植民地支配の過程で、さまざまな武器・軍事技術が拡散し、現地社会に定着していったのも事実である。ヘゲモニー国家は、世界諸地域で、自由貿易制度、電信網、基軸通貨としてのポンド（スターリング）やドルなど、さまざまな国際公共財（international public goods）を提供した。汎用性のある武器の移転も、限定的であるとはいえ、植民地主義・帝国主義支配下の現地社会の変容を促した。列強の植民地支配も、現地社会の協力と抵抗のバランスの上で、現地人協力者階層の支持の下で維持できたのである。その協力・従属は、武器技術を手にした現地側の反発により、容易に抵抗・自立に転化しえた。

とりわけ、近現代世界史の文脈では、一九一四〜一八年の第一次世界大戦が、歴史的転換点、新たな国際秩序（international order）形成の契機として強調されてきた。一昨年・二〇一四年は第一次世界大戦開戦百周年ということで、一部の日本のマス・メディアの注目を集めた。しかし、基本的に第一次世界大戦はヨーロッパの戦争であり、なぜ日本で「騒ぎ立てる」必要があったのだろうか。世界史の大きな流れの中では、木畑洋一が『二〇世紀の歴史』（二〇一四）で強調するように、むしろ二〇世紀初頭の日露戦争と、その後のアジア諸地域でのナショナリズムの勃興、戦間期から本格化した「脱植民地化」の動きの方が、はるかに重要なのではないか。

ところで、英米両国による戦後秩序形成に関しては、国際関係論の専門家G・ジョン・アイケンベリーの研究『アフター・ヴィクトリ――戦後構築の論理と行動』（二〇〇一）がある。同書は、一九世紀初頭のナポレオン戦争後、第一次世界大戦後の一九一九年以降のヴェルサイユ＝ワシントン体制、一九四五年以降の第二次世界大戦後、そして東西冷戦の四つの戦争の「戦後」秩序形成を、制度理論を使って相互比較している。本書ではもちろん、第一次世界大戦のグローバルヒストリーにおける画期性・重要性を否定するものではないが、従来の欧米における国際関係史・世界史研究に見られるように、歴史的転換点としての第一次世界大戦の意義を過度に強調するものでもない。欧米中心の第一次大戦とその戦後秩序を「相対化」するには、一九～二〇世紀転換期から二一世紀現代にいたる長期の時間軸が必要になる。昨年二〇一五年は第二次世界大戦が終結した七〇周年であった。冷戦も終わって四半世紀を経過した現代において「戦後」秩序を考える場合、持続的な経済発展（sustainable development）を実現するうえで経済開発の問題も無視できない。中国・インドの二大国の急速な経済発展により、現代の世界システム・世界経済の基軸が（アメリカの中心性は動かないにせよ）環大西洋世界経済圏からアジア太平洋経済圏に大きくシフトしつつある現在において、その歴史的起源を探求するためにも、長期の時間軸で、戦後秩序の相互比較が必要である。

二〇一五年はまた、ベトナム戦争終結四〇周年でもあった。冷戦終結後に全面化する、主権国家間の正規軍による戦争とは違った、ゲリラ・テロなどを主役とする非対称な戦争が覇権国家や世界システムの中核を揺るがしうることを、最初に劇的なかたちで示したのは、ベトナム戦争であった。それを可能にしたのは、熱帯の自然条件や世界にひろがった市民の連帯だけでなく、正規軍以外が扱える簡易で破壊力のある武器の普及など、技術的側面も重視しなければならない。近年の戦争に関するこの視点から見れば、近代世界史や広くは人類史全体が、一方的・直線的に国家統合や世界の一体化に向かうものではないことも理解できるだろう。

二　戦争と歴史認識、自意識・他者認識、世界像

日本を含む東アジア諸国間の平穏でない相互関係という今日のホットイシューにおいて、「歴史戦争」という言葉すら使われるように、歴史認識が領土・領海紛争とならんで対立の直接のテーマとなってきたことは言うまでもない。本書でも第一章がそのテーマを直接に扱う。歴史認識問題の中心に、南京事件や「従軍慰安婦」、アジア太平洋戦争、東京裁判と靖国神社など、戦争とその記憶や表象・追悼のされかたに関する理解・解釈の対立や食い違い、それらを自分に都合のよいように組み替えたり学校・社会で教える動きなどがあることも、これまた常識に属する。東アジア諸国間の

対立の一方にある日米の特殊な関係、それに由来する米軍基地負担への沖縄の異議申し立てなどにおいても、「太平洋戦争」と沖縄戦を含む歴史とその記憶が問題とされる。それら歴史認識の問題は、前節で論及した現実の地域・国際秩序とも切り離せない一方で、関係する国家・国民や個人のアイデンティティ（自意識・他者認識）、世界観とあるべき世界のイメージなど、さまざまなレベル・領域における観念世界のありかたと表裏一体の関係にある。

戦争と歴史認識をめぐるこうした対立・紛争がしばしばよって立つ無前提かつ絶対的なナショナリズムの枠組みは――それがいくら、グローバルヒストリーと誤って同一視されがちな「世界の覇権を争う列強の興亡史観」と親和的であろうとも――、そもそもが一国史を批判するところから出発したグローバルヒストリーとは、根本的に相容れない。これまた現在の対立においてしばしばアプリオリに言及される「勝者が歴史を創る」という観念も、グローバルヒストリーが単なる「弱者や周辺を無視した強者と中心の歴史」でなく、大小強弱さまざまな力の相互作用や作用・反作用をとらえる歴史であろうとするならば、これを受け入れることは原理的にできないはずである。あるいはそこまで言わずとも、現代性を重んじるグローバルヒストリーにとって、それが目ざすグローバル～リージョナル～ナショナル～ローカルの四層（プラス特定空間に属さない脱領域的な視角）を往復する分析方法にもとづき、ナショナリズムがもたらす不毛な観念的対立を相対化したり乗り越える道を提示することは、その存在意義を示すために重要な課題と言えるだろう。

ただし、客観主義的で一国史を越えた社会経済史などを軸に発展したグローバルヒストリーと歴史認識や記憶の問題は、必ずしも相性が良くない。これまでのところ、近現代社会における国家・民族や地域・個人の歴史認識・記憶、それらの背後にある「想像の共同体」としての国民と国民国家の負の側面、「伝統」意識や知識人の役割といった問題を活発に取り上げてきたのは、「歴史人類学」「歴史社会学」や「社会史」でなければ、「歴史＝物語り論」「カルチュラル・スタディーズ」「ポストコロニアル批評」「メディア研究」など、政治と文化の結びつき（文化の政治性）に着目する諸潮流である。戦時性暴力に関する取り組みなど、ジェンダー学が果たした役割も大きい[1]。「史学系専攻」から一歩外に出れば（欧米では内部でも？）、文化・思想系の論壇や国際交流・歴史和解などの取り組みの現場でそれらがもつ影響力は、伝統的な歴史学をはるかにしのいでいる。融通無碍な社会史はともかく、「言語論的転回」とその後の構造主義、構成（構築）主義など新しい思想の影響下で発展した政治＝文化研究の多くは、グローバルヒストリーを含む「大きな物語」を拒否し（むしろ「ミクロヒストリー」と結びつく）、方法としても従来の歴史学が追求してきた「客観的過去の実証的再構成」ではなく言説や表象の研究など別の方向に向かっている。「伝統的な史料読みの訓練」を回避し前近代にめったに手を出そうとしない点などから、これを邪道だなどと決めつけるのではなく、それらが切り開いた新しい領域となしとげた斬新な問題提起を、伝統的歴史学との違いとともにきちんと押さえておくべきだろう。

では、グローバルヒストリーには戦争と歴史認識の問題を取り扱う手がかりがないかというと、そういうわけではない。繰り返しになるが、グローバルヒストリーが「最初からあるナショナルヒストリー」を批判するのは国民国家を全否定するためではなく、グローバルな（およびリージョナル・ローカルな）動きの「結果としてできる国民国家」の研究は、グローバルヒストリーに不可欠の重要なテーマである。そもそも文化主義的な国民国家批判の古典であるベネディクト・アンダーソンの『想像の共同体』（アンダーソン　二〇〇七）は、印刷資本主義や歴史記述・地図作成など近代知の普及、人々が一定領域内を動く「巡礼」、帝国の解体やナショナリズムの全世界への普及など、グローバルなトピックの数々を取り上げており、しかも社会主義国同士の中越戦争から問題を説き起こしたではないか。二度の世界大戦を筆頭に、現代の戦争をめぐる事実の検証、対立点の確認と歴史和解などを目ざした多くの研究が（狭義の歴史学以外に国際政治学や国際関係論などの研究も含めて）、特段言語論的転回などを意識せずとも、帝国主義・植民地主義や国際法と戦争・平和の理念、知識人や民衆の国際的な交流・連帯と相互認識、人の動きや情報の世界化など、観念世界にかかわるグローバルな要素に注意を払い、ナショナリズムの暴走をその中でとらえようとしていることも当然である(2)。たとえば国民国家史観だけでは理解できない東西冷戦という事象にしても、それは社会主義を信じる人々が唯物史観にもとづく人類解放の必然性に命を懸けたように、現実の政治や経済をめぐる権力争いであるのに劣らず、歴史と未来をめぐる争いでもあった。

また現在の歴史学では、たとえば権力がいかなる理念や正当性を掲げ、それをめぐっていかなる抗争・反抗や服従・妥協が展開したかを問うこと自体が、すでに広く定着した方法となっている。グローバルヒストリーが得意とする「帝国」の研究なども、その好例である（前巻『グローバルヒストリーと帝国』の序章も参照されたい）。国民国家であれ帝国であれ、神の名で自らを正当化することが許されない近代国家が、正当性の根源に建国や独立をめぐる戦争の歴史を置くのは普通のことである（帝国の場合は、専制や非近代性からの他国の「解放」も）。労働者・農民の解放という別の世界史的大義をもつはずの社会主義国もその例外ではなかったことを、われわれはソ連・中国やベトナムの例からよく知っている。逆に敗戦による正当性の喪失とアイデンティティ・クライシス、あるいは「敗戦の苦難を経たからこそより光る復興の偉大さ」という物語のパターンなども、読者が二〇世紀日本を含めた実例を思い出すのは難しいことではあるまい。

アフリカ連合（AU）の本部がアジス・アベバに置かれる背景にイタリアの侵略を撃破したエチオピアの栄光があると言われるように、戦争の記憶は当事国を越えたリージョナルな歴史にも影響しうる。大国の干渉や冷戦構造がもたらしたベトナム戦争・カンボジア紛争の苦い記憶が、世界の外交において独自のポジションを築こうとするASEANの努力を促進する役割を果たしているのも事実であろう。

国家の正当性と自他認識、世界像などを入り口とした観念の研究は、前近代史の広域史についても、たとえば前近代の中華帝国や日本国家に焦点を当てた「東アジア世界」ないし「東部ユーラシア」に関する論争のかたちで活発に展開されており、その中心に日本の学界がある。(3) 一九六〇年代に提唱されて有名になった西嶋定生の「冊封《さくほう》体制論」（西嶋　二〇〇二ほか）が中国中心の静的で抽象化された国際秩序（ないしは安定をもたらす秩序原理）の構造的理解を目ざしたのに対し、遊牧民・オアシス民などの内陸アジア諸勢力や、日本を含む周辺「小帝国」群の主体性を重視する八〇年代以後の研究や、それをも吸収した最近の中華帝国とその「天下」理念に関する研究などは、より動的で具体的なプロセスの把握を目ざすものが多く、そこでは唐王朝衰亡後に起こった多数の国家・民族を巻き込む戦乱と国際秩序の多極化（その中でしかし「澶淵《せんえん》体制」と呼ばれる長期の安定が実現される）、モンゴル帝国のまさにグローバルな征服戦争、あるいは猖獗をきわめた「倭寇」の活動などの認識や記憶などがしばしば注目される。

儒教的な文明主義を共有する中華世界においてすら、「武威」を正当性のよりどころとする日本の武家政権、北方からの侵略の撃破を自己の「歴史」の根幹に据えた大越（ベトナム）国家などの例が出現しえたことも、戦争と軍事が意識や記憶の世界に与えるインパクトの大きさを物語るものだろう。なお、唯一神をもたないうえに「天」は人の具体的な行動を指示しない東アジア儒教圏で、「歴史」こそが──ユダヤ教・キリスト教やイスラームの世界より直接的なかたちで──権力者の正邪を判断する根拠になることを論じた佐藤正幸（二〇〇四）の所説が、歴史認識が現代の東アジア諸国とその政権においてもつ意味を理解するうえでも前提とされるべきであろう。

国民国家史観よりグローバルヒストリーによる方が理解しやすい事象として、この儒教圏の例を含めた、戦争と宗教理念や宗教アイデンティティとの双方向的な影響関係をあげることもできる。宗教と戦争といえば歴史上でも十字軍や近世ヨーロッパの宗教戦争がすぐに想起されるし、現代のターリバーンや「イスラーム国」の存在がイデオロギー上でも戦争抜きにしてありえないことは明らかである。南アジア・東南アジアで西暦第二千年紀前半におこった大乗仏教の衰退（東南アジアでは南アジアと違ってヒンドゥーも一緒に衰えた）も、一四世紀をピークとする深刻な社会危機（最大の原因は「小氷期」の開幕などの気候変動だろう）とその中での異民族の侵入や戦乱によって、既存の信仰が信頼を失ったことを背景として、イスラームや東南アジア大陸部の上座仏教のような新しい宗教が勢力を伸ばしえたものと理解される。

三　本書の構成

以下、各章の要点と全体のなかでの位置づけを示しておきたい。本書は、現代から過去への時代を遡及する「さかのぼりの世界史」形式で構成されている。

第一章（田中論文）は、現代の日中関係を事例に、戦後七〇年と二一世紀の東アジアに関わる歴史的射程を検討する。二〇一二年、日本政府の尖閣諸島国有化に端を発する中国各地で起こった反日デモにより、日中関係は極度に緊張し、一九七二年国交正常化以来最も厳しい局面を迎えた。一九八〇年代以降の日中関係は鄧小平の改革開放政策のもとで着実に発展し、ヒト・モノ・カネ・情報の交流は不可逆的に拡大・深化した。このようにして有史以来はじめて対等の立場で関係を構築してきた日中関係は、現在、転換点に立っている。問題の焦点は領土問題と歴史問題である。歴史問題について言えば「歴史の直視」をどのように解釈するのかをめぐって両者に見解の隔たりが存在する。私たちは、それらが「戦争の語り」や歴史認識に関する公的な政治的解釈であることをふまえながら、メディアや論壇あるいは学界など社会の領域における開かれた討論と対話によって、日本と中国さらに東アジアに通用する歴史認識が要請されている。

第二章（秋田論文）は、第二次世界大戦後から一九七〇年代初頭までのアジア国際秩序の再編と変容を、冷戦と関連づけて、この時期のアジア諸地域が有した世界史上の独自性、ユニークさを考察する。第一の特徴は、早期の脱植民地化の達成、第二の特徴は、世界的規模での東西冷戦の展開のなかで出現した、独自の国際政治秩序である「第三世界」と非同盟中立路線の出現、第三の特徴は、「貧困からの脱却」、経済的自立を求めた経済開発・工業化政策の追求である。開発を実現するために、東アジア・東南アジア諸地域において成立したのが、政府の経済への積極的介入を容認し、国家が強力な危機管理体制を構築する「開発主義」（developmentalism）である。脱植民地化、開発、冷戦の相互関連性を考察することで、「戦争」を通じた国際秩序の再編の歴史的意味を明らかにした。

第三章（中嶋論文）は、日本の知米派知識人とロックフェラー財団の関係を事例に、戦後、東西冷戦と交錯しつつ日米知的交流が復活し、それが時代の荒波にもまれながら一九七〇年代までに定着していった過程を明らかにする。アジア・太平洋戦争で対峙した日米両国であったが、戦後まもなく「新渡戸宗の使徒」高木八尺《やさか》や松本重治ら知米派知識人と、著名な歴史家・政治学者チャールズ・A・ビアードやジョン・D・ロックフェラー三世との交友は復活した。ロックフェラー三世は松本とも緊密に提携しながら、同年秋のサンフランシスコ講和・日米安保条約締結により成立する日米同盟を側面から支える役割を果たした。松本はそれに応えるかたちで、国境を越えた知的交流の場としての国際文化会館（東京）の開設（一九五五年）、運営に尽力した。他方、安保騒動（一九六〇年）や日米両国におけるベトナム戦争をめぐる論争のなかで、日米知的交流は大きな試練を経験した。一九七〇年代に入り、国際交流基金や日本の民間財団の支援を得た他の知的交流も活発になって、日米両国の政府間関係と連動してきた国際文化会館の知的交流は、一つの役割を終えた。

第四章（中野論文）は、第一次世界大戦へのアメリカ合衆国の参戦を事例に、現代史における戦争とグローバル化の連関性を問う。一九一七年四月におけるアメリカの参戦は、二つの点で第一次世界大戦の性格を変容させた。ひとつは、地政学的な意味での戦争の範囲が西半球、太平洋地域を含む形でグローバルに拡大したことである。北中米・カリブ海の地域覇権として君臨し、さらに潜在的な太平洋帝国としてフィリピンから中国大陸へと勢力を伸ばすアメリカの参入は、「ヨーロッパの大戦争」が文字通りの「世界大戦」に転化したことを示していた。それは、一九世紀の勢力均衡を超えて、新たな普遍性を帯びたグローバル戦争時代の到来を告げるものだった。第二のインパクトは、そうした戦争の世界化と密接にかかわって、普遍主義的な「戦争目的」が唱道されたことである。アメリカのウッドロー・ウィルソン大統領は参戦の条件として、国際協調や民族自決、相互依存的なグローバル経済などを柱とする平和構想を掲げたが、ここに戦争は単なる国権の発動ではなく、人類普遍の価値に照らして正当化を要する行為となった。現代の戦争は倫理的な意味でもグローバルな性格を帯びるようになったのである。

第五章（左近論文）は、ロシア義勇艦隊を事例に、軍事力と国際関係の関連性を問う。ロシア義勇艦隊は、一八七八年に設立された半官半民の組織であり、戦時における哨戒活動を本務としつつも、平時はオデッサ（黒海）とロシア極東のあいだのヒトやモノの輸送に従事した。アジア各地に寄港する義勇艦隊は、国際的な流れと無縁でいられるはずがなく、時とともにその役割を変化させていく。義勇艦隊に関するロシア政府内部での議論を一八七八年から第一次大戦直前まで追い、さらにそれを義勇艦隊の実際の活動と対照させることで、ロシア帝国政府の軍事と経済に関する認識が、日露戦争を挟んでも一貫性があった点を指摘する。ロシア帝国論と海域史を接続する意欲的な論考である。

第六章（岡田論文）は、大陸東南アジアの山地地域、特にベトナム西北地方（軍事史上名高いディエンビエンフーの戦いの舞台でもある）を題材として取り上げ、文化・生態環境を跨る戦争がどのように展開されたかを、近世から二〇世紀までという長期的視野において検討する。同地域は、中華帝国をはじめ強力な国家群に周囲を囲まれ、それらによる度重なる軍事遠征を蒙りながらも、二〇世紀まで特定の国家の支配下に編制されることがなかった。小規模政体が乱立し、統一国家を生み出さなかったこの地域が周辺の強大な軍事力に呑み込まれることがなかったのはなぜだったのだろうか。本章では、生態環境に基づく戦争形態の非対称性に注目する一方で、火器などの軍事技術のグローバルな移転が、こうした非対称性にどのように作用するのかについても検討する。そのことを通じて、国家による軍事力の独占の意味、さらに現代世界が「新たに」直面することとなった非対称型戦争の問題を考える。

第七章（後藤論文）は、一八五四年に起きたロシア艦の大阪湾来航事件を事例に、ユーラシア大陸西方の、一見リージョナルな枠のなかで繰り広げられたかのように見えるクリミア戦争（一八五三～一八五六）が、徳川幕府を中心とした当時の日本（＝ナショナル）に大きな衝撃を与え、さらにその列島内部のローカル社会・大阪にも少なからぬ影響を被った事例を示す。このロシア艦の大阪湾来航事件自体、ほとんど知られてはいないが、この事件は一八五三年のペリー来航＝「黒船来航」と比較することも可能である。クリミア戦争の太平洋海域への波及、「もうひとつの『黒船来航』」を通じて、幕府の政治や外交に与えた影響、さらには事件の舞台となった大阪の人々の反応などを検討し、四つの層（グローバル⇕リージョナル⇕ナショナル⇕ローカル）の接続（＝関係史）を試みる。

第八章（古谷論文）は、一七世紀半ばに長崎出島のオランダ商館長として訪日し、オランダ領台湾で最後の行政長官を務めたスウェーデン出身のフレドリク・コイエット（一六一五？～一六八七）を事例に、スウェーデンに特有な「財政軍事国家」のあり方とそれを可能としたオランダを核とするバルト海世界との関係を検証する。当時のスウェーデンはバルト海世界に軍事的覇権を得て「バルト海帝国」と通称される広域支配圏を築いたため、古くから軍事技術の革新に応じた集約的な国家経営の登場を論ずる「軍事革命」論の嚆矢として議論されてきた。しかし近年では、近代的な国家経営の成立を前提に一国単位で近世国家を解釈するような議論には批判が大きく、かわりに貧困な経済事情にもかかわらず、短期間ながらスウェーデンが軍事的覇権を維持できた背景を、バルト海に拡がった支配圏に求める議論が主流となりつつある。コイエットの生涯も、バルト海に拡がるトランス・ナショナルな世界を考慮に入れねば理解できない事例の一つだろう。

第九章（伊川論文）は、一六世紀の日本への鉄砲伝来を事例に、アジア海域史とグローバルヒストリーの接続を提示する。鉄砲伝来の研究史のなかで、倭寇のネットワークの役割を強調する潮流が登場し、明代中国史の研究では海禁秩序の具体的内容が明らかにされつつあるように、アジア海域における関係構築は、決してイベリア両国単独の力で実現したものでもなければ、彼らが望めば自然と拠点を形成できたのでもない。中国島嶼部は、大陸部とは異なり、外国人の滞在が黙認された点に特色があり、「臨時居留地」と呼ばれる拠点が構築される。鉄砲伝来の具体像については諸説あるが、ポルトガル人による日本初上陸が種子島であるとするならば、中国島嶼部と同様の発想で、日本における拠点を求めた結果が、種子島への上陸であったと考えることができる。それが倭寇ネットワークとの協働の結果であり、さらには鉄砲という軍事技術移転とも関わる出来事であったことも決して偶然ではない。ヨーロッパ中心史観の克服が叫ばれて久しいが、本章は一六世紀における東アジア海域の変化を通じて、その具体例を提示している。

第一〇章（桃木論文）は、大越（ベトナム）陳朝の「戦後レジーム」とそこからの脱却に焦点を当て、国家理念や世界像の形成と実際の秩序・体制の両面から考察する。一三世紀後半の大越陳朝

（ベトナム）は、モンゴル帝国の出兵に対する三度の抵抗戦争（一二五七～五八年、一二八四～八五年、一二八七～八八年）を経験した。それ自体が南宋平定やインド洋制覇などグローバルな戦略と関連した、「世界戦争」の一環として実施されたモンゴル（元朝）の大越侵攻と、それに対する壮絶な抵抗戦争は、大越陳朝とそれを取り巻く世界（チャンパー、ラオスなど周辺諸国も含む）を大きく変容させた。そして、中国に逃れた親元派の亡命政権は元末まで存在し続けるものの、一二八〇年代の戦争終結からおおよそ五〇年後、国際環境の変化を背景に、大越では「脱戦後」というべき動きが顕在化する。抵抗戦争を担った軍事リーダーの最後の数人が政界から姿を消すのと前後して、文人官僚主導による政権構造や国際関係の再編、そしておそらく歴史や神話の書き換えと創造が行われる。「戦後七〇年」にあたる一三五〇年代にもはやとどめがたい動きとなったその流れの中でおこった変化は、一五世紀以降のさまざまな変動を乗り越えて、ベトナム国家・社会・文化の『伝統』の基盤となっていった。

第一一章（中村論文）は、モンゴル帝国の戦争が、東シナ海をとりまく国際秩序や東シナ海を舞台とする海域交流のあり方に、いかなる変容をもたらしたのか考察する。一九九〇年代以降、一三～一四世紀にユーラシア大陸を覆ったモンゴル帝国に対するイメージは、大幅に刷新された。モンゴル帝国は、ユーラシアの陸域・海域の双方を視野に入れ、そこでの交流を促進させたとみなされ、モンゴルによる戦争も、そのための有効な手段であったと理解されるようになった。もっとも、モンゴル帝国の戦争が、帝国の経営・統治戦略のなかで語られたことは、モンゴル帝国像の刷新には寄与したものの、一方で、モンゴルの戦争をモンゴルにとっての戦争としてのみ評価するなど、議論の方向性に一定の偏りを生みだしたことも否めない。また、近年では、国家間の対立が必ずしも民間交流の断絶をもたらさないことが、近代の総力戦との違いとして強調され、戦争を通じて交流が推し進められたとの評価が定着している。本章では、国家間関係（政治）と民間交流（経済）の関係性を、中世後半――近世初頭の日中関係を事例に考察する。

第一二章（市論文）は、六六三年の白村江《はくそんこう》の戦いを東部ユーラシアの関係史として再考する。六六〇年、朝鮮三国の一つである百済が、唐と新羅の攻撃を受けて滅亡した。ただちに百済復興運動がおこり、これを受けて、斉明天皇は自ら九州まで遠征する。六六三年、朝鮮半島南部の白村江（錦江河口）において、倭国・百済の連合軍は唐・新羅の連合軍と激突し、大敗北を喫した。これを契機として、倭国では中央集権的な国家体制の構築がより一層進められた。しかし白村江の戦いは、長く続いた古代朝鮮三国（高句麗、百済、新羅）の統一戦争史のなかの一齣にすぎない。この百済救援戦争の主戦場は、あくまでも百済復興軍の本拠が置かれた周留城の攻略戦であり、白村江の敗戦・周留城の陥落以後も、百済の旧都であった扶余を中心に百済復興運動は継続していた。その後、六六八年に唐・新羅は高句麗を滅亡させるが、今度は唐と新羅との間で戦争がおこる。最終的に新羅が朝鮮半島の統一を果たすものの、旧高句麗領の北半分を取り込むことはできなかった。この地には周辺の沿海州地域などもあわせ、六九八年に建国された渤海が支配を及ぼすことになる。さらに、この朝鮮半島における一連の戦争は、突厥・吐蕃など中央アジア地域の動向とも密接に関連しながら展開していった。渤海・高句麗をめぐっては、朝鮮・中国・ロシアいずれの歴史に帰属するかという深刻な問題も現在起きており、決して古代史だけの問題ではない。本論文は、東部ユーラシア史の文脈に古代日本史を位置づける試みでもある。

（1）これらに関する著作や解説も枚挙に暇がないが、とりあえず世界史叢書編集委員会（二〇一五近刊）に代表的な入門・解説書をあげておいた。
（2）日本を含む東アジア近現代史の諸問題について言えば、『岩波講座東アジア近現代通史（全一〇巻）』がこれらの動きを網羅している。
（3）最近のまとめとして、たとえば広瀬（二〇一四）を見よ。
（4）近代の側からしか歴史を見ない研究者・知識人の間でよく語られる「明確な国境を持たず無限の支配権を主張する中華帝国」という説明は一面的で、「天下」には歴史的に「実効支配領域」や「〝夷〟の世界を含まない〝華〟のみの領域」を指す用法がまま見られる。渡辺信一郎（二〇〇三）はじめ、山崎覚士、檀上寛などの研究を参照せよ。

【主要参考文献】

秋田茂・桃木至朗（編）（二〇一三）『グローバルヒストリーと帝国』大阪大学出版会
『岩波講座東アジア近現代通史』（二〇一〇～一一）、岩波書店
アンダーソン、ベネディクト（白石隆・白石さや訳、二〇〇七）『定本想像の共同体』出版工房早山

木畑洋一（二〇一四）『二〇世紀の歴史』岩波新書
佐藤正幸（二〇〇四）『歴史認識の時空』知泉書館
世界史叢書編集委員会（二〇一六）（近刊）「われわれが目ざす世界史」『世界史叢書1　世界史の世界史』所収、ミネルヴァ書房
西嶋定生（二〇〇二）『西嶋定生東アジア史論集』岩波書店
広瀬憲雄（二〇一四）『古代日本外交史　東部ユーラシアの視点から読み直す』講談社（選書メチエ）
山室信一・岡田暁生・小関隆・藤原辰史編（二〇一四）『現代の起点　第一次世界大戦』（全四巻）岩波書店
渡辺信一郎（二〇〇三）『中国古代の王権と天下秩序―日中比較史の視点から』校倉書房
G. John Ikenberry（2001）*After Victory: Institutions, Strategic Restraint, and the Rebuilding of Order after Major Wars*, Princeton University Press（G・ジョン・アイケンベリー（鈴木康雄訳、二〇〇四）『アフター・ヴィクトリー―戦後構築の論理と行動』NTT出版）
William H. McNeill（1982）*The Pursuit of Power: Technology, Armed Force, and Society since A.D. 1000*, University of Chicago Press（ウィリアム・H・マクニール（高橋均訳、二〇一四）『戦争の世界史―技術と軍隊と社会』中公文庫、上下2巻）
Kenneth Pomeranz（2000）*The Great Divergence: China, Europe, and the Making of the Modern World Economy*, Princeton University Press（K・ポメランツ（川北稔監訳、二〇一五）『大分岐―中国、ヨーロッパ、そして近代世界経済の形成』名古屋大学出版会）

第一章　戦後七〇年と二一世紀の東アジア

――「戦争の語り」と歴史認識――

田中　仁

二〇一二年、日本政府の尖閣諸島国有化に端を発する中国各地で起こった反日デモによって日中関係は極度に緊張し、一九七二年国交正常化以来最も厳しい局面を迎えた。

一九八〇年代以降の日中関係は鄧小平の改革開放政策のもとで着実に発展し、ヒト・モノ・カネ・情報の交流は不可逆的に拡大・深化した。このようにして有史以来はじめて対等の立場で良好な関係を構築してきた日中関係は、現在、転換点に立っている。二〇一五年夏、日本政府の戦後七〇年談話と中国政府による戦勝七〇年軍事パレードは、この転換点の帰趨――四〇年来の良好な関係構築の軌道に回帰するのか、あるいは不安定要因をさらに付加することになるのか――を問うことになるが、この点からすれば、問題の所在は、一義的には両政府がいかにして危機を回避し双方の了解を得るためのすり合わせ（妥協）を行いうるのかという政治の領域に属するとみなすことができる。

二〇一四年一一月、途絶えていた日中首脳会談を再開するにあたって交わされた四項目の政府間合意が示すように、問題の焦点は領土問題と歴史認識問題である。歴史認識問題については、合意の第二項目「双方は、歴史を直視し、未来に向かうという精神に従い、両国関係に影響する政治的困難を克服することで若干の認識の一致をみた」とし、「歴史の直視」をどのように解釈するのかをめぐって両者に見解の隔たりが存在することを確認している。私たちには、それらが「戦争の語り」や歴史認識に関する公的な政治的解釈であることをふまえながら、メディアや論壇あるいは学界など社会の領域における開かれた討論と対話によって、日本と中国さらに東アジアに通用する歴史認識を築くことが要請されている。

この課題に接近するために、ここでは、戦後七〇年と二一世紀の東アジアに関わる歴史的射程を検討する。

一　東アジア地域秩序の再編と中国政治

東アジア地域秩序の再編

二〇世紀後半、東アジア地域秩序に、以下に示す再編と変容が招来した。

経済面では、世界経済の中心がアメリカ大陸とヨーロッパを跨ぐ環大西洋圏から、アメリカ大陸と東アジアを跨ぐ環太平洋圏に移行した。これを支えたのが、第一に日本の高度成長、第二にアジアNIESの出現とASEANの発展、そして第三に一九八〇年代以降、改革・開放政策に転じた中国である。

政治面では、一九八〇年代までの東アジアの多くの国々は開発主義・権威主義体制のもとにあったが、一九九〇年代以降、台湾・韓国などの民主化によって東アジア地域政治の変容が見られた。また安全保障と国際関係では、東西冷戦体制を具現する米国と東アジア諸国とのいわゆるHub–Spoke条約網[1]とともに、一九九〇年代以降、ASEANを中心に多面的・重層的秩序の創出を見た。

こうした経済・政治面での再編と変容によって、二〇世紀後半以降の東アジア地域では、ヒト・モノ・カネ・情報の交流が拡大し深化した。この趨勢は不可逆的かつ質的変化をもたらした。

中国政治の展開

ここでは、一九七〇年代以来の中国政治の基調を確認する。

一九七〇年代、中国は国連に復帰して安保理常任理事国となり、またNPT核兵器国としての地位を獲得したことによって、すでに東アジア地域政治における突出した存在であった。一九八〇年代、毛沢東没後に中国政治の指導権を獲得した鄧小平によって国家戦略の転換が行われ、「改革・開放」の時代が始まった。一九九〇年代、東欧革命・ソ連邦崩壊を契機に政治・経済体制の転換がなされ、全面的市場化と中国共産党（以下、中共）一党統治の堅持がめざされた。二〇〇〇年代、WTO加盟を契機として、中国はグローバル経済に本格的に参入した。

二〇一〇年代、中国のグローバル大国化は、国際政治・経済に対する大きなインパクトとなった[2]。その一方で、中国政府が関与しうるガバナンスの領域は限定的なものに留まっており、また鄧小平が遺した国際協調の基調（韜光養晦《とうこうようかい》方針＝才能・野心を隠し、力を蓄えること）が変更されたことによって、国内的・国際的緊張が高まった。

「戦争の語り」と歴史認識問題

今日の東アジアの歴史認識問題は、一九八〇年代にまで遡ることができる。

一九八二年、日本の歴史教科書において「侵略」の「進出」への書きかえを求める検定意見が出されたとする新聞報道を契機に中国と韓国が批判を展開、教科書問題は国際問題化した。これに対して日本政府は、検定における「近隣諸国条項」を作成し、事態を収拾した。またA級戦犯の靖国合祀は一九七八年に行われていたが、八〇年代、首相の靖国公式参拝に対して中韓の批判が見られるようになった。

一九九〇年代、中国における愛国主義教育の展開は、天安門事件と東欧革命・ソ連崩壊のあと、社会主義イデオロギーに代替する統治の正当性を調達するために「中華の振興」が謳われ、ナショナリズムの発揚を企図したことによる。また韓国では慰安婦問題が注目をあつめ、日本政府は九三年に慰安所・慰安婦の存在と旧日本軍の関与を認める「河野談話」を発表した。戦争終結五〇周年にあたる一九九五年、日本では自民・社会・さきがけ連立の村山内閣のもと、衆議院で「五〇年決議」を採択、「村山談話」が発表された（後述）。

二〇〇〇年代、中国各地で発生した反日デモ、および首相・閣僚の靖国参拝によって日中（日韓）関係は悪化した。日中国交正常化四〇周年にあたる二〇一二年、日本の尖閣国有化を契機に中国各地で発生した反日デモによって、日中関係の転機が訪れた。

中国政府の公（おおやけ）の語り

中国政府にとって、「歴史を直視し未来に向かう」（二〇一四年一一月、日中政府間合意）における「歴史」は、次のような論点を有している。

まずそれは、中共を最初に掲げるべき担い手とする「中華民族の復興」として理解され、中国の近現代の歴史は鄧小平、毛沢東、孫文という三人の偉大な指導者によって概括される。また今日の中華人民共和国の領域を実現した「康熙・雍正・乾隆の盛世」を想起し、鄭和《ていわ》の航海は世界に向けて開放された中華を象徴するものであり、漢字・紙・火薬・指南車（羅針盤）に人類史における中国文明の栄光が結実している、とされる。

次に「戦争の語り」では、中共と中共軍の役割が強調される。抗日戦争の勝利が人民共和国の建国をもたらしたこと、同時にそれが中国革命の勝利でもあったとし、そこに現代政治における中共の統治の正当性を求めている。このため、この「語り」において、日中戦争と第二次世界大戦の時期の中国政府である国民政府と、それを担った中国国民党の役割は軽視される。さらに、中共を「善」、日本軍国主義を「悪」とする認識の枠組みが多用される。

二　一九九五年、東アジア・メディア空間の交錯

日本の対中感情の推移

内閣府「外交に関する世論調査」（二〇一四年一〇月）によると、中国に対して「親しみを感じる」とする割合が一四・八％であり、「親しみを感じない」とする割合はそれより約七〇ポイント余り多い八三・一％である。前者を「親中感」、後者を「嫌中感」とするなら、「嫌中感」が今日の日本社会の中国認識を規定していると言える。上記の調査は一九七八年以降の数値を含んでおり、我々はこれによって三〇数年の動向を鳥瞰することができるのであるが、それによれば、一九七八～八八年は「親中感」が六〇～八〇％、「嫌中感」が一〇～三〇％で「親中感」多数期であるのに対して、八九～二〇〇三年は拮抗期、〇四年以降は「嫌中感」多数期と概括することができる（図1）。この一九八九年と二〇〇四～〇五年における「親中感」の顕著な減少と「嫌中感」の顕著な増加は、前者が一九八九年の第二次天安門事件、後者が二〇〇四年夏に中国で開催されたサッカーアジア杯での反日騒動および〇五年四月に北京・上海など各地で起こった反日デモに起因したものであろう。

一九八九〜二〇〇三年の拮抗期にあって、第二次世界大戦終結五〇周年にあたる一九九五年、「中国」をめぐる東アジア・メディア空間は、ひとつの構造を有する新たな質を獲得する。

一九九五年の日本、中国と台湾

日本では一九九三年に五五年体制が崩壊、連立政権時代となった。細川政権のあと村山富市・日本社会党委員長を首班とする自社さ連立政権が成立した。一九九五年、まず社会党が終戦五〇周年として世界大戦を総括する国会決議案を作成した。同案は当時連立内閣を組んでいた自由民主党などの反発にあい、表現の大幅な修正を余儀なくされた。六月九日、村山内閣の与党三派によって共同提出された衆議院決議案は、約半数が欠席するなかで起立可決によって採択された。

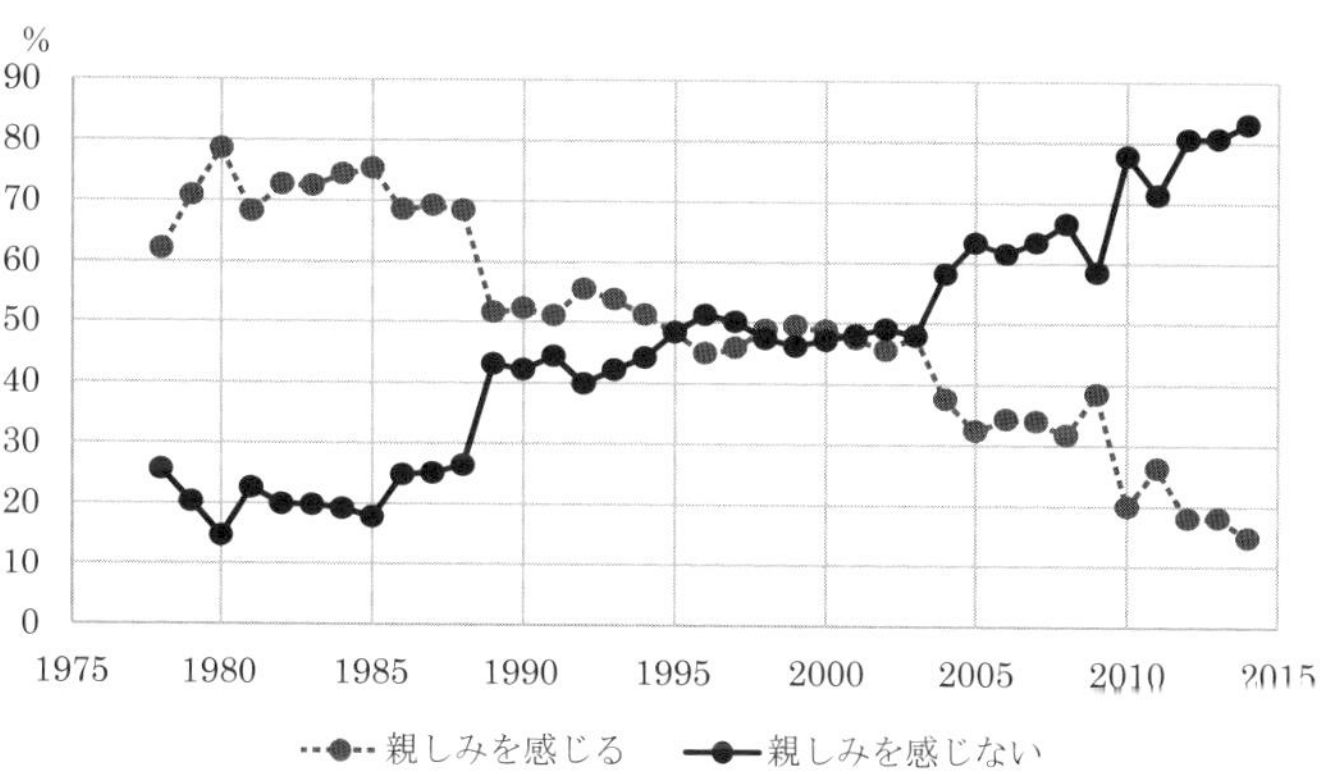

図1　中国に対する親近感の変化

「歴史を教訓に平和への決意を新たにする決議」
本院は、戦後五十年にあたり、全世界の戦没者および戦争等による犠牲者に対し、追悼の誠を捧げる。また、世界の近代史における数々の植民地支配や侵略行為に想いをいたし、我が国が過去に行ったこうした行為や他国民とくにアジア諸国民に与えた苦痛を認識し、深い反省の念を表明する。我々は、過去の戦争についての歴史観の相違を超え、歴史の教訓を謙虚に学び、平和な国際社会を築いていかなければならない。本院は、日本憲法の掲げる恒久平和の理念の下、世界の国々と手を携えて、人類共生の未来を切り開く決意をここに表明する。右、決議する。（データベース「世界と日本」、東京大学東洋文化研究所 http://www.ioc.u-tokyo.ac.jp/~worldjpn/）

さらに、八月一五日、村山首相は「戦後五〇周年の終戦記念日にあたって」と題する談話を発表（いわゆる村山談話）、そこには下記の文言を含んでいた。

わが国は、遠くない過去の一時期、国策を誤り、戦争への道を歩んで国民を存亡の危機に陥れ、植民地支配と侵略によって、多くの国々、とりわけアジア諸国の人々に対して多大の損害と苦痛を与えました。私は、未来に誤ち無からしめんとするが故に、疑うべくもないこの歴史の事実を謙虚に受け止め、ここにあらためて痛切な反省の意を表し、心からのお詫びの気持ちを表明いたします。また、この歴史がもたらした内外すべての犠牲者に深い哀悼の念を捧げます。

敗戦の日から五〇周年を迎えた今日、わが国は、深い反省に立ち、独善的なナショナリズムを排し、責任ある国際社会の一員として国際協調を促進し、それを通じて、平和の理念と民主主義とを押し広めていかなければなりません。同時に、わが国は、唯一の被爆国としての体験を踏まえて、核兵器の究極の廃絶を目指し、核不拡散体制の強化など、国際的な軍縮を積極的に推進していくことが肝要であります。これこそ、過去に対するつぐないとなり、犠牲となられた方々の御霊を鎮めるゆえんとなると、私は信じております。（データベース「世界と日本」）

国会決議と首相談話は、冷戦後の新たな環境のもとで、日本が戦後五〇年をどのように総括し将来をどのように展望するのかについての国家の意志を集約したものにほかな

日本・首相官邸

らない。同時に、この決議と談話として集約されるにいたる曲折は、以後の日本社会が担わねばならない課題の重さを示すことになった。

これに対して、中国では、ヨーロッパ社会主義国家群の消滅という環境下において中共の一党統治を堅持するため全面的市場化を選択、内外環境の整備に注力した。また社会主義イデオロギーによる社会的凝集性の減価を補うため、ナショナリズム（愛国主義）が強調されるようになる。また台湾では、八八年蔣経国死去によって総統となった李登輝により民主化が進行した。戒厳令解除と憲法内乱時期条款廃止、万年議員引退と実効統治地域における地域代表選出をふまえて、九六年の総統直接選挙が予定された。

一九九五年一月、江沢民・党総書記兼国家主席は中台問題に関する八項目の具体的提案を行った（江八点）。四月、これを受けて、李登輝・中華民国総統は六項目の対案を提起した（李六点）。しかしながらこの中台関係についての両者の論点提示は、踏み込んだ対話に発展することはなかった。一九九五年李登輝に対するアメリカのビザ発給を背景として米中関係と中台関係が極度に緊張、九六年に実効統治地域で実施された台湾総統選挙によって、戦後中台関係は新たな段階を迎えることになった。

朝日新聞とサンケイ新聞の終戦五〇周年社説

一九九五年八月一五日の朝日新聞社説「さあ自分の足で立とう　戦後五〇年──明日を求めて」

と産経新聞主張「自立的に生きる節目に――終戦五〇年に考える」は、対照的な議論を展開しているが、それは五五年体制崩壊によって誕生した村山内閣とその戦後五〇年に対するスタンスをどのように評価するのかという点によるものであった。すなわち朝日社説が、「自民党単独政権体制がつい最近まで続いていたため自民党政府は即国家と見なされ、国政選挙で比較多数を得たとの理由で国民・政府・国家の境界線が意図的にあいまいにされてきたし、これにたいして国民が鋭く反応したとは言えない」とし、「私たちが国家の名のもとにおこなわれる政府の行為を監視するとともに、国家や国民の対外責任の連続性は断ち切ることができないという「国際社会で生きるルール」に依拠して戦争責任の問題を真摯に受けとめなおすことが求められている」とするのに対して、産経主張は、「連立政権時代となって日本の伝統文化を否定する戦後民主主義者の一群が政権中枢に入り込んできているのは社会主義崩壊の今日の世界情勢の中で奇景としか言いようがない」とし、この国会決議は「有権者に相談もなく、歴史学者や知識人の広範な見解も集積せずに、国会議員だけで戦後に関わる歴史認識を無理やり全会一致させる企ては明らかに失敗に終わった」と批判する。さらに「戦前は悪、戦後は善なのか？」と問い、戦前を含む近代日本にも誇るべき歴史は少なからずあったはずだとして、憲法や安全保障で「自立」精神の構築をめざす挑戦を始めようと提起する。

朝日社説が、戦争責任問題の重要性という観点から五五年体制に自民党単独政権下における国家－国民関係のある種の歪みがあったことを指摘するのに対して、産経主張は、五五年体制の崩壊によって、日本無力化のために旧戦勝国が押しつけた戦後民主主義を信奉する一群が権力の中枢にまで入り込んできたとする。また朝日社説は国家・国民の対外責任の連続性は「国際社会で生きるルール」であるとして戦争責任問題を真摯に受けとめねばならないとするが、産経主張は不戦決議そのものを批判して憲法・安全保障での「自立」精神の構築を主張する。両者の見解は、あたかも一方が「ふてぶてしい居直り」と挑発すれば（朝日社説）、他方が「ススキの穂にもおびえている」と反駁するような（産経主張）対極的位置に置かれることとなった。

人民日報と中央日報の抗戦勝利五〇周年

中国では、一九九五年九月三日の人民日報社論「平和と正義は打ち負かすことはできない——中国人民抗日戦争勝利五〇周年を記念する」が、「抗日戦争の勝利は全民族の愛国主義精神の発揚によって成し遂げられたのであり、マルクス主義と中国革命の実際との正しい結合によって中華民族の栄光を勝ち取ったのである」と述べているのは、正統イデオロギーとしてのマルクス・レーニン主義や毛沢東思想を「愛国主義精神」によって補強することを企図したものであろう（「抗日戦争は中華民族が衰退から復興に向かう重要な転換点である」）。そして「和平と発展が現代世界における二つの主題である」とし、中国は新たな国際環境のもとでチャンスを掴み、鄧小平同志の中国的特色を有する社会主義理論に導かれて、江沢民同志を核心とする党中央の周囲に団結して新たな課題に取り組まねばならないと主張する。

これに対して、一九九五年九月三日の台湾・中央日報は、抗戦勝利五〇周年記念大会における李登輝総統のスピーチ「中華民国の存在は中国人の希望である」を掲載する。半世紀来の中台関係について、李登輝は、大陸の人民はマルクス・レーニン主義の共産制度のもとで苦しみ、ただ「台・澎・金・馬」の中国人だけが中華民国のもとで経済的自由・政治的民主・社会的公平を享受できたと総括するとともに、台湾の半世紀を「過去三〇年の経済奇跡によって我々は中国史上未曾有の富裕かつ平安な社会を創造し、また一〇年来の〝平和革命〟によって数千年来中国人が夢想しかつ実現しえなかった合理的な政治秩序をつくりあげた」と誇示したうえで、「この中華民国の完全な主権と一個の政治実体は掛け値なしのものである」と主張する。そして、「中共当局」が一月に発表した両岸関係に関する八点の主張（江八点）と私が提示した六点の主張（李六点）は「両岸関係を架橋するために双方が合意を求めて相違点を解決する基礎となりうるものであり、実務的な態度で真の協調を生み出すことが中国の再統一のための有利な環境を醸成することになろう」と述べる。しかしながら、上述の人民日報社論が「祖国統一の大業の完成は中華民族の根本的利益であり全国人民の共通の願望でもある」と述べ、「李登輝が民族の大義を顧みず祖国分裂の活動を行っていることは決して容認できないし、彼の目論見は絶対に成就しない」、「国家統一・民族振興は人心と大勢の赴くところであり、何人もこれを阻止することはできない」としているように、「江八点」と「李六点」の提起が中台間の交流を進展させるものではなかった。

さらに、この人民日報社論は、「抗日戦争の歴史を忘却してはならず改ざんしてはならない」とし、「近年日本の閣僚を含む一部の人々が中国侵略の歴史を否認しファシズムを免罪していることは、中国人民の感情とアジア・世界の人民の感情を著しく傷つけた」と批判し、「日本政府が歴史を正視し真に教訓を汲み取ることによって、実際の行動をもって中国とアジア各国の人民の信頼を勝ち取ることを希望する」と論じている。

＊　＊　＊

このように一九九五年の「終戦記念日」の朝日新聞社説と産経新聞主張が明確な対立軸を形成するにいたったこと、そして同年九月三日の人民日報社論と中央日報掲載の李登輝のスピーチにおいてもまた中台関係をめぐる論点の相違が「ひとつの中国原則」を焦点として明確化したことが確認された。さらに産経新聞主張が「国共内戦、朝鮮戦争、中ソ国境紛争、中越戦争など絶え間なく戦火に明け暮れていた」中国に「軍国主義」と批判される理由はないと述べているのに対して、人民日報社論が「近年日本の閣僚を含む一部の人々が中国侵略の歴史を否認しファシズムを免罪している」ことは、中国人民の感情とアジア・世界の人民の感情を著しく傷つけた」としていることは、朝日－産経の対抗軸と人民日報－中央日報の対立軸とがひとつの構造をもち、「中国」をめぐる東アジア・メディア空間が生起したことを示している。

三　二一世紀日本における日中戦争史研究

台湾総統選挙による政権交代と中国WTO加盟によって、二一世紀の中台関係に新たな変動要因が付加された。一方日中関係は、二〇〇一年八月の小泉首相の靖国参拝を契機に悪化し、〇五年には中国各地で反日騒動が発生した。その後二〇一〇年代初めの東アジア地域政治は極度に緊張し、日本と中韓の首脳の直接対話を行うことすらできない状況に陥ったが、「戦争の語り」と歴史認識は、こうした事態を招来する最も重要な問題であった。ここでは、二一世紀日本における中国抗日戦争研究について、いくつかの代表的論著を紹介することによってその全体的趨勢を提示する。

岩波講座『アジア・太平洋戦争』と石島・久保編『重慶国民政府史の研究』

『岩波講座　アジア・太平洋戦争』（八巻、二〇〇五～〇六）は、敗戦後六〇年を経て、日本歴史学界による一九四五年夏に終わった戦争についての総合研究である。

本講座は、一九四五年夏の「敗戦」が日本社会の時間認識を戦前／戦後に区分し、世界や社会の認識に決定的な影響を与えたことをふまえて、六〇年めの区切りにあたってこの「戦争」の内容とともに行為の意味自体を問い直そうとする。全巻を通底する枠組として、この戦争をかつて用いられた「大東亜戦争」「太平洋戦争」あるいは「十五年戦争」ではなく「アジア・太平洋戦争」とし、戦闘の時間・空間に限定せずに帝国－植民地の関係を見据え、「戦時」に止まらず「戦後」をも考察の射程に入れることにより新たな歴史像を提示することを企図している。その際、①「十五年戦争」という戦争認識が有する「一国史的」「単線的」側面、②ジェンダー、エスニシティー、戦争の記憶・語りなど戦争研究にかかわる新たな概念・方法の提起、③日本植民地「帝国」の支配と脱植民地化の課題を視野に収めることの重要性を喚起する。

石島紀之・久保亨編『重慶国民政府史の研究』（東京大学出版会、二〇〇四）は、一九三七～四五年、中国側を代表する存在であった日中戦争期の重慶国民政府に関する共同研究の成果であり、日本で始めての総合的研究書である。同書が提示する基本的論点は以下のとおりである。

第二次世界大戦は総力戦として戦われた戦争だったが、日中戦争も総力戦としての性格をもっていた。中国にとって抗日戦争は国家と民族の存亡に関わる戦いであったために、総力戦体制の構築は国家によって上から推進されただけでなく、民衆的な下からの要求にもとづくものでもあった。そのことによって、中国における総力戦体制は国民の強制的動員をめざす方向だけでなく、民衆を動員するために民主主義を拡大する方向が同時に存在した。

総力戦体制の構築という面から見たとき、重慶国民政府の抗戦体制には多くの矛盾と問題点があった。抗戦の指導体制についてみると、党・政・軍を統一指揮する機構として設置された国防最高委員会は戦争の最高指導機関としての機能を十分に果すことができなかった。もうひとつの問題点は、中国の抗戦力形成に重要な役割を果した多様な諸勢力の抗戦への結集＝抗日民族統一戦線が国共両党の対立が激化するなかで解体の方向に向かったこと、および国民党・国民政府による統制政策がさらに強化されたことである。

一九四一年一二月のアジア太平洋戦争の勃発は、重慶国民政府にとってその対日戦略が大きな成功をおさめたことを意味していた。中国は連合国の一員、それも形式的にはアメリカ・イギリス・ソ連とならぶ四大国のひとつになり、蔣介石は連合軍の中国戦区最高司令官に就任した。アメリカとイギリスは蔣介石の要求を入れて中国との不平等条約の破棄を決定し、一九四三年一月には新条約が締結された。以後なお多くの紆余曲折があるが、とにかく中国は対日戦勝利の展望を手に入れることができた。重慶政府は中国の抗戦をになった中心的力であった。

石島紀之『中国民衆にとっての日中戦争』

石島紀之は一九八四年に中国抗日戦争史の概説書を出版しているが（『中国抗日戦争史』青木書店）、『中国民衆にとっての日中戦争――飢え、社会改革、ナショナリズム』（研文出版、二〇一四）は、三〇年来の研究をふまえた日中戦争再考である。著者は、中国の公式見解では、抗日戦争は「すべての亡国奴となることを願わない」中国人民が「日本の侵略者との不撓不屈の勇敢な戦いを行った」戦争とされるものの（あるべき「ナショナルヒストリー」）、それは当時の民衆の実態をふまえた歴史的評価ではないとし、該書において、日本軍の攻撃、食料問題、民衆動員のための社会変革に中国の民衆がどのように向き合ったのかという問題を検討し、日中戦争とは中国の民衆にとってなんであったのかを考察する。

日中戦争時期の中国の民衆にとって、最大の問題は「自分の生活」の維持であり「安全」の確保だった。とりわけ「実際主義者」である農民の心性を生活の論理から抗戦の論理へとどのように結びつけていくのかが、国民党にせよ、共産党にせよ指導部にとってのもっとも重要な、そして難しい課題であった。中共は合理負担や「古いツケの清算」さらには減租減息などによって、貧しいながらかなり均質的な社会、すなわち戦時負担を公平にする社会をつくりだすことに成功し、それによって多くの民衆の抗戦意欲を高め、根拠地の抗戦力を強化することができた。しかし、限定的であれ暴力を容認して強力に民衆動員を推進する手法は内戦期から人民共和国を建設していく段階にもひきつがれ、文化大革命に象徴されるような政治・社会のひずみを生み出す要因のひとつとなった。

笹川裕史・奥村哲『銃後の中国社会』

「救国の情熱に燃えて惜しげもなく生命や財産を自ら進んで差し出す人々、彼らによって中国の銃後を代表させることはできない。彼らは突出した存在であり、彼らを主人公に据えるような捉えかたでは、日中戦争の複雑で矛盾に満ちた構造も、その後の中国にもたらした深刻な歴史的遺産の重みも客観的に受け止めることはできない」と述べるように、笹川裕史・奥村哲『銃後の中国社会――日中戦争下の総動員と農村』（岩波書店、二〇〇七年）もまた、上記石島著と同じく、中国の「ナショナルヒストリー」とは異なる日中戦争史像の構築を企図している。該書は、国民政府の戦時の拠点となった四川省を主な対象として、その混乱の具体的様相をつぶさに描き出すとともに、混乱のなかから変容をとげていく中国社会の動態を提示する。まず農村部における戦時負担の中心であった食糧、ついで兵士の徴発について、それぞれの実態を描き、次に戦時徴発にともなう地域権力構造の変動に主な焦点をあてる。さらに戦時徴発がもたらした深刻な弊害を克服するために試みられたさまざまな模索をとりあげる。

著者は二〇世紀を総力戦の時代と捉え、そこでは大規模かつ長期にわたる戦争を支えるために社会のあらゆる物的人的資源が国家によって動員され、それを可能にする社会の再編が進展したとする。総力戦を支えるという点から言えば、日本よりも中国が抱えていた困難のほうが圧倒的に大きかった。銃後の中国社会は、社会秩序そのものが崩壊しかねない深刻な様相を呈していた。こうした事態をそのまま放置すれば、総力戦を支えるための戦時徴発それ自体をも掘り崩してしまう。

これを食い止めるために、国家はさまざまな措置を講じ、戦時負担の公平化を実現しようとする。社会における貧富の格差が極大化して戦時徴発が限界に近づけば近づくほど、それにともなって戦時負担を公平に分かち合うべきだという社会的圧力が高まっていった。こうしたなかで、社会の上層の人々により多くの負担を求めていくことが避けられなくなる。このような状況は、中共が掲げる階級闘争の論理や土地革命を受容していく社会的基盤を生み出していく。中共が政権を奪取した一九四九年革命は、何よりも国共内戦の軍事的勝利によるが、それを後押しし、その後の政策執行を受容する基層社会の条件は日中戦争期に作られていたのである。

石井弓『記憶としての日中戦争』

石井弓『記憶としての日中戦争――インタビューによる他者理解の可能性』（研文出版、二〇一三）は、中国における日中戦争の集合的記憶の共有化と再記憶化について、一九四四年九月に山西省盂県《うけん》で起った趙家荘惨案を事例として検討する。

中国における日中戦争の集合的記憶は、三つの政治運動（「訴苦」「四史」「憶苦思甜＝昔の苦しみを思い今日の幸せをかみしめる」）を通して共有化・再記憶化された。すなわち「訴苦」で語られた個人の経験は「四史」によって歴史に編纂されることで地域を越えて共有され、さらに「憶苦思甜」として語り直されることで再記憶化された。ただ記憶は公的表象に再構築されながらもその表現に譲歩を迫ることができる関係にあり、このため勝利と被害という戦争表象のダブルスタンダードは被害記憶に収斂され、一九九〇年代の性暴力被害女性たちのカミングアウトに道を開いていった。

著者は、山西省盂県北西部の三つの村に伝わる趙家荘惨案の語り「劉根徳探親」（順口溜[3]）と村人へのインタビュー、および惨案についての歴史叙述と文史資料を比較・検討し、文献資料・口述資料と順口溜がひとつの出来事を表象しながらまったく異なる世界を描いていることを確認する。すなわち、歴史叙述（県志、人民闘争史）では村で起った虐殺事件は村外の第三者に外的視点から規格化された書き方によって記述され、多くの事件のなかのひとつとして位置づけられる（日本軍の行動を詳述する一方、村の中の人間関係は軽視される）。文史資料と筆者のインタビューは、村人が外来者に語った個別の死であり、公に対してどのように戦争被害を知ってもらいたいかという村人たちの願望の反映が記される（語られる）。これに対して、順口溜は聞き手を村や一定の範囲に想定し、村の内部に向けて語られる。

いかに残酷な体験の記憶も、それを想起し保持するきっかけや環境がなければ経験者の減少とともに忘却されていく。村人たちは六〇年以上も前の戦争の記憶を克明に保持し、感情記憶を形成しているが、それは単に過去の実態がひどいものだったからというだけではなく、共有化・再記憶化という環境が与えられたからこそ現在にまで保持された。今日の趙家荘は過疎化による崩壊の危機に瀕しているが、日中戦争は趙家荘という村にその循環を維持できない衝撃を与え、村を破壊した（コミュニティの関係性を破壊した）。同時に著者にとって、日本人が行うインタビューであるから相手は話をしてくれたという関係性は、自分自身を問い直す過程でもあった。

＊　＊　＊

『岩波講座　アジア・太平洋戦争』は、戦後六〇周年にあたって日本の歴史学界が二〇世紀なかばの戦争とどのように向き合おうとしているのかを示したものであり、石島・久保編『重慶国民政府史の研究』は、日本の中国近現代史研究者による標準的な日中戦争史像である。またわが国における研究の現況として「十五年戦争論」や国民政府・蒋介石の果した役割の強調等の論点を指摘できるが、石島／笹川・奥村／石井の三著がいずれも今日の中国における「公（おおやけ）の語り」と距離をおきながら、それぞれの立ち位置から戦争の意味の再定置を試みていることに留意したい。

四　戦後七〇年と東アジア

七〇年談話と各紙の主張

二〇一五年八月一四日に公表された安倍首相の七〇年談話は、有識者懇談会の報告が公表された後、閣議決定を経て発表された。すなわち、（1）アジアで最初に立憲政治を打ち立て独立を守りぬいた日本は、世界恐慌後「新しい国際秩序」への「挑戦者」となり、進むべき針路を誤り戦争への道を進んでいった。（2）事変・侵略・戦争といういかなる武力の威嚇や行使も、国際紛争を解決する手段としてはもう二度と用いてはならない。（3）あの戦争には何ら関わりのない私たちの子孫に謝罪を続ける宿命を背負わせてはならない。（4）我が国は、自由・民主主義・人権という基本的価値を堅持し、その価値を共有する国々と手を携えて「積極的平和主義」の旗を高く掲げ、世界の平和と繁栄に貢献する、とした。

翌八月一五日、日本各紙はいずれも安倍談話についての社説を掲げたが、『日経』『毎日』『読売』のそれは、いずれも、河野・村山談話など従来の内閣の見解を継承しその延長線上に今回の談話をおくことによって東アジアの将来を展望しようとしている。

これに対して、朝日新聞・社説「戦後七〇年の安倍談話　何のために出したのか」（二〇一五年八月一五日）は、「日本政府の歴史認識として定着してきた戦後五〇年の村山談話の最大の特徴は、かつての日本の行為を侵略だと認め、その反省とアジアの諸国民へのおわびを、率直に語ったことだ。

これに対して今回の談話は首相自身が引き継ぐという村山談話の内容から明らかに後退しているばかりか、村山談話以前の自民党首相の表現からも後退している」とし、「この談話は出す必要がなかったし、出すべきではなかった」と全面否定する。一方、産経新聞・主張「戦後七〇年談話　世界貢献こそ日本の道だ――謝罪外交の連鎖を断ち切れ」は、（1）今回の談話がおわびと深い悔悟の念とともに戦後生まれの世代に「謝罪を続ける宿命」を背負わせてはならないと述べたことは妥当である。（2）村山談話は、過去の歴史を一方的に断罪し、度重なる謝罪や決着済みの補償請求の要因となるなど国益を損なってきた。（3）中韓は七〇年の節目に日本の戦争責任などを追及する歴史戦を展開してきたが、政府はこれに対する反論と史実の発信を止めてはならないとして、中国や韓国に対する「『歴史戦』に備える時だ」と主張する。

朝日社説の「確かに国民の中にはいつまでわび続ければよいのかという感情がある。他方、中国や韓国が謝罪を求め続けることにもわけがある。政府として反省や謝罪を示しても、閣僚らがそれを疑わせる発言を繰り返す。靖国神社に首相らが参拝する。信頼を損ねる原因を日本から作ってきた」とするに対して、産経主張が「中韓は七〇年の節目に日本の戦争責任などを追及する歴史戦を展開してきた。曲解に基づく攻撃もためらわない。政府は、反論と史実の発信を止めてはならない」と述べるように、両者の相違の根底には一九九五年村山内閣による戦後決議と「村山談話」に関わる評価と立ち位置の違いがある。戦後の総括と中国問題をめぐる日本メディア空間の対抗軸は、二〇年後の今日、基本的に変化していない。

天安門軍事パレードと「戦争の語り」

九月三日、中国は「中国人民抗日戦争・世界反ファシズム戦争勝利七〇周年記念大会」を天安門広場で開催、軍事パレードが行われた。大会にはプーチン・ロシア大統領、朴槿恵・韓国大統領、潘基文・国連事務総長らが出席した。これまで天安門広場での軍事パレードは、十年に一度一〇月一日の国慶節に行われてきた。今回の軍事パレードはこうした慣例を破り抗戦勝利七〇周年を記念して実施、各種のミサイル群が登場するとともに空母「遼寧」の艦載機が上空を飛び、軍事力を誇示した。

習近平・中国国家主席は、この軍事パレードに先立ち講話を行い、(1)一四年の長きにわたる中国人民抗日戦争の勝利は、近代以来の中国が外敵の侵入を撃退した初めての完全な勝利であった。(2)世界反ファシズム戦争のなかで、中国人民抗日戦争は最も早く始まり持続時間も最長であった。(3)世界の各国は、ともに国連憲章の理念と原則を核とする国際秩序と体制を維持し、さらに

中国・中南海新華門

合作共利を核とする新国際関係を積極的に構築し、ともに世界平和と発展という崇高な事業を推進しなければならない、と述べた。この講話において、習近平は、第一に、この戦争を一九三一年満洲事変に始まる中国人民戦争と規定し、それは世界反ファシズム戦争を構成する重要な一環であったとし、第二に、国連憲章にもとづく国際秩序をふまえつつ、二一世紀における中国のグローバル大国化を背景に米国と新たな二国間関係の構築を求めている。

　この「一四年の長きにわたる中国人民抗日戦争」という理解は、馬英九・台湾総統が九月二日に提示した「戦争の語り」と明らかに異なる。台北で開かれた抗戦勝利七〇周年・中華民国一〇四年軍人節慶祝活動において、[4] 馬英九は、（1）一九三七年の盧溝橋事件に始まる八年間の対日抗戦は中華民国を救い台湾を光復しただけではなく、連合国とともに第二次世界大戦の勝利を勝ちとった。（2）抗戦は国民政

台湾総統府

府・蔣中正委員長が全国の軍民を領導した困苦奮闘の成果であり、抗戦勝利がなければ台湾光復なく、国軍の犠牲と奮闘がなければ今日の中華民国の自由・民主・繁栄の生活はありえない。（3）台湾の各族群の歴史の記憶は必ず尊重しなければならないが、同時に多くの先人が反侵略・反植民のために心血と生命を捧げたことを忘れてはならない、と述べた。すなわち、八年間の対日抗戦は蔣介石・国民政府のもとで戦われたこと、そしてそれを第二次世界大戦勝利から戦後にいたる国際情勢の展開の重要な一環として、史実として位置づけなければならない、ということである。

東アジアに通用する歴史認識のために

八月一五日の光復節演説において朴槿恵・韓国大統領は、安倍談話に遺憾な部分が少なくないが、それにも関わらず「日本の侵略と植民地支配がアジアの多くの国の国民に多くの損害と苦痛を与えた点と慰安婦被害者に苦痛を与えたことに対する謝罪と反省を根幹とした歴代内閣の立場が今後も揺るがないと国際社会に明確に明らかにした点に注目する」と述べ、さらに、今後日本政府は「歴代内閣の歴史認識を継承するという公言を一貫して誠意ある行動で裏付けして、隣国と共に国際社会の信頼を得なければならない」とした。安倍談話を歴代内閣の歴史認識の継承という文脈で理解することによって、日韓両政府において、今後見解のすり合わせる余地があることを示したものである。また天安門軍事パレードに出席した朴大統領と習国家主席とによって日中韓首脳会談が提起され、日本政府もこれに応じる姿勢を示したことは、政治の領域において、七〇年談話と軍事パレードが東アジアの不安定要因を増加させないような双方向的な妥協が図られたことが示されている。

筆者は、我々が熟考すべき課題はこのことに由来すると考える。ヒト・モノ・カネ・情報の交流の拡大・深化という二〇世紀後半とりわけ世紀を跨いで顕著となった東アジア地域における不可逆的趨勢と政治的対立の顕在化という状況のもとで、現在、政治の領域における安定を志向する（不安定要因を回避しようとする）ある種の妥協を確認できるとすれば、メディアや論壇あるいは学界など社会の領域における開かれた討論と対話によって、日本と中国さらに東アジアに通用する歴史認識を求める必要があろう。

ならばどのような論点の整理が有意なのだろうか。

第一に、前述の朴大統領の光復節演説が示すように、東アジアに通用する歴史認識を求めるにあたって、「戦争の語り」とともに近代日本の植民地責任の

青瓦台（韓国大統領府）

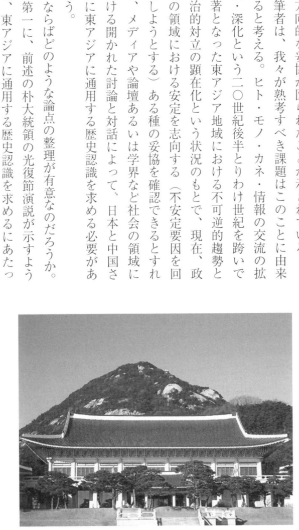

問題がもうひとつの重要な論点である。二〇一五年は日韓基本条約締結五〇周年でもあるが、一九一〇年から四五年にいたる三五年の植民地支配をどのように捉えるのかについては、条文は、当時の国際法上有効であるとする日本側と、無効であるとする韓国側が双方それぞれに解釈しうる余地を残していた。

これに対して、半世紀の植民地統治を経験した台湾では、一九九〇年代以降の民主化が台湾政治の「本土化」をめぐるエスノ・ポリティックスとして展開し、一九九〇年代なかばから二〇一〇年代にかけて台湾社会のアイデンティティに明らかな質的変化があった[5]（図2）。同時にそれは、半世紀の日本統治は台湾社会に近代化と日本化を強制したのに対して、台湾は前者を摂取し後者を拒否するという主体的選択を行ったとする理解が定着することになった。

第二に、二一世紀に入って日本社会における反中嫌韓傾向が顕著になったことは、内閣府「外交に関する調査」を見ても明らかである[6]（図3）。こうした状況下において、東アジアに通用する「戦争の語り」と歴史認識を志向するためには、ここまで考察を加えてきた政府やメディアの役割とともに[7]、アカデミズムの役割（国境を越えた対話）がとりわけ重要であるとしなければならない。

（1）一九五〇年代のアメリカ（Hub）は、日本、韓国、台湾、フィリピンなどと二国間の条約（Spoke）を締結した。

（2）二〇一〇年、中国の名目GDPは日本を抜いて世界第二位となった。この結果、日本は四二年にわたり保ってき

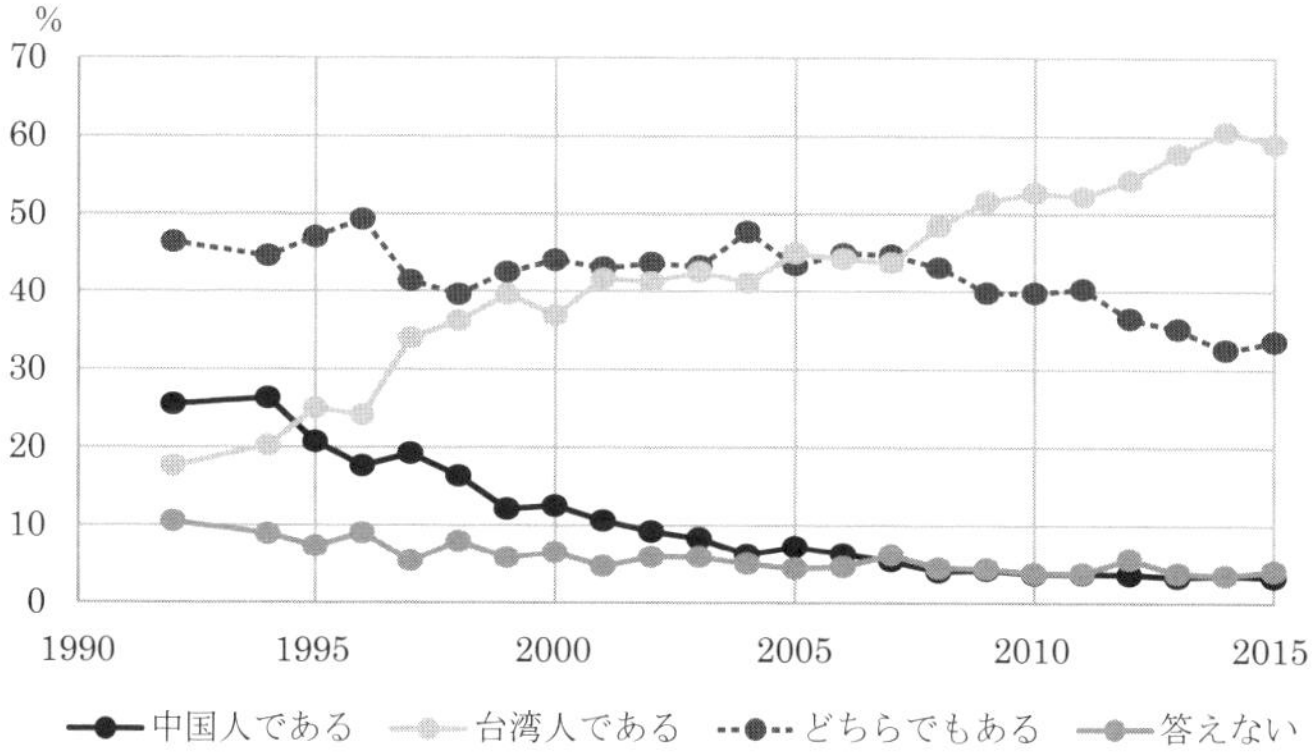

図２　台湾における台湾人／中国人アイデンティティの変化(3)

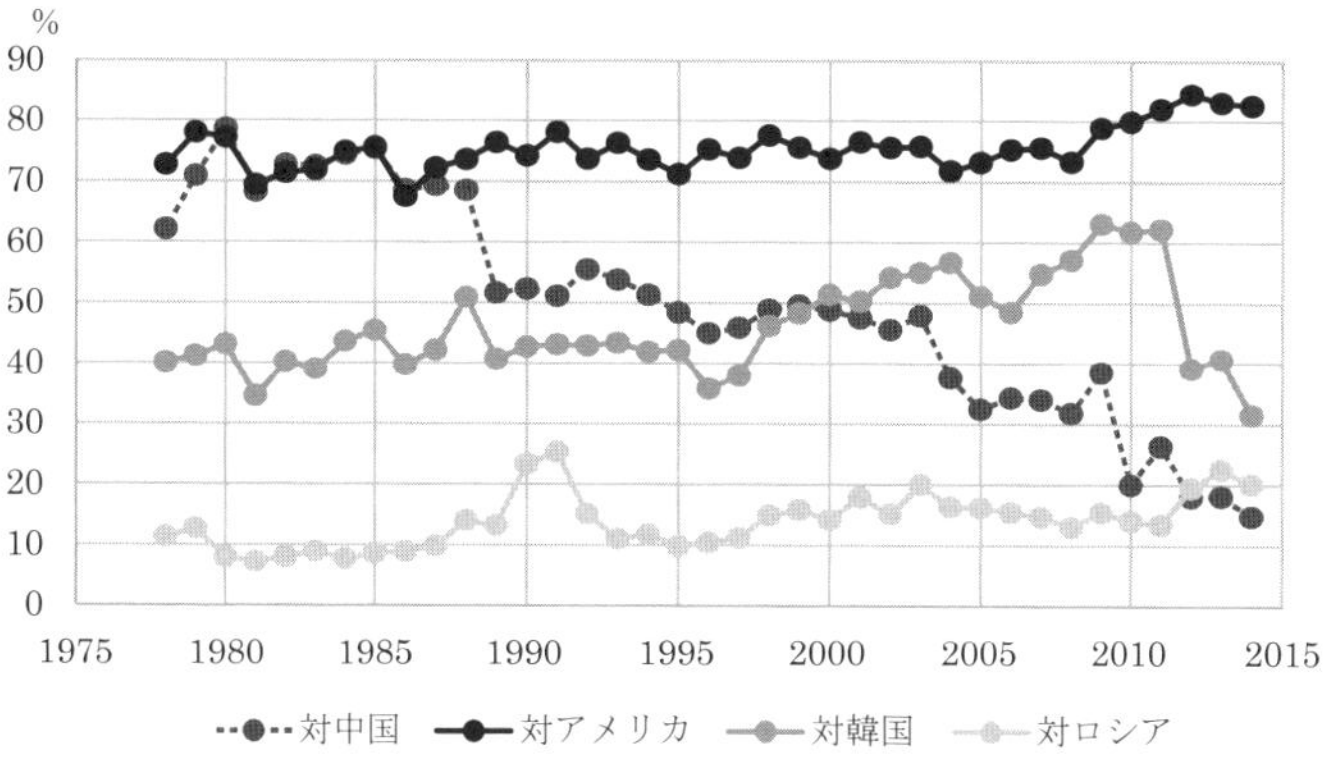

図３　日本社会における四国に対する親近感の変化(4)

た世界第二位の経済大国の地位を中国に譲った。

（3）民間で語りつがれる詩句。文字記録を欠いている。

（4）一九五五年、中華民国国防部は、各種の記念日を統一するために九月三日を三軍の「軍人節」としての慶祝活動を行うことを決定した。こうして台湾では、九月三日が「軍人節」として定着する。

（5）台湾・政治大学選挙研究センターは、台湾社会における台湾人／中国人アイデンティティの動向について一九九二年から調査を行っている。最初の総統直接選挙が実施された一九九〇年代なかば、「中国人でも台湾人でもある」が約半数、「台湾人である」「中国人である」が二〇～三〇ポイントであった。二〇年後の二〇一五年、「台湾人である」が約六〇ポイント、「中国人でも台湾人でもある」が約三〇ポイント、「中国人である」が数ポイントとなった。

（6）中国に対する親近感（一九八〇年代の「親中感」多数期、一九八九～二〇〇三年の「拮抗期」とそれ以前の「親中感」多数期、それ以後の「嫌中感」多数期）に比して、アメリカに対する親近感は七〇～八〇ポイントを維持している。韓国に対する親近感は、一九九〇年代なかばから二〇一〇年にかけて二〇ポイント上昇したが、二〇一二年以降、三〇ポイント低下した。

（7）検討すべき重要な課題群として、教科書（とくに歴史教科書）とその検定制度、博物館の戦争展示、ウェブ空間における「戦争の語り」がある。

【参考文献】

田中仁（二〇〇七）「〝終戦〟〝抗戦勝利〟記念日と東アジア」西村成雄・田中仁編『現代中国地域研究の新たな視圏』世界思想社

周婉窈（濱島敦俊監訳、二〇一三）『図説台湾の歴史・増補版』平凡社

柳鏞泰（李香淑訳、二〇一五）「自国史の帝国性を問う――韓中日三国の東アジア地域史比較」『大阪大学中国文化フォーラム・ディスカッションペーパー』

第二章　冷戦とアジアの経済開発

秋田　茂

一　冷戦と脱植民地化・経済開発

本章では、第二次世界大戦後の一九五〇～六〇年代のアジア国際秩序と冷戦との関連性を、インドの経済開発を事例に考えてみたい。本章でとりあげる戦争は、熱戦ではなくて「冷戦」（The Cold War）である。冷戦をめぐる研究史を挙げると、枚挙に暇がない。欧米では、レフラーとウェスタッドが編集した三巻本のケンブリッジ冷戦史叢書があり（Leffler and Westad 2010）、日本でも菅英輝が冷戦終了二〇周年の時点でまとめた優れた論文集がある（菅　二〇一〇、二〇一四）。本章はそれら冷戦に関する最新の研究を十分に理解した上で、アジアで展開された冷戦が、同時期に展開された一九五〇年代の脱植民地化、一九六〇年代になって本格化する経済開発・工業化政策と緊密に結びついていた点に改めて着目する。その上で、当該期のアジア諸国がいかに「冷戦体制」(冷戦のもとで構築された国際政治経済秩序)を主体的に活用することで経済開発を実現していったのか、その具体例を、インドのネルー政権の対外経済政策を通じて考察する。

最初に、第二次世界大戦後のアジア国際秩序をグローバルヒストリーの文脈に位置づけるに際して、この時期のアジア諸地域が有した世界史上の独自性、ユニークさを改めて確認しておきたい。

第一の特徴は、政治的な脱植民地化、いわゆる植民地からの政治的独立が、東アジアと南アジアを中心に一九四〇年代末までに達成された点である。その要因は、日本の敗戦による旧日本帝国の強制的解体・崩壊と、南アジアにおけるイギリスの性急な撤退、「権力の委譲」(transfer of power)によるインド・パキスタンの分離独立、および蘭領東インドにおける独立戦争でのオランダの敗北とインドネシアの独立等、複合的である。第二次世界大戦、アジア太平洋戦争での戦闘・占領・戦時動員を通じた列強の植民地的秩序の崩壊は、アジア諸地域での戦間期(一九二〇〜三〇年代)からの民族運動(ナショナリズム)の勃興により促進され、世界史上でも稀に見る速さで政治的独立が達成された。

この早期の脱植民地化に対して、日本を除く欧米の旧宗主国は、影響力の温存と継続を図る手段として、新興独立諸国(旧植民地)に対して、経済援助を提供した。それを非常に巧みに行ったのが、戦後のイギリス(イギリス帝国)である。一九四九年四月の英連邦首脳会議における英連邦のコモンウェルスへの衣替え・再編と、翌一九五〇年一月のコモンウェルス外相会議で提起された加盟諸国間の相互経済援助計画であるコロンボ・プランがその典型である（渡辺 二〇一四、Akita, Krozewski and Watanabe 2014）。一九五〇～六〇年代のアジアは、経済援助の供与をめぐり国際競争が展開された時代である。

第二の特徴は、世界的規模での東西冷戦の展開のなかで出現した、独自の国際政治秩序である「第三世界」、非同盟中立路線の主要な舞台になったのが、一九五〇～六〇年代のアジア世界であった。ヨーロッパで一九四七～四八年に始まった米ソ冷戦は、一九四九年の中国革命による中華人民共和国の成立と、翌五〇年六月に勃発した朝鮮戦争により東アジアに波及する（下斗米 二〇〇四）。その後、フランス植民地帝国の解体につながったインドシナ戦争、一九五四年ジュネーヴ会議以降のアメリカによるベトナムへの「介入」の開始を通じて、アジアにおける冷戦の舞台は、東南アジアのインドシナ半島部にも広がった（Rotter 1987）。東南アジア条約機構（ＳＥＡＴＯ）が結成されたのも、同年九月であった。

こうした冷戦体制の構築の過程で、その周縁部として、相対的に独自の立場を維持したのが南アジア地域であった（McMahon 1994）。その立役者が、インド首相のジャワハルラル・ネルーであり、彼は「非同盟中立」路線を追求した。それは一九五五年四月のアジア・アフリカ会議（バンドン会議）に結実した。政治的に中立を表明した非同盟諸国は、経済外交の側面では経済援助を受け入れる対象（被援助国 recipients）となった。一九五〇年代～六〇年代前半に、世界最大の被援助国となったのがインドである。従来別々の戦後史の文脈で語られてきた脱植民地化と冷戦（冷戦体制の構築）が相互に結び付いたのが、軍事援助を含めた開発援助政策である。インド、台湾、韓国への開発援助は、アジアにおける冷戦の展開、とりわけ中華人民共和国（中国）のプレゼンスを抜きにしては考えられない。アジアにおける両者の緊密な結び付きを解明することは、「第三世界」論の見直しにもつながるであろう。

当該期のアジア国際秩序の第三の特徴は、政治的独立を達成したアジア諸国が、「貧困からの脱却」、経済的自立を求めて実行した経済開発・工業化政策である。経済的豊かさ、その指標としての一人当たりＧＤＰの引上げを実現するために欠如していたのが、資本（カネ）と技術であった。その両者は、前述の開発援助政策の二つの柱、資金援助（capital assistance）と技術協力（technical cooperation）により相互補完的にカバーされた。

開発を実現するために、東アジア・東南アジア諸地域において成立したのが、政府の経済への積極的介入を容認し、国家が強力な危機管理体制を構築する「開発主義」（developmentalism）である。それは、政府も国民も経済成長を最終目標に掲げた成長イデオロギーであった（東京大学社会科学研究所　一九九八、末廣　二〇一二）。開発主義は、かつて「開発独裁」体制として否定的に評価されてきたが、一九七八年以降の中国政府の政策転換、改革開放政策への転換を契機に、中国経済が劇的な成長を遂げ、その過程でアジア太平洋経済圏の成長・発展が加速化されて「東アジアの経済的再興」（＝東アジアの奇跡）（World Bank 1993）が実現しつつある現在、積極的な再評価が不可欠である。杉原薫は、一九七〇年代以降顕在化したアジア太平洋経済圏の形成、東アジア・東南アジア諸国の経済発展と冷戦体制を、「冷戦体制が貿易の秩序を保証し、逆にアジアの成長が自由主義圏の優位のシンボルとなる（中略）相互規定的な補完関係を形成し」「冷戦体制と東アジアの高度成長は「同じコインの表裏」であった」と規定している（杉原 二〇〇三：一一八）。二〇世紀後半の東アジア国際経済秩序の独自性を世界史の文脈に位置づける卓見であるが、本章は、南アジア・インドの事例を通じて、東アジアとは異なる経済開発の在り方を検討する。

二　開発援助とインドの工業化――B・K・ネルーの活躍

本章で扱う時期のインドは、初代首相のJ・ネルー（一九四七～一九六四年在任）が、非同盟中立政策を基軸とした冷戦体制下での「第三勢力」として、独自性を発揮した時代である。本章では、ネルー政権の経済政策をめぐるマクロな政策の展開と、その政策の立案・遂行の実務面において主導的な役割を演じたインド人官僚（テクノクラート）の活躍を追うミクロな分析の両面から、当該期インドの経済開発がなぜ可能になったのか考えてみたい。

（一）ネルー政権の五カ年計画とコロンボ・プラン

一九四〇年代末に独立したインド、パキスタン等の新興国にとって、統治の安定と貧困からの脱却のために、経済開発が至上命題となった。その代表例が、インドが一九五一年から着手した「五カ年計画」である。特に、一九五〇年代後半のインドは、第二次五カ年計画（一九五六〜六〇年）と第三次五カ年計画（一九六一〜六五年）を通じて、経済開発計画の「黄金期」を迎え、開発経済学で注目の的になった。第二次五カ年計画の基礎となったのが、統計学者マハラノビスの経済成長モデルであった。彼は、首相ネルーの全面的な信任を得て、強力な指導力を発揮し、「ネルー＝マハラノビス戦略」と呼ばれた経済開発戦略を実施した（絵所　二〇〇二）。脱植民地化とナショナリズムの時代において、インドが最も輝いていた時代である。

この一九五〇年代前半の第一次計画は、実は、ほとんどインド独自の資金によって遂行された。イギリスは、第二次大戦勃発直前の一九三九年防衛費協定によって、インド軍の海外派兵費用を負担した。その額は、四六年までに一三億四三〇〇万ポンドに達した。その金額はインド準備銀行のロンドン残高（スターリング残高）にイギリス大蔵省証券として蓄積された。戦前の英領インドは、本国に対して約三億五〇〇〇万ポンドの債務を負っていたが、戦後は一転して約一四億ポンドの債権を持つにいたった。このスターリング残高は戦後「凍結」されて封鎖勘定とされ、その自由な引き出しと米ドルとの交換は、事実上禁止された。イギリスは、国内経済の復興財源として、および国際通貨としてのポンドの価値を維持するため、ロンドンに蓄積された残高の有効活用を目指したが、残高保有国も戦後の経済復興・開発のために凍結解除を求め、スターリング残高の取り扱いをめぐって、イギリス本国とスターリング圏の関係各国・諸地域との間で交渉が行われて、多くの二国間協定が締結された（Schenk 1994）。英印間でも、一九四七年二月から五二年二月まで、脱植民地化の過程で合計六回にわたる複雑な交渉が行われた。

他方、一九四九年四月の首脳会議で、共和国インドの残留と、それに合わせた編成原理・名称の変更を行ったコモンウェルス（The Commonwealth of Nations）は、翌五〇年一月にセイロン（現スリランカ）で開催されたコモンウェルス外相会議で、南アジア・東南アジア加盟諸国間の相互経済援助をめざした国際協力機構であるコロンボ・プランを創設した。コロンボ・プランは、経済開発への資金援助（capital aid）と技術協力（technical assistance）の二本柱で構成されたが、開発援助の資金不足を補うため、域外国であるアメリカ合衆国（一九五一年）や日本（一九五四年）にも早い段階から援助国として参加を求めた（渡辺 二〇一四）。だが当初、最大の経済開発資金として期待されたのが、南アジア諸国が蓄積したスターリング残高であった。残高解除とコロンボ・プラン創設の交渉は、同時並行的に行われたのである。こうした歴史的経緯もあり、一九五〇年代前半のインドの経済開発政策は、インドが蓄積した巨額のスターリング残高の取り崩しに支えられて、外国からの援助にほとんど依存することなく順調に実施された。コロンボ・プランの実現をはじめとする、ネルーの積極的な非同盟中立外交の模索、コモンウェルスでの主導権発揮も、こうしたインド政府独自の金融・財政的裏付けがあって初めて可能になったのである。

（二）　インド援助コンソーシアムの形成

だが、一九五八年にインドの経済開発計画は大きな転機を迎えた。同年に始まる、世界銀行を中心としたインド援助コンソーシアム（The Aid-India Consortium）の展開である。その背後には、インドの第二次五カ年計画の順調な展開に伴う資本財輸入の急増、その支払のための外貨準備急減およびインドのスターリング残高の事実上の「枯渇」という、開発政策の行詰まりがあった。

一九五八年八月にワシントンで、インドのスターリング残高枯渇と経常収支危機、インド政府から打診された借款供与について緊急に議論するために、国際復興開発銀行（ＩＢＲＤ 世界銀行）の呼びかけで、米・英・西独・日・加の五カ国と世銀による国際会議が開催された。イニシアティヴを執ったのは、世銀総裁ユージン・ブラックであった。これが、その後一九八〇年代後半まで続く、多角的なインドへの資金援助計画であるインド援助コンソーシアムの端緒となった。この八月の世銀での国際会議に先立って、イギリスの金融当局（大蔵省とイングランド銀行）は、イギリス単独での対インド資金援助は不可能であることから、国際協力と世銀の影響力に対する期待感を示していた。(1)

また、この会議の前後に、イングランド銀行は、金融政策と開発に関する小委員会を設けて、コモンウェルス諸国への開発資金の確保を検討した。その中でイングランド銀行は、世銀の援助実績を高く評価している。それによれば、世銀の融資総額の三分の一に近い約一二億ドルが、オーストラリア・セイロン・インド・パキスタン・南アフリカなどのコモンウェルス諸国に投入されていた。

一九五九年六月には、世銀のアメリカ政府代表が、世銀の附属機関として、優先順位の高い健全なプロジェクトに資金を供与することで発展途上国の経済開発を促進するために、資本金一〇億ドルで、国際開発協会(The International Development Association:IDA)を設立する提案を行った[2]。このアメリカ側の提案にもとづいて、翌一九六〇年にIDAが発足し、低開発国を対象として世銀グループによる長期(返済期間五〇年)の無利子融資が開始された(駒井 一九六八)。こうして、一九五八年~五九年は、アジアのコモンウェルス諸国に対する経済開発援助をめぐって、従来のコロンボ・プランに加えて、新たな資金援助を供与するための機関の創設と方法が多方面で議論され、資金援助の事実上の多角化が始まった。最大の被援助国インドのネルーにとっても、国際機関である世銀を仲介とする資金援助は、彼の非同盟中立外交路線とも整合的で、二国間援助よりも政治的に受け入れやすい開発援助であった。

(三) ネルー政権の開発政策イニシアティヴ

インド政府は、対外援助を獲得するために、インド援助コンソーシアムの枠組みを最大限に活用して、巧みな多国間経済・金融外交を展開した。コンソーシアムの立ち上げに際して、首相ネルーは一定のイニチアティヴを発揮したが、実際の援助供与国・機関との複雑な交渉は、蔵相モラジ・デサイ(一九五八~六四年在任)を筆頭とするインド大蔵省や連邦準備銀行(The Reserve Bank of India:RBI)の国際金融・財政の専門家が担当した。その中心にいたのが、一九五八年八月にワ

財務官僚B. K. ネルー

シントン駐在の大使館付経済顧問、六一年には駐米インド大使（一九六一～六七年在任）に昇任した、首相Ｊ・ネルーの甥、Ｂ・Ｋ・ネルーであった。

Ｂ・Ｋ・ネルーは、独立前にロンドン大学ＬＳＥおよびオクスフォード大学への留学経験を持ち、ＬＳＥではＨ・ラスキの下で政治経済学を学んだ。競争試験に受かり植民地時代の高級官僚制度であるインド高等文官（Indian Civil Service）を通じて財務官僚（テクノクラート）として活躍した英米派の現地人エリートであった。インド独立後は、大蔵省での数少ない国際金融問題の専門家として、スターリング残高の凍結解除をめぐる対英交渉にも参加していた。一九五八年のコンソーシアム緊急会議では、首相ネルーの意向を受けて、英米金融界との人脈を駆使して、公式・非公式の両面で借款交渉の立役者となった（Nehru 一九九七）。

Ｂ・Ｋ・ネルーと連携したインド蔵相デサイは、毎年秋に開催される世銀と国際通貨基金（ＩＭＦ）の年次総会にインド代表団を率いて出席し、自国の経済開発五カ年計画への国際的支援を要請した。彼は、一九五九年一〇月にアメリカからの帰国途上、日本に立ち寄り、当時の岸信介首相、池田勇人通産相、藤山愛一郎外相ら内閣首脳部と会談を行った。デサイは、東京の国際文化会館で演説を行い、アジアの主導的工業国として、日本に対する高い期待感を表明した。その中で彼は、発展途上国の工業化を促進することで、アジア諸国間の地域経済協力が展開する可能性を指摘した。その実現には、世界銀行のような国際機関からの援助に加えて、日本が供与してきた二国間経済援助が依然として重要であると主張した[3]。同時期に岸内閣が提唱していた「東南アジア開発基金構想」とも重なり合う、インド側から日本の経済援助に対する積極的要請でもあった（波多野　一九九四）。

インド側で借款交渉の実務を担当したのが、インドの中央銀行であった連邦準備銀行（ＲＢＩ）であった。一九三五年に設立されたＲＢＩは、一九四九年に国有化されて以降インド大蔵省の監督下に入り、本部はボンベイ（ムンバイ）に置かれていた。ＲＢＩ総裁のＢ・Ｋ・マダンは、一九五九年一〇月の時点で、次期の第三次五カ年計画には二国間援助の獲得が重要であり、インドのスターリング残高が急激に減少しているため、特定のプロジェクト向けでない一般目的クレジットが必要であると考えた。「外国援助は、一九五六～五七年の全赤字額の四三％、一九五七～五八年の五四％、一九五八～五九年の八九％、一九五九～六〇年の九四％を融資し、準備金への余波が大いに軽減された。（中略）その意味で当面、開発は、大部分外国援助の創造物となった」[4]。第二次計画が終了する時点で、ＲＢＩ当局は、インドの安定的な経済開発のため外国からの援助が果たす決定的な役割を明確に認識していた。

（四）冷戦下での東西援助競争とインド

当初緊急措置として発足したインド援助コンソーシアムは、一九六〇年から、世界銀行を中心とする恒常的な自由主義陣営（西側）の対インド援助機構に発展した。年二回の援助供与国（ドナー）とインド政府の会議が、ワシントンとパリで開催され、インド側の第三次五カ年計画の実施に必要な資金額とその用途をめぐり多国間協議が行われた。第三次計画では重化学工業化に重点が置かれ、コンソーシアム加盟諸国から、年平均約一〇億ドルの資金が供与され、アメリカが最大の援助国となった。アメリカ政府は、一九六一年初頭のケネディ政権の発足と共に、同年九月に対外援助法を制定して経済援助重視の姿勢を明確にした。一一月には、国際開発局（The Agency for International Development：ＡＩＤ）を創設して対外援助窓口を一本化し（食糧援助のＰＬ４８０を除く）、援助総額も年約五〇億ドル強から年六四億ドルに増額した。六〇年に創設された国際開発協会（ＩＤＡ）、六六年に発足したアジア開発銀行（ＡＤＢ）の準備過程でも主導的役割を演じ、多国間援助（総額の約六％）も重視された。ケネディ政権とともにアメリカの「開発の時代」が到来した（川口一九八〇：第三章）。

他方、東側のソ連は、アジアの非同盟・発展途上国向けの経済援助を一九五五年から開始していた。インド政府は第三次五カ年計画に着手するにあたり、西側諸国との借款交渉をコンソーシアム経由で行うと共に、ソ連との経済協力、資金の獲得を求めて一九五九年に交渉を行った。Ｂ・Ｋ・ネルーも、モスクワでの政府間交渉に専門家としてワシントンから加わった。五九年九月の協定で、ソ連は第三次計画で立案中のプロジェクトに対して一五億ルーブル（一八億ルピー）の借款供与に合意し、その後五億ルーブル（六億ルピー）を加えて、総額で二〇億ルーブル（二四億ルピー）の資本援助を行うことになった。[5] ソ連のクレジットは、インドにとって多くの利点（年利二・五％、償還期間一二年）があったが、最大の利点は元利の償還を現地通貨ルピーで行い、インド物産のソ連への輸出に活用できる点であった。ソ連は、技術支援を通じた生産のノウハウの移転にも積極的であった。ソ連側の対外貿易省は、インド物産（ジュート原料および製品、皮革製品）の輸入拡大を望み、インド側は綿製品のソ連向け輸出の可能性を打診した。現地通貨での借款（債務）返済は、この時点では当事者双方にとって貿易拡大のメリットがあった。さらにソ連側は、借款供与の速やかな実行を約束し、インド側は公約実行後のさらなる支援の拡大に期待を寄せた。

冷戦体制下で、重工業偏重の経済開発計画を遂行するため、インド政府は巧みに米ソを競わせて資金援助と技術協力の獲得に邁進した。その援助獲得合戦の過程で、対米関係を最大限に活用したのが、コンソーシアムの始まりと同時にワシントンに赴任したB・K・ネルーであった。彼は、アメリカ政府および財界からの共感と金融支援を得るために、インドの経済的挑戦を強調する演説を頻繁に行っていた。一九六〇年五月には、デトロイトの経済倶楽部で「インドの経済的挑戦――民主主義はそれに応えることが可能か?」と題する講演を行った。

「中国が全体主義による開発の象徴であるのと同様に、インドは、民主主義を通じた開発の象徴となった。我々は世界のいかなる地域とも経済的競争を行っている訳ではないが、非常に多くの国々が強い関心を持って、どちらが自国の課題解決のため好都合であるかを見極めるために、このアジアの二大国の発展動向を凝視しているのは明らかである」。

彼は、経済開発に冷戦の論理を持ち込んだ上で、アジアにおける民主主義国の旗手として、インドの経済成長の速度を維持するためにも、外国からの経済援助が必要であると強調した。(6)これに先立つ六〇年四月に彼は、『ニューヨーク・タイムズ・マガジン』に「年二七〇〇ドルあるいは七〇ドル」と題する論文を寄稿し、この経済的較差は先進国からの資本移転により乗り越えられると主張した。(7)

一九六一年七月に駐米インド大使に任命されたB・K・ネルーは、信任状奉呈の際、アメリカが価値観と理念を共有するインドの経済開発のパートナーであることに謝意を表した。(8)これ以降、ケネディ大統領と大使B・K・ネルーの個人的信頼関係に支えられて、アメリカのインド経済開発への支援はさらに拡大・強化された。インド政府は、開発援助競争を巧みに操ることで、一九六二年一〇月の中印国境紛争での敗北、軍備増強による財政負担増にも係らず、第三次五ヵ年計画を順調に展開することができた。

三　ジョンソン政権と駐米大使B・K・ネルー――食糧危機への対応

B・K・ネルーにとって一九六三年一一月のケネディ暗殺は衝撃的であったが、彼は後継のL・ジョンソン大統領とも友好的な関係を維持し、駐米大使として、インドの国益確保、コンソーシアムを通じた経済援助の円滑な獲得に努めた。インドは六〇年代中葉に、一九六四年五月のJ・ネルーの死去によるL・シャストリ政権への移行、一九六六年一月タシケントでのシャストリ急死によるインディラ・ガンディへの交代という二度の国内政治の変動と、一九六五年第二次印パ戦争勃発によるアメリカからの援助停止に直面した。また、経済開発面でも第三次五カ年計画の終盤に工業生産の伸び悩みが表面化した。こうした政治・経済両面での停滞をさらに悪化させたのが、一九六五～六七年に二年連続で起こった天候不順による農業生産の大幅な落ち込みと「食糧危機」であった。B・K・ネルーは、世界最大の食糧輸出国であるアメリカの、冷戦体制の下でPL（Public Law 公法）480の枠組を通じて食糧援助を第三世界への外交戦略として活用するジョンソン政権と巧みに交渉し、食糧危機を乗り切るために全力を尽くした（秋田　二〇一五）。

一九六六年三月にインディラ・ガンディがアメリカ訪問を終えた後、インド政府は、経済計画相で著名な経済学者であったA・メータを、四月～五月初めまでアメリカに派遣した。その目的は、世界銀行・国際開発協会からの融資の詳細を詰めると共に、インド援助コンソーシアム加盟諸国からさらに多額の援助を得るための調整・説得工作で世銀に指導力の発揮を要請することにあった。(9)

農相スブラマニアムと米ジョンソン大統領
（Dennis Kux, *India and the United States: Estranged Democracies*, Washington DC, 1992, p.245）

交渉の結果、世界銀行は、インドの経済政策の転換を促すために、コンソーシアム加盟国からの現物支援として九億ドル相当の拠出を提案し、インド政府は交渉の成功を大々的に宣伝・強調した。同時に大蔵省は、国際通貨基金と協議した後の一九六六年六月五日に、通貨ルピーを一ドルあたり四・七六ルピーから七・五ルピーへ、三六・五パーセント切り下げる決定を行った（Balachandran 1998）。ルピー貨切り下げを含めた、一連の急激な政策の転換は、翌一九六六年七月頃から、国内の野党、特に左派陣営からの強力な政治的批判を巻き起こした。ガンディ政権の主要閣僚である農相スブラマニアムやメータ、さらに、一九五〇年代末にインド援助コンソーシアムの立ち上げに関わり、米ジョンソン政権とインド政府間の金融交渉で主導的な役割を演じていたインドの駐米大使B・K・ネルーらは、政治的意図を持った厳しい批判の矢面に立たされたのである。

こうした批判の中で、インディラ・ガンディは一九六六年八月初頭に、大蔵官僚J・K・ジャハを委員長とする農産物価格委員会（The Agricultural Prices Commission）を任命し、食糧危機のなかで棚上げされた第四次五ヵ年計画を見直し、農産物価格統制の再検討を命じた。ジャハ委員会では、市場原理の導入と農産物価格統制緩和による農業への価格誘因政策の導入が改めて議論され、同年九月にジャハ委員会は首相に対して、農業政策の全面的転換を求める報告書を提出した。食糧危機が深刻化する過程で、六四年からシャストリ政権が部分的に着手していた農業重視への政策優先順位の変更を公式に政府として再確認した（Subramaniam 1995）。

他方で、一九六六年八月一七日に、インドへの一時帰任からワシントンに戻った駐米大使B・K・ネルーは、自ら懇願してジョンソン大統領と面会した。彼は、持ち帰った首相ガンディの親書を手渡し、対するジョンソンは、ガンディ政権への共感・同情の念を表明すると共に、インド側の政策転換の実績を称賛して首相宛に共感の信書を送付した。

一九六六年の秋に、二年目の食糧危機がきわどい段階に達した際に、B・K・ネルーはアメリカの政策当局者に対して、PL480の枠組みを使って迅速に食糧を提供してくれるように強く要請した。すなわち、六六年一一月一六日、アメリカ国務省次官のユージン・V・ロストウは駐米大使ネルーを国務省に呼び、インド食糧危機への対策を議論した。その会談では、ビハール州や他のインド北部中央地域での飢饉を回避するため、食糧援助の緊急性が焦点となった。ネルーはその席で、ジョンソン政権の「小出し政策」により凍結されている二〇〇〇万トンのインド向け穀物割り当て分

B. K. ネルーとジョンソン大統領
（Ibid.,p.246）

の凍結解除が遅れている事態への失望感と心配を表明した。
ネルーの批判と要求に対してロストウは、インドは商業ベースの国際穀物市場で小麦を購入することでこの難局を乗り切るべきであると示唆した。それにネルーは強く反論し、インドは商業取引として食糧購入を支えるのに十分な外貨を保有していないと発言した。そうした取引は自由に使用できる外貨で決済されるべきであるが、その範疇に属する外貨は、負債の返済と、石油類および武器の輸入でも使用されるべきであった。仮にインドが商業ベースの小麦の輸入に頼らねばならなくなると、インド経済は石油類の不足に直面して破綻し、インド政府は債務の支払いを停止することになるであろう、インドにとって、「食糧の購入と債務支払いの両立は不可能である」と、ネルーは強く主張し、アメリカのPL480プログラムに対する賢明でない方策（小出し政策）

を直ちに見直すように要請した。最終的にロストウは、インドに対する食糧供給の継続性を保証するために、商業ベースでの購入よりもむしろ他の金融的措置を模索することに同意した[10]。

この一九六六年一一月のエピソードは、インド側の政策担当者たち、特にワシントン駐在の大使ネルーが、食糧危機が深刻化する過程で難局打開への強い意志を持ちながら、粘り強く巧みに最大の援助国アメリカ政府と交渉したこと、また、食糧危機の打開策が、外貨不足による債務返済への影響や、中印国境紛争と第二次印パ戦争に伴う軍備増強・兵器輸入による財政負担の増大とも関連し、インド政府には国際市場で食糧を買い付ける財政的余裕がなかったことを示唆している。ネルーは大使在任中に、ジョンソン大統領との親しい個人的関係と、親欧米派としての人的ネットワークを最大限活用して対米交渉を取り仕切ったのである。インドの経済官僚と経済政策担当者は、この政治経済的な難局を、巧みな対外的交渉、経済外交を展開することで乗り切った。

四 「アジアの開発の時代」と主体性

以上、インドの国際金融テクノクラートであったB・K・ネルーの事例を手がかりとして、冷戦とアジア国際秩序との関連性を論じてきた。最後にまとめを試みたい。

第一に、一九五〇～六〇年代のアジア国際秩序は、冷戦と脱植民地化が同時並行的に進行した時代である。この時代のアジアの新興独立諸国にとって、経済開発を通じた「貧困からの脱却」、工業化戦略の追求が、政権の安定と正当性の確保のために至上命題となった。これは、インドのような「権力移譲」型脱植民地化を経た議会制民主主義国、韓国・台湾のような日本帝国の敗戦・崩壊と「強制的」な脱植民地化で政治的主権を回復する一方、冷戦体制下で軍事力の増強と政権の正当性を主張せざるをえなかった権威主義国家、さらに、社会主義革命を掲げた中華人民共和国、いずれにおいても、政治体制の違いを超えて共通する課題であった。

アジアでは、他の非ヨーロッパ諸地域よりも一足早く、一九五〇年代から「アジアの開発の時代」が始まっていた。その流れを増幅したのが、一九五〇年代後半から展開された経済援助競争の展開である。その嚆矢となったのが、一九五五年に始まるソ連のアジア非同盟諸国に対する経済援助（低利・長期の借款の提供）、「平和的攻勢」である。一九五八年からのインド援助国際コンソーシアムの形成と展開は、冷戦体制下における西側諸国によるソ連への対抗措置でもあった。五四年の日本のコロンボ・プランへの加盟と、技術協力および限定的円借款の供与開始も、アジア世界に欧米諸国とは異なる独自の援助国が登場した転機として重要であった。この開発援助競争は、一九六一年米ケネディ政権の成立と大規模経済援助の展開によって、さらに加速された。その最大の恩恵を受けたのが、第三次五カ年計画に着手していたインドであった。

第二に、一九五〇年代から始まる「アジアの開発の時代」において、主導権とイニシアティヴを発揮したのは、被援助国のアジア側諸国の政治的エリート層と経済官僚であった。その典型が、本章で着目したインド・ネルー政権首脳部、およびB・K・ネルーやインド連邦準備銀行総裁に代表される国際金融と世界経済に精通した官僚層（テクノクラート）であった。彼らは、政治的独立（脱植民地化）以前に英語教育を受け旧宗主国やアメリカの事情に精通した国際派（英米派）のナショナリストでもあった。彼らの巧みな交渉と政策的誘導、首相J・ネルーの政治力が結びつくことで、初めてインド政府は主体的な経済外交を展開することができた。一九五〇～六〇年代のアジアの経済開発では、現地側（被援助国）のエリート層の能力と主導性が決定的に重要であった。

（1）Treasury Meeting, 22nd July 1958, OV56/57（1958）[Bank of England Archives, London: BoE]

（2）Annex: The United States Proposal for an International Development Association, C.E.(A.G.)(59)6(Final), 22 July 1959, OV44/58 [BoE]

（3）'Speech at the International House in Tokyo on October 21, 1959', in *Speeches on Economic Development in India*, by Moraji Desai（Ministry of Finance, Government of India, 1959）, F52(46)-AMS/59 [National Archives of India, New Delhi]（『朝日新聞』一九五九年一〇月二二日朝刊「さらに援助期待」）

（4）F4147, Confidential No.B15, Memorandum to the Central Board, Balance of Payments and Foreign Exchange Reserve Position and Prospects, by Division of International Finance, Economic Department, Central Office, RBI, 20/06/1960 [Reserve Bank of India Archives, Pune]

（5）'Utilization of 1500 million Rouble Credit to India: Agreement Singed（12 February 1960）, F.6（21）FC/60 Foreign Credits Section: "Soviet assistance for the Third Five Year Plan", Ministry of Finance, Department of Economic Affairs

（1960）［National Archives of India］

（6） 'The Economic Challenge in India: Can Democracy meet it', delivered before the Economic Club of Detroit, Michigan, May 9, 1960, *Vital Speeches of the Day*, vol. XXVI, No.22, September 1960, in B.K. Nehru Papers, III-A Speeches/Writings by Him, No.1［Nehru Memorial Museum and Library, New Delhi］

（7） '$2700 a Year or $70 a Year', *The New York Times Magazine*, April 16, 1961, in Ibid., No.4

（8） 'Indian Ambassador to USA Presents Credentials', Ministry of External Affairs, External Publicity Division, New Delhi, 22 September 1961, F.73（74）-AMS/61［National Archives of India］

（9） Office Memorandum: Discussions between Asoka Mehta and George Woods—April 21 to May 6, 1966, May 9, 1966, INDIA-Consortium Meeting No. 12, File No.4［World Bank Archives, Washington DC］

（10） Memorandum for Conversation,（no title）, November 16, 1996, E-Economic Affairs（Gen）E8 Food Situation, July-September, BOX 11［The US National Archives and Records Administration: NARA II Maryland］

【参考文献一覧】

Shigeru Akita, Gerold Krozewski and Shoichi Watanabe（eds.）（2014）*The Transformation of the International Order of Asia—Decolonization, the Cold War, and the Colombo Plan*, London and New York: Routledge

G. Balachandran（1998）*The Reserve Bank of India 1951-1967*, Delhi: Oxford University Press, 1998

M. P. Leffler and Odd A. Westad（eds.）（2010）*The Cambridge History of the Cold War,* vol. I-III, Cambridge: Cambridge University Press

McMahon, Robert J.（1994）*The Cold War on the periphery: The United States, India, and Pakistan*, New York:

Columbia University Press
Nehru, B. K.（1997）*Nice Guys Finish Second–Memoirs*, New Delhi: Viking Penguin India
Rotter, Andrew J.（1987）*The Path to Vietnam: Origins of the American Commitment to Southeast Asia*, Ithaca: Cornell University Press
Schenk, Catherine（1994）*Britain and the Sterling Area: From Devaluation to Convertibility*, London: Routledge
C. Subramaniam（1995）*Hand of Destiny: Memoirs*, vol. II *The Green Revolution* ,Bombay
The World Bank（1993）*The East Asian Miracle: Economic Growth and Public Policy–A World Bank Policy Research Report*, Oxford University Press（世界銀行、白鳥正喜監訳、海外経済協力基金開発問題研究会訳（一九九四）『東アジアの奇跡—経済成長と政府の役割』東洋経済新報社）
秋田茂（二〇一五）「１９６０年代の米印経済関係—インド援助コンソーシアムとの関連で」『社会経済史学』Vol.81, No.3.
絵所秀紀（二〇〇二）『開発経済学とインド—独立後インドの経済思想』日本評論社
川口融（一九八〇）『アメリカの対外援助政策—その理念と政策形成』アジア経済研究所
菅英輝（二〇一〇）『冷戦史の再検討—変容する秩序と冷戦の終焉』法政大学出版局
菅英輝（二〇一四）『冷戦と同盟—冷戦終焉の視点から』松籟社
駒井義明（一九六六）「国際開発援助機関の概要および援助機構」原覚天編『アジア経済調査研究双書第127集 経済援助の研究』アジア経済研究所
下斗米伸夫（二〇〇四）『アジア冷戦史』中央公論新社
末廣昭（二〇一一）「開発体制論」中野聡他編『岩波講座東アジア近現代通史8　ベトナム戦争の時代　一九

六〇～一九七五年』岩波書店
杉原薫（二〇〇三）『アジア太平洋経済圏の興隆』大阪大学出版会
東京大学社会科学研究所編（一九九八）『20世紀システム4　開発主義』東京大学出版会
波多野澄雄（一九九四）「東南アジア開発をめぐる日・米・英―日本のコロンボプラン加入を中心に」『年報・近代日本研究』第16号
渡辺昭一編（二〇一四）『コロンボ・プラン―戦後アジア国際秩序の形成』法政大学出版局

第三章　太平洋戦争後の知的交流の再生
――アメリカ研究者とロックフェラー財団――

中嶋啓雄

一　原初的アメリカ研究コミュニティとロックフェラー家

日米関係は太平洋戦争により壊滅的な打撃を受けたが、戦後、比較的早期に再生した。それは既に戦前、日本のアメリカ研究の祖・高木八尺《やさか》（一八八九～一九八四）を中心に彼や鶴見祐輔（一八八五～一九七三）らいわゆる「新渡戸宗の使徒」や高木の教え子・松本重治（一八九九～一九八九）により形成されていた原初的アメリカ研究コミュニティとロックフェラー財団（以下、ＲＦ）が、日本と諸外国との知的交流、すなわち知識人の国境を越えた交流・交友をいち早く活発化させたことに負うところも多かった。原初的アメリカ研究コミュニティとロックフェラー家は、第一次世界大戦後に開花した自由主義的国際主義を共有していたが故に、一九三〇年代の国際政治の動揺や第二次世界大戦を経た後、国際秩序が一定程度の安定に向かうなかで、それを文化的側面から支えることができたのである。

「新渡戸宗の使徒」は戦前、ＲＦがその最大の助成機関の一つであったアジア・太平洋地域の諸問題を議論して、啓蒙活動を行なう国際ＮＧＯ・太平洋問題調査会（ＩＰＲ）の日本カウンシルの中枢を担っていた。そして戦後、ＲＦ理事長ジョン・フォスター・ダレス率いる講和使節団にジョン・Ｄ・ロックフェラー三世（一九〇六～七八）が文化問題顧問として加わり、かつてＩＰＲ京都会議（一九二九年）で同席した高木、松本と再会して、国際文化会館の開館（一九五五年）に結実する構想が生まれたことで、日本の知的交流はアメリカ合衆国（以下、アメリカと略記）とのそれを中心に加速度的に再生していった。ジョン・Ｄ・ロックフェラー二世の寄付により設立された一般教育委員会（ＧＥＢ）の助成を得て、一九三四年から三六年にかけてそれぞれ一年間、京都帝国大学、東京帝国大学で日本の政治や行政の研究に従事した――後者では法学部教授であった高木の推薦によって、「新渡戸宗の使途」に連なる同学部教授の行政学者・蠟山政道の指導を受けた――チャールズ・Ｂ・ファーズ（一九〇八～八〇）が、ＲＦの人文科学副部長（一九四六～五〇）・部長（一九五〇～六二）を務めていたことも、戦後日本の知的交流の再生に寄与するところが多かった。ファーズはエドウィン・Ｏ・ライシャワーやヒュー・ボートンと並ぶアメリカにおける第一世代の日本学者で、アメリカの諜報活動を第二次大戦中に担った戦略事務局（ＯＳＳ）の極東部に勤務し、その部長まで務めたが、戦後、国務省極東研究部長代理を経て、RFに職を得ていたのである。

他方、いわば国家主義的自由主義者の集まりとしての原初的アメリカ研究コミュニティが、戦前は言うに及ばず、一九五〇年代を通じて国家権力との近親性を持っており、また、RF理事長ダレス（在職一九五一～五二）、RF会長ディーン・ラスク（在職一九五二～五九）の双方が、その職を辞して国務長官に就任していることからも明らかなように、財団とアメリカの外交エスタブリッシュメントとの間にも強い近親性が存在した。それ故、戦後日本の知的交流の再生は東西冷戦と無関係ではありえず、西側の覇権国アメリカとその同盟国・日本との関係に起因するイデオロギー性を帯びていたことも否定できまい。そこに潜在していた軋轢は、やがて、安保騒動（一九六〇年）やベトナム戦争を通じて噴出することとなる。また、日本経済の復興も手伝って、一九六〇年代後半には原初的アメリカ研究コミュニティとRFとの協働も終焉する。

映像作家・早崎宏治のドキュメンタリー『静かな構築者たち――ジョンとシゲ』（二〇一〇）にも描かれているように、松本とロックフェラー三世は太平洋戦争後の日米関係の再構築に大きく貢献した。彼らの交友や国際文化会館が関わった知的交流の胎動については、ロックフェラー三世をはじめとする特定の人物や事象を取り上げた実証的な研究が既に存在する。また、RF等のアメリカの「巨大財団《ビッグ・ファウンデーション》」の国境を越えた活動、すなわちアメリカのフィランソロピーの対外的側面についての研究は、近年、アメリカ外交史や広く国際関係史のいわゆる「文化論的転回」のなかで隆盛している分野の一つである。とりわけ、イタリアのマルクス主義思想家アントニオ・グラムシが国内の階級闘争の文脈で提起した文化的「覇権《ヘゲモニー》」の概念を援用した理論的・包括的な研究は注目される（松田　二〇〇八）。他方、文化的覇権《ヘゲモニー》概念――それ自体、ヘゲモニーを行使される側の「同意」をどのように解釈するかによって、多分に多義的にならざるをえない――の限界を指摘する研究も一部ある。

文化を学問的に定義することは容易でないが、本章ではそれを簡潔に「共有された諸価値」と捉えたい。また、覇権《ヘゲモニー》は「圧倒的な影響力ないし権威」と定義することができよう。つまり、文化的覇権《ヘゲモニー》とは、国際社会における「諸価値の共有に関わる圧倒的な影響力ないし権威」である。本章は一九五〇年代の日米関係における文化的覇権《ヘゲモニー》概念の有効性を一定程度受容しつつ、それはRFが回避しようとした文化帝国主義と異なって、文化的覇権《ヘゲモニー》を行使される側の「同意」に基づいているまさにそれ故に、一九六〇年代以降、日米間の知的交流が変容していった過程を実証的に描き出そうとする試みである。一次史料としては、ロックフェラー・アーカイブ・センターが所蔵するRFの国際文化会館助成に関する文書、ロックフェラー三世の日記・書簡やファーズ日記の他、高木八尺文庫に収められている関連文書、また米日両国の外交文書を用いる(1)。

二　戦後日米知的交流の起源

松本がロックフェラー三世と初めて出会ったのは、一九二九年、京都で開催された第三回ＩＰＲ

IPR京都会議での松本（右から６番目）とロックフェラー３世（左から３番目）
（Sarah Griffith, "'Where We Can Battle for the Lord and Japan': The Development of Liberal Protestant Antiracism before World War II," *Journal of American History*, Vol.100, No. 2（2013）, p. 448）

会議でのことであった。ロックフェラー三世は、日記に次のように記している。「松本と彼の妻は特に素晴らしい。……三人の若い日本人書記、特にその中でも松本と彼の妻はとても素晴らしい人たちだ」。一九二四年から二七年にかけての米欧留学から帰国してまもない松本と、プリンストン大学卒業後の世界一周旅行の途上で日本に立ち寄ったロックフェラー三世は、それぞれ自国の使節団の書記として、この会議に出席していたのである。後者の旅行には、第一次大戦中、ウィルソン的（自由主義的）国際主義を支持する目的で発足した外交協会（一九二三年に自由諸国連盟協会より改名）の会長ジェイムズ・G・マクドナルドが随行していた。

二人は一九五一年一月から二月にかけて

のダレス講和使節団の訪日に際して再会した。ロックフェラー三世は既に一九四七年、RF評議員として東アジアを旅行し、日本を再訪していたが、今回は昭和天皇や吉田茂首相といった要人とも会見した。また、一九二〇年代半ば以来、東大法学部の通称「ヘボン講座」(米国憲法、歴史及外交講座。戦後のアメリカ政治外交史講座)を担当する高木や松本とも会談したのである。松本重治は事実上の国策会社・同盟通信の幹部を務めていたかどで公職追放中であったが、弁護士を務めながらアメリカ留学中に出会い師と仰いだ政治学者・アメリカ史家チャールズ・A・ビアードの著書を翻訳し、一九四七年に創設されたアメリカ学会の副会長(初代会長は高木)にも選出されていた。ロックフェラー三世は日記に高木八尺、松本重治らと昼食を共にしたことを次のように記している。「私たちは全員、以前に会ったことがあり、全員が一九二九年、京都IPR会議に出席していました」。

高木は鶴見祐輔らと共に、第一高等学校(一高。現・東京大学教養学部)で校長を務めていた新渡戸稲造の薫陶を在校生、あるいは卒業生として受けた「新渡戸宗の使徒」の一人であった。「新渡戸宗の使徒」は一九二〇年代前半、東京市長や内務大臣、震災復興院総裁を務めた後藤新平による二度のビアード招聘——一度目は市政改革、二度目は関東大震災からの復興計画の策定が目的——やその後の彼との交友に深く関与して、日米民間外交や広義のアメリカ研究に携わってきた。「新渡戸宗の使徒」は当時の日本の知識人としてはきわめて高度の英語運用能力を備えて、戦前から原初的アメリカ研究コミュニティを形成してきた面々でもあったのである。高木の指導でアメリカに留学して、滞在中に鶴見の紹介でビアードに出会った松本もこの原初的アメリカ研究コミュニティの一員であった。

ロックフェラー三世は帰国後の四月、「米日文化関係――ダレス大使への報告書」（ロックフェラー報告書）を提出した。同報告書は「文化帝国主義」を否定して、文化交流における「双方向」性の重要性を強調していた。具体的な構想としては、文化交流の拠点となる「文化センター」と学生向けの「国際会館」の創設がその二本柱であった。ロックフェラー三世は同年夏にダレスと翌年RF会長に就任するディーン・ラスク国務次官補（極東問題担当）から、自らが中心となり構想の実現に動くよう依頼された。当初、彼はRFが直接関与することを躊躇した。だが、九月中旬、ダレスを通じて働きかけたフォード財団の助成の可能性（U.S. State Department Files, 1990）が当面なくなると、一〇月中旬から一一月中旬にかけて、「民間の市民」（ロックフェラー三世）として訪日した。東京に到着した翌日、ロックフェラー三世は早速、連合国最高司令官総司令部（GHQ/SCAP）民間情報教育局（CIE）からアメリカ大使館への広報活動の移管を円滑に進めるため東京に派遣され、ダレス講和団使節団の一員とした来日したロックフェラー三世を助けた、日本における国務省の広報担当責任者サクストン・E・ブラッドフォードと会談した。ブラッドフォードから受け取った文書（一〇月一七日付）では、「日米文化センター」・「国際会館」構想へのロックフェラー三世の財政的支援が期待されていた。また、そこでは傑出したアメリカ知識人を日本に招聘することも提案されていた。

ロックフェラー三世は自らの報告書でも日本の「知的指導力」の重要性に言及していたが、今回の訪問で松本にその役割を見いだすようになった。彼は帰国直後、「松本氏が最も活発な指導者」だとファーズに述べている。国務省内でも松本が「日本側の指導的人物」だとの評価がなされた（U.S. State Department Files, 1990）。事実、ロックフェラー三世の働きかけが実を結んで、彼が訪日中の一一月中旬、知米派の長老・樺山愛輔を委員長とする文化センター準備委員会が発足し、その活動費をRFが助成することになって、松本は常任幹事に就任していた。当日のロックフェラー三世の日記には、「今やすべては指導力にかかっているが、我々は主として松本を頼りにしている」と記されている。帰国が迫ったその数日後、ロックフェラー三世は自ら文化センター準備委員会の企画・計画小委員会に出席し、さらに国際文化会館の役員に就任する松本や高木らの日本側グループと夕食を共にした。その際、松本はアメリカの代表的な学者・思想家を日本に招聘することを提案した。

これは訪日直後、ロックフェラー三世がブラッドフォードから受け取った文書にあった提案と同様のものであった。その意味で松本の提案は、ロックフェラー三世にとってもきわめて時宜に適っていた。ブラッドフォードによれば、「ロックフェラー氏の〔日米知的交流の〕提案の仕方があまりにも巧みだったので、日本人はその発案が彼らのもので、ロックフェラー氏はそれを支持するように説得されたとの印象を持ち続けた」。ロックフェラーのスタッフであったドナルド・H・マクリーンも「彼とロックフェラー氏は大使館が関わらないように注意を払った」ので、「それは日本人の心の中で今や純粋に私的な事業だと明確に認定されている」と述べていた。帰国当日、ロックフェラ

準備会合での松本（右から３人目）とロックフェラー３世（その左）
（公益財団法人国際文化会館提供）

ー三世はブラッドフォードから覚え書（一一月一七日付）を受け取った。そこには占領の終了に伴い大使館が再建され、一九五三年度予算が執行されるまでの一年余りの間、日本の知的指導者の反米、反講和感情が堅固なものになってしまうことへの危惧が示されていた。それ故、彼はアメリカの知的指導者が訪日して、専門分野を同じくする知識人と懇談し、広く講演を行うことを再び提案していた。

帰国後、ロックフェラー三世は年末までに新設のコロンビア大学東アジア研究所との間で最終的にこの日米知的交流の話をまとめた。その当日、ロックフェラーは早々に松本に書簡を送った。また、数日後にはブラッドフォードに宛てて、彼の覚え書の試算を参考にコロンビア大学東アジア研究所に資金（一〇万ドル）を提供したと記した。

その帰結が国際文化会館開館に先駆けて一九五三

年、知的交流日本委員会とコロンビア大学東アジア研究所を中心とする同アメリカ委員会との間で運営が開始される日米知的交流計画であった。

翌一九五二年の二月から三月にかけて、今度はファーズが訪日した。松本は彼に対して、後に国際文化会館として具現化する「情報センターないし米日センター」の構想について、「ロックフェラー氏は合衆国政府による公的なイニシアチブが誤解されないか心配しすぎている」と述べた。松本によれば、「そのような危険はほとんどない」。知的交流計画の構想が軌道に乗り始めた同年初めには、松本はロックフェラー三世に宛てても、次のように記していた。「この企画は党派的あるいは『イデオロギー』的政治から可能なかぎり自由に計画されるべきです」。

高木はイデオロギー的な対立と国家的な対立を同等のものと考える思考様式を批判して、全面講和論を展開した平和問題談話会の会員であり――当時の国際情勢に鑑みて、彼自身は単独講和にも意義を見いだしていたが――、アメリカへの軍事基地の提供には反対であった。そもそも高木や松本、特に後者は結果的に対米戦争に大きく舵を切った近衛文麿首相のブレーンとして大きな役割を担っており、そこに自由主義者を自称しながらも多分に国家主義的であった戦前の彼らの言動の限界があった。その意味でも高木や松本にとって、日米知的交流はアメリカに依存する日米安保体制の強化に第一義的に結びつくべきものでは必ずしもなかった。松本はRFへの助成の申請を前に再び訪日したファーズに対して、「文化センター」構想は「日本人が感じる必要なもので、アメリカの利益の反映ではない」と主張した。

しかしながら、朝鮮戦争の勃発に伴う冷戦の激化のなかで、アメリカの文化的覇権《ヘゲモニー》に抗う余力は当時の日本のアメリカ研究者にはなかった。それ故、松本や高木は「文化帝国主義」を否定しながらも、講和後の日米安保体制の円滑な運用に資することを目的とするロックフェラー三世の文化外交の意図に一定程度、同調せざるをえなかったのである。一九二〇年代に最初に出会った松本、高木とロックフェラー三世は自由主義的国際主義を共有しつつも、戦後のアメリカの文化的覇権《ヘゲモニー》の下、政府間関係を補完するかたちで日米関係の安定化のために協働したと言えよう。

三　国際文化会館とロックフェラー財団――自由主義的国際主義と冷戦の狭間で

一九五二年五月下旬、文化センター準備委員会はRFに六七万六一二一ドルの助成を申請し、翌月二〇日、RFの執行委員会は当座、五〇万ドルの助成を決定した。その頃までに「国際会館」構想が「文化センター」構想に吸収されていくなかで、二ヵ月後の八月、「文化センター」は「国際会館」の名を一部借用するかたちで、「国際文化会館（International House of Japan）」の名称で外務省管轄下の財団法人として認可された。同年一二月にはRFの年次理事会が一七万六一二一ドルの追加助成を決定した。合計六七万六、一二一ドルの助成は、翌年八月末までに日本で募金活動を行い、一億一千万円集めることが条件になっていた。一一月中旬、官邸で資金委員会が発足し、その委員長に日銀総裁・一万田尚登が就任、続いて茶話会が吉田茂首相臨席で催されるという強力な官民連携の下、それも無事達成された。
松本は金銭の問題とは別に同年一一月初旬以降、人文・社会科学系各分野、理科系をそれぞれ代表する学者、文芸評論家、日本学術会議や文部省、さらには新聞社に対して、翌年五月まで「各方面の……意見を徴するとともに、国際文化会館の友人となっていただく意味に於いて……殆ど毎週水曜の晩は、……会合を続けて」いった（昭和二七年度一般事業報告）。どちらかと言えば反米的な革新勢力が支配的な当時の日本の知的土壌にあって、国際文化会館の創設に際してもまず周囲の知識人にその正統性を説かなければならなかったのである。この一連の非公式懇談会は、合計一七回に及んだ。
松本が強調したのは、国際文化会館の非政治的性格であった。一九五三年二月、新聞各社の学芸・文化部長との懇談会で、松本は次のように述べている。

アメリカはとても敏感で、中立主義が少しでもあると心配する。会館の仕事は現実の政治は排除する建前はとるけれども、どうしても政治的要素は這入ってくる。その場合でも、アメリカ、イギリスの宣伝は絶対にしないつもり、日本の宣伝もしません。

二ヵ月後、後に国際文化会館評議員に就任する小説家・川端康成（日本ペンクラブ会長）らが出席した文芸評論家との懇談会では、「外国の宣伝も受け入れない」、「会館の事業は決して、日米間に限るものではありません」と主張した（和田　二〇一一。他の懇談会記録も含め原典はすべて高木文庫所収）。翌五月の外国文学者との懇談会でも、松本は「ロックフェラー財団は会館の事業には一切干渉しないことになっている」と述べていた。また、「〔ユーラシア〕大陸に向かって、文化の面だけでも扉を開いて貰いたいと思う」、「中国やソ連はおそろしいものとして宣伝されている」という訴えに対して、「朝鮮問題〔朝鮮戦争〕が片付けば情勢は変るでしょう。扉を閉めておくことの方がおそろしい」と返答した。こうした問題が国際文化会館の開館に至るまで、きわめて切実であったことは、松本と同じく国際文化会館の専務理事として、彼を側面から支えた人類学者ゴードン・T・ボールズ（東京大学教授〔アメリカ研究プロジェクト担当〕）が翌一九五四年四月、訪日中のノァーズに述べた次のようなコメントからも窺える。「会館が価値ある事業で、単なる合衆国の宣伝機関ではないと学界を説得するために大きな力を注ぐ必要があります」。二年後に評議員に就任する朝日新聞記者・嘉治隆一――後にアメリカ学会会長を勤める経済学者・嘉治元郎の父――も三ヵ月後、ファーズに「国際文化会館がもしかするとあまりにアメリカの一機関になっているといういくらかの批判」を伝えていた。革新派の経済学者・都留重人が評議員に名を連ね、後に作家として名を成し、ベトナム反戦を唱えてべ平連（「ベトナムに平和を！」市民連合）の中心を担う若き日の小田実が職員として迎えられたのも、「この組織〔国際文化会館〕が一方的なものではないことを示すための理事会側の注意深い努力の結果」（ボールズ）なのであった。

一九五四年一〇月から翌五五年二月にかけて、松本は健康に不安を抱えていたため延期していたアメリカ訪問の旅に出た。実に三〇年振りの訪米であった。ロックフェラー三世が一九五二年一二月、RF理事長に就任すると同時に同財団の会長職に就いていたラスクは、松本の訪米を「国際文化会館がその推進のために設立された国際的接触の類」と呼んだ。だが、ここにも冷戦は影を落としていた。松本は安保改定に反対する革新勢力のオピニオン・リーダーにもなる社会学者・清水幾太郎からの訪米の懇願を受けて、彼の訪米を妨げる共産主義団体に所属する者を罰することを事実上、合法化するマッカラン国内治安法について、ファーズに批判的意見を述べていたのである。

もっとも知的交流計画により一九五三年、エレノア・ローズヴェルト元アメリカ大統領夫人、翌五四年にはアメリカ人以外を対象とする特別人物交流計画(ロックフェラー財団助成)を通じて、ワイマール期ドイツの美術工芸学校バウハウスの創始者ウォルター・グロピウスを国際文化会館に迎えるなど、知的交流は順調に進展していった。一九五五年六月一一日、遂に国際文化会館の開館式が挙行された。式にはロックフェラー三世夫妻の姿も見えた。開会式当日、ロックフェラー財団からの助成期間が五年間であることから会員制度が導入された。しかし、そこにも冷戦の影響は及んだ。開会式の数日前に開催された理事会に同席したファーズは、「もちろん自らはコメントしなかったが、抜本的に疑問のある一、二名が一覧から除外されるのを見るのは興味深かった」と日記に記している。会員に申請しながら却下された人物のなかには、民主主義科学者協会(民科)[2]会員の地理学者・飯塚浩二のような人物もいた(松本 一九九二)。そうしたなかでも漸次、会館の活動を「ひろく國際化する方針」が取られ、「日本とアメリカとの交流のみに限られているとか、特定の政治的意図を蔵する文化工作だとかいう誤解も年度末には、幸い漸次解消してきた」（昭和三〇年度事業報告書）。事実、東西冷戦における中立を掲げて第三勢力の形成をめざし、中国の周恩来首相と共に一九五四年、平和五原則を発表していたインド首相J・ネルーに傾倒していた飯塚も、一九五七年に発足する特別企画「インディア・スタディ・グループ」に協力していた。

もっとも松本が当時の日本の革新派の考え方、とりわけ日本の歴史学におけるマルクス主義の優勢に批判的であったのは言を俟たない。それまでもしばしばファーズに対して、マルクス主義史学に対する批判的見解を開陳していた松本は、特別人物交流計画により招聘したイギリスの文明史家アーノルド・J・トインビー――IPR京都会議にも出席していた――の訪日（一九五六年）について、ロックフェラー三世に宛てて次のように記している。

我々の歴史家たちの考え方を広げ、また、長い間、マルクス主義の強い影響の犠牲となってきたその学問分野の研究へのバランスの良い接近法を多くの我々の学生たちが与えられたという意味で、彼の訪問は大きな成功でした。

同年末の理事会は、RFからの寄付に依存してきた国際文化会館の自立化のための具体策を検討して、法人を対象とした維持会員制度の創設が承認された。翌一九五七年初頭には早速、維持会員制度が発足し、二月下旬にはロックフェラー三世夫妻も訪日した。ロックフェラー三世はファーズ宛の書簡で、「私は特に財政状況について感銘を受けました」と記した。一〇〇名近くの銀行や企業の代表が集まった維持会員制度創設発起人会主催の茶会では岸信介外相もスピーチをしており、その頃までに予算の約三分の二を会費収入と寄付、募金により賄えるようになっていたのである。こうしたなかで、ロックフェラー三世は「もうあと一つの最後の助成」を提起した。最終的にRFは同年九月、国際文化会館に対する五年間の助成延長（一二万五〇〇〇ドル）を決定した。

ちょうど同月、ロックフェラー三世の息子ジョン（通称ジェイ）は、国際基督教大学（ICU）で三年近くに亘る留学生活を開始した。ICUは「日本を民主的でキリスト教的な条件で再建するのを助け、不満や共産主義に対して防備を固める」（RF社会科学部スタッフの覚え書）信念の下、一万田日銀総裁が後援会長を務めるかたちで募金活動が行われ、一九五三年に開学していた。先のブラッドフォードも当初から「フルブライト交流計画、ロックフェラーの調査、グルー基金(3)、国際基督教大学……これらすべてには果たすべき重要な役割がある」と考えていた（松田　二〇一五）。ICUへはRF、さらには息子の留学中、ロックフェラー三世本人も多額の寄付を行った。

ともあれこの時期、国際文化会館は財政上の困難を克服して、その知的交流プログラムも軌道に乗りつつあった。ロックフェラー三世は一九五九年初めにも息子の滞在する日本を訪れ、また、松本は彼と岸信介首相――自らが一九五八年秋、提案した警職法改定が野党の強い反発に合い政治的困難に直面していた――の仲を取り持っていた。ファーズ日記には野党・社会党に対する当時の松本の認識に関連して、以下のような記述が見られる。

松本に、会館が日本における社会党を志向する知識人の考え方に現実主義の要素を持ち込むためにより多くのことができないか尋ねた。……松本はこの集団の国際問題についての考え方がしばしば非現実的であると同時に無責任だとの描写に同意した。

しかしながら、ここまで見てきたようなアメリカの文化的覇権《ヘゲモニー》の下での国際文化会館の活動の日米外交との連携は、安保騒動を経て、大きく変容していくことになる。

四　安保騒動と知的交流の動揺

一九六〇年一月、ワシントンで日米安保条約改定の調印がなされたが、日米修好通商条約発効一〇〇周年記念行事（六月一九日）に合わせたドワイト・D・アイゼンハワー大統領の訪日までに、新安保条約の批准を終える目的で五月一九日、自民党が衆議院で新安保条約を強行採決すると、安保改定に反対する大規模なデモが国会を取り巻いた。そうしたなかで、高木と松本は大統領訪日の延期を求めて、ロックフェラー三世や駐日大使ダグラス・マッカーサー二世に働きかけることとなった。

六月六日、高木と松本はアイゼンハワーの訪日延期を求める電報をロックフェラー三世に送って、それをラスクRF会長、J・グラハム・パーソンズ国務次官補（極東問題担当）、ウィリアム・J・

フルブライト上院外交委員長に転送して欲しい旨、伝えた。同日、高木はロックフェラー三世に宛てて、「それ〔安保闘争〕を共産主義者に教唆されたものであるとか、左翼的と呼ぶことさえも大いなる誤解です」と訴えた。松本も彼に宛てて、安保騒動は「一九年前の米日関係の破滅的な行路を阻もうとする私の努力を思い出させる」と記した。二日後、二人はマッカーサー大使とも面会して、口頭と文書で次のように説明した。

代議制を保持したいという願望が、これまで静穏であった中道本体の大学教授、学生、そして他の学識者たちの反対とデモの動機です。……これらの自由主義的立場の表明は、単純な反条約の扇動とは区別されるべきです。

彼らは翌九日には、コロンビア大学東アジア研究所において、知的交流計画の中心となってきたハリー・J・カーマン教授に宛てて、「最近の大衆感情の激変は、この地で経験してきたあらゆるものと非常に異なる新しい性質のものです。この運動を共産主義に教唆されたものであるとか、マルクス主義的と見なすことさえも深刻な誤解です」と記した。ロックフェラー三世もすぐにラスク、フルブライト、パーソンズの三人と、前年に死去したジョン・フォスター・ダレス前国務長官の実弟アレン・ダレスCIA長官に高木・松本連名の電報を郵送した。

だが、アメリカ政府に対する彼らの影響は限定的であった。ダレスはロックフェラー三世に「〔大統領の」旅行をアメリカ側からキャンセルするのは、極東の共産主義者と反米勢力にとって、大いなる勝利を確実に意味します」と返信した。パーソンズからも次のような返事がロックフェラー三世に届いた。

訪問は延期されるべきだという日本における合衆国の友人の気持ちは真剣に考慮されました。しかしながら、最終的にこれらの考慮を計画どおりの訪問手続きを良しとする要素が上回りました。

結局、六月中旬、岸政権が招聘を断念したことで、ようやくアイゼンハワーの訪日は中止となった。

六月一九日に参議院で新安保条約が自然承認された数日後には、『ジャパンタイムズ』紙に「なぜアメリカのキリスト教徒に支援されている国際基督教大学が、反米主義の砦になってしまったのか?」を問う投書が掲載された。それに対して、知的交流計画発足当初からその日本委員会委員を務め、国際文化会館評議員にも就任していたICU准教授・武田清子(日本思想史)が新聞論説を執筆した。そのなかで彼女は、ICUに留学中のジョン・D・ロックフェラー四世のように日本人の「魂」を理解しようとしないアメリカ大使館の態度を嘆いた。だが、朝海浩一郎駐米大使は武田清子に代表される一部のICU教員のデモ参加や安保騒動に対する態度を問題視して、そのことを国務省に通知した（石井修　一九九六）。国務長官に就任したラスクも後日、朝海に対して「財団〔RF〕からやって来たことから……日本における問題のいくつか、特に教員と学生の感情は知っています」と述べて、「東京の国際文化会館が学生指導者たちの活動的な中心になってこなかったことは個人的に残念」だとの感想を漏らした。

安保騒動を経て、高木、松本やその周辺の知識人と日米両国政府の日米関係をめぐる認識の乖離は大きなものとなったと言ってよい。もっともロックフェラー三世は、自らが推進してきた知的交流が無意味だとは考えなかった。彼は一九六〇年秋、対日占領政策に携わった日本史家で元コロンビア大学教授の前述のボートン（ハヴァフォード大学学長）に宛てて、次のように記している。

プロジェクトの最終的な結果と帰結については、大変しばしば確かではありません。東京の国際文化会館との間で遂行されてきた指導者交換プログラム〔知的交流計画・特別人物交流計画〕も、その効果については若干むらがあります。その一方、全体としてはとても効果的で意味があります。

翌一九六一年初頭、松本もファーズとの会談で「ライシャワー、スカラピーノ、ジャンセン、そしてホールのようなアメリカの学者[4]が、大体において社会主義者側の日本の知識人と話すことが特に重要」だと述べている。

（右から）松本、ライシャワー、ジャンセン、ホール
（1982年10月）（公益財団法人国際文化会館提供）

こうしたなかで一九六〇年、ロックフェラー三世は知的交流計画に新たに五万ドルを寄付し、翌六一年にはRFから国際文化会館に対して、最後の助成（九万ドル）がなされた。知的交流計画は一九五七年以降、アメリカ委員会の業務を戦後、ロックフェラー三世が中心となり再生させ、当人が会長を務めるジャパン・ソサエティ（ニューヨーク）が担うようになっていた。知的交流日本委員会も一九六一年以降、高木に代わり松本が委員長を務めるようになって、その活動は国際文化会館の事業に統合された。同年、日米「イコール・パートナーシップ」の標語の下、ライシャワーの発案とされる日米文化教育交流会議（CULCON）が米日両国政府により創設されて、翌六二年から活動を開始した。恐らくその結果、同年秋には、国際文化会館が共催す

る第一回日米民間人会議（ダートマス会議）が開かれた。同会議は第二回を倉敷レーヨン株式会社社長で大原美術館（倉敷市）の運営等、篤志家としても知られ、日米文化関係について一家言を持つ大原総一郎ゆかりの倉敷（一九六四年）、第三回をロックフェラー家が復元した植民地時代のヴァージニアの首府ウィリアムズバーグ（一九六七年）と開催場所を変えながらも継続していった。

このように日米知的交流は、安保騒動を経ながらも再強化された部分があった。だが、松本が十年来、招聘を試みてきた元外交官・歴史家ジョージ・F・ケナン――対ソ「封じ込め」政策を提唱したことで有名――の訪日に際して、日米両国政府と松本らの意向はまたしても食い違った。ケナンは一九六四年初夏に訪日したが、彼と昼食を共にした大平正芳外相は武内龍二駐米大使に宛てて、「主として所謂『進歩的文化人』のグループと会談したためか、日本の対米与論につき誤った認識を抱くに至った。……右認識是正の意味からも本会談の機会を設けた」と打電（七月七日付）した。ケナンは帰国後まもなく、『フォリン・アフェアズ』誌（一〇月号）に日本の「恒久的非武装化と中立化」を主張する論考を発表した。その結果、訪日中のウィリアム・P・バンディ国務次官補（極東問題担当）はケネディ政権下、日本に大使として赴任していたライシャワーの要請に応じて、彼の主張がアメリカ政府のいわば「観測気球」でないことを急遽、言明しなければならなかった。結局、ケナンは同年末、戦後二度に亘りロックフェラー・フェロー（一九五五〜五七、一九六二〜六三）として渡米して、シベリア出兵研究を通じ彼の知遇を得た国際政治学者・外交史家の細谷千博（一橋大学教授）に、騒動を起こしてしまったことについて遺憾の意を伝えるはめになった。もっともこの頃までに松本はケナンの「真剣な議論」の結果、「非常に理想的で、非現実的かつ感情的なものばかりであった」革新派の議論も含め、日本の安全保障論議が建設的な方向に進んでいると考えるようになった（エルドリッヂ　二〇一一）。しかし、そうした考え方は、日米安保体制の現状維持を望む日米両国政府の認識とは大幅に食い違っていた。

五　一つの時代の終わり

ケナンの帰国後、まもなくトンキン湾事件（八月）が起こり、翌一九六五年に入ると北ベトナムに対する空爆（北爆）が開始されて、ベトナム戦争は本格化した。同年一〇月、戦後、ニューヨーク郊外で年に一度開催されてきた、広く政治に関する有識者や市民の集まりであるコロンビア大学のアメリカン・アセンブリー――急激な経済成長を遂げた日本が議題であった――に松本は出席して、アメリカのベトナム政策を批判した。彼は自由主義的国際主義を標榜しながらも実際にはアメリカ的諸価値の絶対性を過信するあまり、現地情勢の認識を歪ませてしまったベトナム戦争の本質を嗅ぎ取っていたのであろう。だが、その結果、同年五月、国際文化会館理事長に就任し、外務省参与でもあった松本に理事長職を辞すべきだとの圧力がかかった。既に同年四月、国際文化会館企画部長・鶴見良行――鶴見祐輔の甥であり、祐輔の長女・和子（社会学者）、小田と共にべ平連を牽引した長男・俊輔（哲学者）の従弟――がべ平連に参加するなかで、松本はきわめて難しい立場に置かれていたと推測される。さらに二年後の一九六七年には、一九六五年のアメリカン・アセンブリーのフォローアップ会議として、日米安保体制の在り方や沖縄返還が議論された日米関係民間会議、通称「下田会議」が開催され、同会議は一九九〇年代半ばまで数年おきに催されるようになるが、松本はその国際文化会館による共催を内部の一部に強い反対があり見送ることとなった。

安保騒動とその余波、さらにはベトナム戦争の勃発によって、国際文化会館に集った原初的アメリカ研究コミュニティ内外の知識人と日米両国政府との連携は、事実上、ここに終焉したと言えよう。他方、国際文化会館へのRFの助成も一九六六年度を最後に終わった。元来、人道主義的なRFの主要な関心は第三世界の人口・食糧問題に移って、日本に対する新規助成も同年度が最後であった。また、ロックフェラー三世自身、一九六〇年代のアメリカのリベラルな政治風土を肯定的に受け入れ、政府の政策とは距離を置くようになった。ベトナム戦争の泥沼化に伴って、アメリカの文化的覇権《ヘゲモニー》が動揺し、国内の冷戦コンセンサスも崩壊するなかで、日米知的交流の在り方は大きく変容せざるをえなかったように思われる。

戦後、政府間関係を補完するかたちで再生された日米知的交流に関して、戦前からの人脈を生かした高木や松本といったアメリカ研究者とロックフェラー三世に率いられたRFの協働は、一九六〇年代後半に終焉を迎えた。だが、下田会議の運営を中心となって引き受けた山本正が一九七一年、松本の助言を仰ぎながら財団法人・日本国際交流センターを発足させ、政府間関係を補完するより政策志向的な民間交流の場を提供するようになった。同じ年、日本政府は戦前から続く国際文化振興会（一九三四年設立）を土台に、新たに国際交流基金を設立した。戦後のアメリカの文化的覇権《ヘゲモニー》の動揺に伴って、一九七〇年代前半までに日本の知的交流は、多元的かつ広範なネットワークの上に展開されるに至ったと言えよう。

（1）以下、本文中の引用は特に断りのないかぎり、これら一次史料のうちの未刊行史料に基づいている。これらの未刊行史料の内容の詳細は、参考文献の項を参照。
（2）戦後直後から一九五〇年代半ばまで活動した、マルクス主義者が主導する学術団体。
（3）一九三二年から太平洋戦争の勃発まで駐日大使を務めたジョゼフ・C・グルーが創設（現・グルー＝バンクロフト基金）。日本の高校生のアメリカの大学への進学を支援。同基金より奨学金を得て、アメリカで学んだ学生としては、入江昭（ハーヴァード大学名誉教授）や麻田貞雄（同志社大学名誉教授）がいる。
（4）当時の代表的日本研究者であるエドウィン・O・ライシャワー、ロバート・A・スカラピーノ、マリウス・ジャンセン、ジョン・ホイットニー・ホールを指す。

【参考文献】

一　未刊行史料

外務省外交史料館

本邦における協会及び文化団体関係　国際文化会館関係、外務省文書Iʼ-1811、リール番号Iʼ-0091、フラ

ッシュ番号12

東京大学アメリカ太平洋地域研究センター図書室

　高木八尺文庫

National Archives and Record Administration, College Park, Maryland

　Record Group［RG］59

　　Central File

　　Bureau of Far Eastern Affairs, Assistant Secretary for Far Eastern Affairs, 1960–1963

Rockefeller Archives Center, Sleepy Hollow, New York

　Rockefeller Family Archives

　　RG 2

　　　Educational Interests, ser. G（日米知的交流計画）

　　RG 5（ロックフェラー三世文書）

　　　Ser. 1, Subser. 1（日記等）, 3（書簡等）, 6（世界一周旅行日記等）

　Rockefeller Foundation Archives

　　RG 1.2, ser. 609（日本関連プロジェクト）

　　RG 12（含・ファーズ日記）

二　刊行史料（含・マイクロフィルム）

石井修監修・解題（一九九六）『アメリカ合衆国対日政策文書集成Ⅰ　日米外交防衛問題　一九五九～一九六

〇年』柏書房、五巻
Murphy, Gregory, ed.（1990）Confidential U.S. State Department Special Files, Japan, 1947–1956, Bethesda, M.D.: University Publications of America（マイクロフィルム）.

三　著書・論文

エルドリッヂ、ロバート（二〇一一）「ジョージ・ケナンの未公開書簡を読み解く―対ソ『封じ込め政策』で知られる〝冷戦の士〟の苦悩」『中央公論』一〇月号、一一〇～一一七頁
加藤幹雄編（二〇〇三）『国際文化会館五〇年の歩み　1952－2002』（増補改訂版）国際文化会館
楠綾子（二〇一四）「冷戦と日米知的交流―下田会議（一九六七年）の一考察」『国際学研究』三巻　号、三一―四四頁
藤田文子（二〇一五）『アメリカ文化外交と日本―冷戦期の文化と人の交流』東京大学出版会
松田武（二〇一五）『対米依存の起源―アメリカのソフト・パワー戦略』岩波現代全書
松本重治（一九九二）『わが心の自叙伝』講談社
山本正編（二〇〇八）『戦後日米関係とフィランソロピー―民間財団が果たした役割、一九四五～一九七五年』ミネルヴァ書房
和田敦彦（二〇一二）「戦後国際文化政策についての非公式懇談会記録―国際文化会館関係文書（文芸評論家編）」『リテラシー史研究』四号、七五～八一頁

第四章　第一次世界大戦と現代グローバル社会の到来

――アメリカ参戦の歴史的意義――

中野耕太郎

一　世界史の「断絶」――第一次世界大戦の衝撃

近世から近代、さらには現代へと世界の歴史が進むなかで、人類は幾つもの「転換点」を経験してきた。それは、前の時代からの政治や経済の継続性よりも、次の時代に向かう変化ないし「断絶」が集約的に現れた瞬間である。一九一四年八月から一八年一一月にかけて戦われた第一次世界大戦は、そうした歴史的な転換点のひとつ――とりわけ、近現代のグローバルヒストリーを考えるうえで、無視することの出来ない「断絶」をもたらすことになった。

たとえば、この戦争を通じて、一九世紀から二〇世紀初頭の国際関係に重要な地位を占めてきたドイツ、オーストリア＝ハンガリー、オスマン（トルコ）、そしてロシアの広域帝国が崩壊し、代わってアメリカ合衆国という西半球の新興勢力が巨大なパワーとして世界政治の舞台に登場した。このときアメリカが世界に持ち込んだ独特の普遍主義（理念外交）は、今日に至る国際社会の主要な形成要素となっている。第一次大戦後にはアメリカの主導のもと、人類史上初の恒常的な平和維持機関である国際連盟が設立されたが、連盟は集団的安全保障の制度化をすすめるとともに、ＩＬＯやユネスコを創設して国境を越えた社会政策の推進にも尽力した。従来の、主権国家間の勢力均衡論を旨とする近代外交の基本ルールは大幅な変更を余儀なくされたのである（山室　二〇一四ｂ）。

また、未曾有の総力戦となったこの戦争は、連合側、同盟側を問わず、交戦国たる諸帝国の本国と植民地の関係（中心・周縁関係）を根本的に変容させ、そのことは各国内の人種エスニック・マイノリティの地位身分にも多大な影響を与えた。戦時下に現れた「民族自決」の合言葉は、独立を求める東欧の諸民族だけでなく、アジアやアフリカの植民地人をも鼓舞し、自治と人種間平等の要求は地球規模の広がりを持って語られはじめた。さらに、開戦三年目に起こったロシアでのボリシェヴィキ革命も、レーニンの反帝国主義政策を旗印に、世界的なインパクトをもつものとなった。のちの冷戦の展開に触れるまでもなく、非資本主義社会としてのソ連の誕生はアメリカの覇権国家化とともに、二〇世紀のグローバルな政治構造を性格づけることになろう。こうした第一次世界大戦が生み出した諸条件は、現在の世界――すなわち、二〇一六年の今なお植民地主義の残滓に苦悩し、対立する歴史認識によって分断され、すでに弱体化したアメリカのリーダーシップに依存せざるを得ない人類史の現況――を依然として強く規定し続けている。史家山室信一等がこの戦争を「現代の起点」と評価する所以である（山室　二〇一四ａ）。

それでは、この現代史の始原たる「断絶」はいかにして起こったのか、またそれは、どのような意味を持つものとして歴史のなかに文脈付けることが出来るのだろうか。近年の第一次世界大戦史研究に顕著な傾向は、これまでの西欧列強間の紛争に焦点を当てた分析を乗り越えて、ひとつの「グローバルヒストリー」としてこの戦争を描こうとするものである（橋本　二〇一五）。この数年の間に上梓された日本の研究だけを概観しても、東アジアでの日本と中国の動向に注目した考察（山室　二〇一一）や、「破砕帯」と呼ばれる諸帝国間の境界領域を重視した論集（池田　二〇一四）、あるいは、ヨーロッパにおいても東部戦線と東欧ナショナリズムの展開に注目した著作（野村　二〇一三）など、西欧の周辺部ないし「外部」世界にも大きく視野を広げた研究が現れている。

本章もまた、こうしたグローバルヒストリーとしての第一次大戦研究の潮流を強く意識するものであり、やはり西欧にとっての「外部」であるアメリカの参戦を手がかりに、大戦がグローバルヒストリーにもたらした「断絶」の諸相を明らかにする。具体的には、①アメリカの理念外交（ウィルソン主義）の歴史的意義、②アメリカ国内外における軍事動員が惹起した中心・周縁関係の再編、③人種マイノリティが模索した新しい国際主義、の三つの論点に即して検討を進めていく。

二　アメリカの参戦――ウィルソン外交とモンロー主義のグローバル化

一九一七年四月におけるアメリカの参戦は、少なくとも現実政治の次元では、帝国的膨張主義のコンテクストを全て排除するものではなかった。むしろ、時のウィルソン政権が参戦を決意した背景には、新興帝国としてのアメリカ自身の地政学的な利害があった。事実、二年八ヶ月に及ぶ中立期に、アメリカはいくつかの地域紛争の当事者となっており、そのことと参戦は無関係ではない。

ひとつは東アジアにおける日本との対立だった。一九一三年にはじまるウィルソン政権は中華民国の民主化に期待を寄せ、その領土保全を基本路線としていた。だが、このことは南満洲、東蒙古等における「特殊権益」を主張する日本の立場と相容れないものがあり、第一次大戦下に勃発した対華二一カ条要求問題（一九一五年）をめぐって両国の関係は険悪化した。なによりも同要求の前提として、日本がいち早く参戦し、山東半島のドイツ拠点を攻略していた事実は、アメリカをして戦争政治の現実に深く関与せざるを得ない状況を生んでいた（高原　二〇〇六）。

アメリカにとってさらに深刻な紛争は、中米・カリブ海で進行していた。一九一四年、ウィルソンのアメリカは、メキシコ革命の過程で現れた独裁政権を牽制すべく、メキシコ中部の軍港ベラクルスに海兵隊を上陸させた。この行為はメキシコ人の反米意識を強く喚起したが、アメリカは同様の行為をカリブ海の島嶼部にも繰り返していく。一九一五年には、エスパニョール島西部のハイチ、一六年五月には同島東部のドミニカに侵攻し、公正な選挙の実施や米系企業の資産保護を名目に両地域を軍政下に置いた。さらに加えてウィルソンは、タフト政権期に始まるニカラグアの軍事占領を維持し続けてもいる。それは基本的に、米西戦争（一八九八年）以来の覇権主義の路線を引き継ぐものだった（Healy 1988）。

こうした西半球政策を基礎付けていたものに、セオドア・ローズヴェルト大統領（当時）が一九〇四年に行ったモンロー・ドクトリンの再解釈（ローズヴェルト系論）があった。それによれば、新大陸とヨーロッパの相互不干渉を定めたこの伝統的な外交原則は、今や中米地域でのアメリカによる「国際警察力」の発動をも容認するのだとされた。この言明は、当時の政治文脈からすると、一九〇二年に始まるベネズエラの政情不安に英独など列強の介入があったことへの防御的性格がつよい（中嶋　二〇〇八、Healy 1988）。しかし、より長期的な歴史動向を考えるなら、この再解釈が重要なのは、単に北中米でのアメリカの覇権国家化を正当化したというだけでなく、新大陸とヨーロッパとの政治的関係を流動化させたことにある。

そもそも、一八二三年にオリジナルのモンロー・ドクトリンが発された頃、ヨーロッパではナポレオン戦争からウィーン会議を経て、シュミットの言う「ヨーロッパ公法」の世界が確立しつつあった。それは、国際法（万国公法）を共通インフラとしつつ、独立した主権国家が並び立つ国際秩序であった。その中で、ひとりアメリカだけは諸国から主権国家として認知されつつも、新大陸をヨーロッパの法秩序とは異なる、自由と「革命」の世界（アメリカン・システム）として隔離しようとした。つまり、モンロー・ドクトリンは元来、ヨーロッパ公法的世界のオルタナティヴとして

モンロー・ドクトリンの
「ローズヴェルト系論」の風刺画

の「アメリカ」を成り立たせる装置だったのである（金井　二〇一五）。しかし、二〇世紀のローズヴェルト系論のリアリズムは、アメリカの主権と勢力圏を、ドイツやイギリスのそれと同じ土俵の上に位置づけるもの――別言すれば、アメリカもまたヨーロッパ列強と同じく中南米の革命に干渉する帝国であることを認めることに他ならなかった（LaFeber 1993）。そして、前述したメキシコやカリブ海でのウィルソン政権の軍事行動もまたそうした認識を前提していたといってよい。

むしろ、ウィルソンの新しさは、この東アジアと中米での膨張主義的な履歴にもかかわらず、観念的にはヨーロッパの帝国主義を否定し、主権国家の勢力均衡を越える国際秩序論なり、平和構想なりを持ちえたことであった。特にメキシコとの紛争に難渋するウィルソン政権は、一九一六年一月、パン・アメリカ協定と呼ばれるラテン・アメリカ諸国との相互的な集団安全保障協定案を公にする。それはアルゼンチンやチリといった南米の大国を取り込むかたちで西半球に多国間協調の枠組みを作り、このなかで個別の紛争を解決していこうとするものだった。結局この協定案自体は、一六年三月にはじまるアメリカ軍のメキシコ侵攻（パンチョ・ヴィジャ討伐戦）を背景に、チリが不参加の意思を固めた時点で空中分解してしまう。しかし、より興味深いのは、ウィルソン大統領がこのほぼ同じ時期に、国際連盟案のプロトタイプともいうべき構想をはじめて明らかにしたことである。五月二七日、ウィルソンは有力な外交政策団体、平和実施連盟で公海の自由と戦争防止のためには、「諸国民の普遍的なアソシエーション」が不可欠だと発言した。それは、あくまで長引く大戦を念頭において語られた新秩序の試論であったが、すでに見た対ラテン・アメリカ政治の行き詰まりとの関連は無視できない（Knock 1992; *PWW*, Vol.37: 113-116）。

この多国間協調の「新外交」路線はその後も堅持され、翌一七年一月、ウィルソンは「勝利なき平和演説」としてより一般的に第一次大戦の講和案を明らかにした。同演説はのちにアメリカの戦争目的と位置づけられるきわめて重要なテクストである。ウィルソンはこの演説の中で、次のように平和を論じる。「もしこの戦争が新しい勢力均衡のための戦いなら、誰が新しい国家編成の安定を保障するのか？……勢力均衡ではなく力の共同体（a community of power）が求められるのであり、組織された競合関係ではなく、組織された共通平和が求められている」。また、「勝利なき平和演説」では、こうした民主外交の新しい国際規範は、「諸国民がともにモンロー大統領の原則を世界の信条として受け入れること」であるとされた（*PWW*, Vol.40: 533-539）。

ここにモンロー・ドクトリンというレトリックの恣意的かつ両義的な用法を見出すことは容易で

ある。これまでの経緯を振り返ってみれば、ウィルソン政権の中米での軍事行動は、モンロー・ドクトリンのローズヴェルト的解釈を前提としていた。それは、主権国家アメリカの国益と勢力圏を絶対視するものだった。しかし、ウィルソンはかかる勢力圏を維持するためにこそ、西半球規模の地域連合を求め、さらには新大陸だけでなくヨーロッパをも含むグローバルな国際共同体の形成を目指した。このとき「モンロー・ドクトリン」は、再びオリジナル版が持った普遍主義――すなわち、ヨーロッパ公法の外部に維持された革命の理想――を体現しようとしている。少なくとも、それが現下の世界大戦を生んだヨーロッパ帝国主義の代案、あるいは、主権国家の同盟網や個別的安全保障の対抗概念として提示されていたことは明らかである（西崎　一九八六）。

「勝利なき平和演説」には次のような文言が現れる。「（大国と小国の別なく）諸国間の平等のうえに平和が築かれねばならない。……そして、より深い問題は……政府の公正な統治権力は被治者の合意に由来するという原則……を承認しない平和は長続きしえない」ことである。アメリカ独立宣言を引いた、このいわばアナクロな一八世紀啓蒙のレトリックは、勢力均衡論が正当化するパワー・ポリティックスを否定するばかりか、普遍主義の名の下に、一九世紀的なヨーロッパ主権国家の法秩序をも相対化してしまう。その意味で、ウィルソンの「力の共同体」あるいは、モンロー・ドクトリンのグローバル化という構想が、従来の国際法や国際法廷を軽視するものであったという近年の研究の指摘は正鵠を射ている（三牧　二〇一四）。ここに、近代の主権国家構造に対するブレイクスルー、すなわち現代世界を生み出した歴史的断絶の機制を見出すこともできよう。

ただし、アメリカの参戦が観念的な理想主義によってのみ、もたらされたのではないことも事実である。一七年一月に「勝利なき平和演説」が行われてから、四月の参戦までの二ヵ月半の間に、米独関係が急激に悪化した政治過程が存在するからである。具体的に、二月のドイツによる無制限潜水艦攻撃再開宣言と三月のドイツ外相ツィンメルマンのメキシコ政府宛電報事件は、参戦への最後の引き金を引くことになった。特に後者は、アメリカを仮想敵国として独墨間に軍事協定を画策する動きであり、アメリカから見れば自国の「勢力圏」にドイツというヨーロッパ列強が直接手を入れてきたことを意味した(中野　二〇一三)。

ウッドロー・ウィルソン

アメリカがこのような経緯から参戦を決意したことを指して、歴史学者ドーリーは「モンロー・ドクトリンを反転」させる行為だったと表現した。すなわち、アメリカは西半球の「勢力圏」という二〇世紀のモンロー・ドクトリン(ローズヴェルト系論)を守り抜くためにこそ、ヨーロッパからの孤立にもとづくオリジナルのモンロー・ドクトリンを放棄せざるをえなかったという(Dawley 1991)。このパラドクスは、しかしながら、先に見たウィルソンによるモンロー・ドクトリンの再々定義（グローバル化）によって、不可視のものとなっていくであろう。ウィルソン大統領は、政府の参戦意思を国民に伝えた一七年四月の議会演説で、この戦争は「世界を民主主義にとって安全にする」ための一大事業だと主張した。また、「（戦争の）目的は、……利己的かつ専制的な権力に対抗して、平和と正義の原則を打ち立て……真に自由で自治的な諸国民の間に、目的と行動における協調を確立する」ことだと述べた（*PWW*, Vol.41: 519-527）。こうした著しく規範的なレトリックによって、アメリカの戦争は普遍的な正義のイデオロギーへと昇華されていく。

いずれにせよ、アメリカの参戦によって、戦争のグローバル化は加速した。戦争目的という観念のレベルにとどまらず、地政学的な意味でも戦争が関係する領域が劇的に拡大していった。今や東アジアでの日米の確執は、連合国陣営の分裂の種と懸念され、中米・カリブ海の「勢力圏」は世界大の「力の共同体」と奇妙な共生を始めることになる。アメリカの対外膨張の野心は、民主的な国際秩序の理想の中に温存されたのであり、その意味でアメリカもまた他の交戦国と同様「帝国の戦争」を戦ったともいえる。そして、この西半球の「帝国」においても、中心・周縁の再編統合という大戦が惹起したグローバルな展開は、深刻な政治課題となった。以下、アメリカの軍事動員と植民地人や人種マイノリティとの関係を検討するが、この論点が近代と現代を分かついまひとつの「断絶」を構成することは今さら言うまでもない。

三　アメリカの「海外領土」と総力戦

第一次世界大戦への参戦は、軍事的な側面のみに注目しても、アメリカ帝国の本国と海外領土の関係性、および、本国内での人種マイノリティの地位身分において、不可逆的な変化をもたらした。例えば戦時下に、一万八〇〇〇人のプエルトリコ人、一万二〇〇〇人のアメリカ先住民、そして三六万七〇〇〇人のアフリカ系アメリカ人が米軍に加わっている。この事実が象徴する地理的、社会階層的な境界を越えた一体化の潮流は、アメリカ国民国家のあり方にも複雑な制度的修正を迫ることになるだろう。

まず海外領土の状況を見ておくと、フィリピンではアメリカのヨーロッパ遠征軍の補助兵力として、現地人二万五〇〇〇人からなるフィリピン民兵（National Guard）が新設され、既存のフィリピン斥候隊も現地人中心の四連隊として大規模に再編された。第一次大戦を機に植民地の軍事力に占める現地人の重要性は飛躍的に増大したのである。実際には、フィリピン民兵は一部の将校の渡欧を除いて現地に留まるが、これに加わった兵士の間では軍事奉仕の代償としてフィリピン人の地位向上への期待が高まった。他方、フィリピン斥候隊は戦後正式な歩兵連隊の地位が与えられ、一九二一年には米陸軍フィリピン師団を構成するに至った（Linn 1997; Young 2013）。この一連のプロセスを通じて、斥候隊所属のフィリピン人兵士の間には、アメリカ人軍属と平等の権利を求める空気が醸成されていく。一九二四年七月には、斥候隊の駐屯するマニラ近郊の基地で、賃金差別を理由とするフィリピン人兵士の大規模な反乱が勃発した。反乱は直ちに鎮圧されるが、フィリピン現地人の権利覚醒を前にアメリカの植民地統治の脆弱性が露見した形となった（Capozzola 2015）。

アメリカ「勢力圏」の中心部に位置したプエルトリコは、より直接的に「帝国の戦争」に関わった。近年軍事史家ヘルナンデスが記したところによると、このカリブ海の米領島嶼では、いまだアメリカが第一次大戦に中立を保っていた時期から、同盟国陣営との間に軍事衝突を経験していたという。すなわち、一九一五年三月、同島のサンジュアン港において、プエルトリコ保安隊がドイツの武装商船オルデンヴァルト号に発砲する事件が起こった。無許可の出港を制止する目的で行われた威嚇射撃だったというが、結局同船はアメリカに徴用されてしまう。ドイツ側は強く抗議したが、オルデンヴァルト号はアメリカの大西洋貿易を阻害する自国の潜水艦への物資補給に従事していた。この事件のわずか二ヵ月後には、ドイツ潜水艦による英客船ルシタニア号撃沈事件（一二八名の米国人が死亡）が勃発し、米独間に鋭い緊張が走ったことは有名である。ドイツの行動はやはり、中米のアメリカ「勢力圏」にとっての脅威であった。それにしても興味深いのは、一九一五年春という非常に早い時期に、カリブ海の植民地軍によって小規模とはいえ戦闘行為が行われていた事実である。プエルトリコ保安隊は、基本的に現地人で構成された部隊で、事件当日の指揮を執ったのもプエルトリコ人の将校だった。その彼等が本土のアメリカ人に先駆けて世界大戦の現実に触れていたのだった（Hernandez 2013）。

アメリカの正式な参戦後もプエルトリコは、「帝国」の総力戦を支え続けた。米政府はプエルトリコでも徴兵を実施し、一万八〇〇〇人の現地人を選抜した。プエルトリコ連隊として編成された彼らは、まさに地政学的な意味でのモンロー・ドクトリンの要の地であるパナマ運河地域の防衛にあたった。一方、アメリカ議会は参戦の一ヶ月前にジョーンズ・シャフロス法を制定。希望するプエルトリコ住民にアメリカ市民権を付与し、直後に始まる徴兵制度導入の根拠とした。また議会は、一八年五月の帰化法改正で非市民兵士の帰化条件を緩和し、アメリカ国籍を求めたヨーロッパ系移民兵とともに、市民権未取得のプエルトリコ兵とフィリピン兵の国民的統合に配慮を見せた（Carrion 1983; Carr 1984; U. S. House of Representative, Committee on Immigration and Naturalization 1918）。

四　国内の「周縁」と総力戦——人種マイノリティの戦争

この一八年帰化法改正に強い関心を示したもうひとつのエスニック集団に日本人移民がいた。第一次大戦下に日本人移民八三八名がハワイ準州で召集され、「全日本D歩兵中隊」という日本人だけの中隊に組織された。このハワイという太平洋の島嶼部での徴兵は、それ自体、大戦が体現した帝国の周縁と中心の一体化を示すものでもあったが、重要なことは、この軍役を通して、日系兵士の多くが平等なアメリカ市民権にアクセスする資格を得たと考えたことだ。特に上記の改正帰化法が「あらゆる外国人」兵士を対象とすると書かれていたことは、彼らを勇気づけた。そもそも当時の制度では、日本人移民のアメリカ市民権取得はきわめて困難だった。一九〇六年制定の帰化法では、「自由な白人、あるいは、アフリカ出身者およびその子孫であること」が帰化の人種的要件として定められていたからである。だが、ウィルソン大統領が唱導する「民主主義の戦争」は従来の市民の境界線を流動化させたにちがいない。そのように日系兵士は信じ、実際にハワイで約四百名が新法に則って帰化手続きを行った（西川　二〇〇三、伊佐　二〇一二）。

ただ、そうした法的解釈はアメリカ全体で共有されたわけではない。連邦政府は改正帰化法が、帰化に係る人種要件になんらの変更も与えていないという立場を取り、アメリカ人になったばかりのハワイの日系兵士から再び市民権を剥奪する訴訟を起こした。この訴訟は一九二五年の最高裁で結審し（*Toyota v. United States*, 268 U. S. 402）、日本人側敗訴の判決となった。このことに不満を抱いた日系社会は、今日に続く圧力団体、日系アメリカ人市民連盟（ＪＡＣＬ）を結成し、帰化権を求めるキャンペーンを粘り強く継続した。実のところ、第一次大戦期から戦後にかけて、日系への人種差別はむしろ強まる傾向にあった。一九一五年にカリフォルニア州では、日本人を標的とした外国人の土地所有禁止法ができ、二四年の連邦移民法が日本人の入国を全般的に禁じたことは広く知られている。しかし、それにも拘らず、ＪＡＣＬはアメリカ在郷軍人会などの支援も受け、一九三五年にはナイ＝リー法によって、第一次大戦に従軍したアジア系兵士について帰化承認を勝ち取った（Salyer 2004, 高村　二〇〇九）。

ところで、一般の帰化法から人種要件がはずれるのは一九五二年のウォルター・マッカラン法を待たねばならない。そのことを考えると、元移民兵の「国民化」は突出して早い。国家への軍事奉仕を根拠に市民社会への包摂を求める「マーシャル・シティズンシップ」の主張――それはリンダ・カーバーらが批判してきたように、歴史的には戦わない性としての女性を二級市民の地位に留め、良心的兵役拒否者を難民のごとき無権利状態に放置する、いわば排除と分断の思想でもあった。しかし、日系社会の戦略が示すように、それはアメリカの植民地民衆と本国の人種マイノリティにとって、わずかに残された狭く細いシティズンシップへの回路であった（Kerber 1998, O'leary 1999）。

もっとも「統合」のあり方は、個々の人種・民族集団と主流社会との歴史的な交渉の蓄積を反映して、すこぶる多様であった。例えば、アメリカ先住民の場合には、マーシャル・シティズンシップは、常に文化的同化をめぐる諸議論と密接に結びついていた。部族を離れた軍隊生活が先住民兵士の個人化、市民化を助けるという言説である。ただその際、先住民だけで構成される分離部隊が好ましいのか、一般の白人部隊に個人として編入する統合軍がよいのかで意見が分かれた。実際、一八九八年米西戦争のキューバ攻略戦では分離部隊案が検討されたが実現せず、翌年勃発した義和団の乱やフィリピンの反米反乱の鎮圧戦には統合軍として戦闘に加わった。だが、先住民の特性を生かした分離軍を求める声はその後も根強く、一九一六年のメキシコ干渉戦では通称アパッチ斥候隊が、国境近辺の部族によって編成されている（Britten 1997）。

第一次大戦への参戦期にも、分離軍団構想は燻り続ける。著名な写真家のジョゼフ・ディクソンは、先住民の地位向上には彼らの文化遺産とコミュニティを保存することが重要だと主張した。そして、そうした目的に照らせば、先住民を個人としてバラバラに白人主流の軍隊に溶け込ませようとする統合案は認められなかった。こうした議論は多くの文化人類学者の賛同を背景に議会にも影響を与え、一七年四月末には「インディアン騎兵隊」法案という分離軍団案が上程されることになる（Krouse 2007）。

しかし、この案にはベーカー陸軍長官をはじめ、政府当局から強い批判があった。反分離軍派の最大勢力は、一九世紀末以来、寄宿学校制度を軸に若い先住民の「アメリカ化」を推進してきた連邦インディアン局の人脈であった。特に同局コミッショナーのカト・セルズは個人化と同化を推進する立場から、軍隊における「白人との混合」を強く求めた。また軍も基本的にセルズの議論に同調する。先住民が暮らす辺境の遠隔地で徴兵を実施するにあたり、専門知識を持つインディアン局の協力が不可欠だったからである。結局、アメリカ先住民は、英・仏が組織したインドやセネガルの植民地軍団、さらには後述するアメリカ黒人のケースとも異なり、「統合軍」として世界大戦に参加した。戦時下に召集された先住民は総勢一万二〇〇〇人に達し、その中には多数の「インディアン寄宿学校」の卒業生が含まれた。ここで特記しておくべきことは、分離軍派と統合派、いずれの勢力においてもマーシャル・シティズンシップの展望は、いわば所与の前提だったことである。戦後一九一九年一一月、連邦議会は先住民の退役軍人の一部をアメリカ市民とする法律を制定し、続く一九二四年のインディアン市民権法では全先住民にアメリカ市民権を与えることになる（Britten 1997; Krouse 2007）。

米軍に入隊したチョクトー族の若者たち

軍事的な献身をよすがとした国民共同体への包摂。その願望は、アメリカ最大のマイノリティ集団であるアフリカ系アメリカ人の戦時戦略を基礎付けるものでもあった。一部の社会主義者等を除けば、アメリカ黒人は総じて戦争協力に積極的だった。そして彼らの多くは、「世界を民主化」するというウィルソンの戦争目的が国内の社会改革へ波及することを強く期待した。「恒久平和は、被治者の合意による統治の原則が、ヨーロッパの小国だけではなく、アジア、アフリカ、西インドの現地人、そしてアメリカ黒人の間にも広げられて初めて実現するのである」。一九一七年五月、アメリカの主要黒人団体は、有色人地位向上協会のW・E・B・デュボイスが起草した合同決議を採択し、右のように自ら平和の大義を論じた。さらに決議文はこう続ける。

「人種と肌の色による障壁のない、民主主義の偉大な希望は……連合国側にあると熱烈に信じよう。……だから、黒人同胞市民には、世界をついには自由にするこの戦いに心より賛同し、米軍に参加することを強く求めたい」、と（*Crisis*, June 1917）。それは、巧みにウィルソンの普遍主義を参照しつつ、黒人の軍事奉仕の意義を明確にする「言葉」であった。

しかし、主流社会にとって、黒人のマーシャル・シティズンシップは決して自明のものではなかった。終戦までに、総計三六万七〇〇〇人のアメリカ黒人が軍の召集に応じたが、このうち実戦に投入されたのは、わずかに四万二〇〇〇人に過ぎない。兵士（＝市民）としての黒人の資質に疑問符が付けられたのであり、彼らの多くは兵站の屈辱的な雑役に従事させられた。だが、そうした処遇は参戦以前の黒人部隊の戦歴を考えると不合理なものといえた。歴史的に、アメリカ正規軍には、四つの黒人連隊が存在したが、それらは米西戦争のキューバ攻略戦、その後のフィリピン反乱鎮圧、中立期のメキシコ干渉戦争のいずれの帝国主義戦争においても最前線に立ってきた。ところが、この黒人常備軍はヨーロッパの戦線には出されず、出征したわずかな黒人兵は、徴兵と一部州民兵からなる二つの黒人師団のみ——しかもそのうち一師団はフランス軍に指揮権を譲渡されたのだった（Barbeau & Henri 1974）。

軍および政府による上記の措置は、むしろ、総力戦がもたらした諸都市の多人種混住状況や、「武装」が象徴する黒人の地位向上を脅威と感じる白人社会に配慮したものだった。実際、一九一七年七月には、ヒューストンのローガン基地で北部から赴任したばかりの黒人兵が地元白人とのいざこざに巻き込まれ、双方に死傷者を出す事態に発展した。また、その約三週間前には、北部のイリノイ州イーストセントルイス市で大規模な対黒人暴動が勃発している。一〇〇名を超える黒人が殺害されたが、彼らは同市の軍需産業の作業員募集に応じて、南部農村から移住した人々であった。二つの事件は、いずれも総力戦が生み出した前例のない人口移動の帰結でもあった。七月末、陸軍参謀本部は、黒人兵は一般のアメリカ軍から隔離され、分離部隊として組織されること、またこの黒人部隊においては武器を用いた訓練は極力避けることを通達した（中野　二〇一三）。

一方で政府は、南部黒人の職業訓練事業（タスキーギ校等）に携わった、エメット・スコットをベーカー陸軍長官の特別補佐官に任命する人事を行っている。黒人エリートの中の穏健な適応論者の登用は、インディアン局の人脈を重んじた戦時の先住民政策と似た面もある。しかし、先住民の場合のように、黒人の軍事動員を社会的包摂への媒体と考える者は政府内では少数で、人種分離軍団の形成や非戦闘業務割り当ての政策は、「民主主義の戦争」が火をつけた「黒人の野心」を抑制し、統御することに重点があった。事実、政府と軍は、参戦期をとおして黒人兵士が遭遇した無数の差別を等閑に付し、むしろ彼らを潜在的な反乱分子と見て、各種情報機関の監視対象としていった。だがそれでも、黒人社会の主流は、マーシャル・シティズンシップの約束にしがみついた。デュボイスは一八年七月になってなお、「この戦争が続く限り、我々（黒人）の特殊な不満を忘れ……「（他のアメリカ人との）隊列を密にしよう」と訴えていた（*Crisis*, July 1918）。アメリカ黒人にとっても軍事奉仕は十全な市民権へのわずかに残された回路だったのであり、容易にこれを取り下げることは出来なかった。

第一次大戦が起動した現代の総力戦と巨大な人口移動は、帝国の植民地と本国／主流社会とマイノリティ／公権力と被治者大衆、これらの距離をかつてないほど近づけた。そして、かかる展開が惹起した中心・周縁関係の流動化は、軍事奉仕と市民権を結びつけるマーシャル・シティズンシップの思想を介して、実際に多様なマイノリティの地位向上と国民化に道を開いた。だが、この社会編成の激変は、既存秩序の重大な危機でもありえた。「民主主義の戦争」が生んだ統合の政治は、同時に新たな分断を内包するものであった。

五　もうひとつの国際主義と新国際秩序

最後に、世界大戦が活性化した植民地人やマイノリティの国際主義の問題にも言及しておきたい。特にアメリカの黒人知識人が、欧州列強のアフリカ分割やアメリカの中米支配に強い当事者意識を持つようになったことは重要である。そして、ここに現れたグローバルな連帯のヴィジョンは、前述した帝国＝国民国家の中心と周縁を結ぶ垂直的な諸関係の変化と否定しあうものではなかった（Hansen 2003）。アメリカ参戦前の一九一五年五月、W・E・B・デュボイスは、「戦争のアフリカ起源」と題する著名な論文を発表している。「今、目の当たりにしている醜悪な文明の倒壊はアフリカに起因する」――同論文はグローバルな帝国主義競争に大戦の原因を位置づけ、そのことと各地域にはびこる人種主義との密接な関係を看破する。すなわち、列強によるアフリカ搾取ゆえに、「『有色』が世界の思想の中で劣等であることと同義になり、……アフリカは獣性と野蛮の別名になってしまった」。だから「黒人を、あらゆる人種、民族から成る世界民主主義の、自由で平等な市民として扱わなければ、世界から戦争を根絶することは出来ないのだ」と（*Atlantic Monthly*, May 1915）。

この大戦初期には、反帝国主義の立場からの大戦批判が国際的な広がりを見せており、右のデュボイスの主張もこれに共鳴するものだった。イギリスの経済学者J・A・ホブスンの反戦論や労働党R・マクドナルドの民主外交論は、アメリカの知性界でも注目を集めていた。世界規模に広がる戦争の展開が、必然的にグローバルな平和運動の潮流を生み出したといってもよい。特にマクドナルドが主催した民主的統制連合の平和構想は、アメリカの女性平和党に影響を与え、同党は一五年一月、「『勢力均衡』ではなく『諸国民の協調』のための連合形成」を提案した（*Survey*, Jan 23, 1915）。おそらく、ウィルソン大統領とそのブレイン達もまたこの同時代の思想動向と無縁ではなく、先に見た「勝利なき平和」構想なども、政治的左派やリベラルのアイデアを参照したものと考えられる（Knock 1992）。

しかし、反戦リベラルの帝国主義批判とウィルソンのそれとの一番の違いは、後者においては、民主外交の理念がアメリカの参戦を正当化する「戦争目的」に転化している点だろう。非戦論はその最大のリソースをウィルソン主義によって奪い取られたのだった。上記、デュボイスの反植民地主義もまた、後にウィルソン普遍主義のレトリックと呼応する形で再構成され、黒人の戦争協力を要請する議論に向かったことはすでに見たとおりである。とはいえ、アメリカ黒人の運動が全く国内政治の論理に閉じてしまったわけではない。デュボイスは、第一次世界大戦の休戦後も戦後の新国際秩序に期待を抱き、講和会議開催中のパリでセネガル出身のフランス代議院議員ブレイズ・ジャニュらと共に、「アフリカの自治」を求めるパン・アフリカ会議を発足した（Contee 1972）。

この反植民地の国際主義は、その後、数次のマイナーチェンジを繰り返しながら、第二次世界大戦後の時代まで存続し、世界政治に重要な役割を果たすことになろう。だが、少なくとも短期的には、デュボイスらは苦い失望を味わうことになる。一九一八年暮れにはじまるパリ講和会議は、委任統治制度の名の下にドイツ、オーストリア、オスマン帝国など敗戦国の植民地を戦勝国間で再分配することを許した。ウィルソン大統領が戦時下に表明した民族自決原則は、ポーランドやチェコスロバキアなど「ヨーロッパの小国」の独立を実現したが、アジアやアフリカ、カリブ海の植民地には適応されなかったのである。

たしかに、ウィルソンの民族自決には少なからざる制約があった。なるほど、彼は参戦前から小国の権利や人民主権の理想を語ってきたが、民主的な国家主権の担い手が、「民族（ネイション）」であるべきことは一八年初頭まで明言されない。一八年一月の「一四カ条」と翌二月の「四原則」演説で、「民族」を軸とした戦後処理が公約された背景には、前年末に米墺戦がはじまって、ハプスブルグ多民族帝国の解体が現実味を帯びてきたこと、また、ロシアの新生ボリシェヴィキ政権が「平和に関する布告」（一七年一一月）で、すでに民族自決を宣言していたことがあった。また当時は、ブレスト・リトフスクで独ロ間の休戦交渉が行われており、東部戦線を維持するためにも、レーニンの平和攻勢に対抗する必要があった。ウィルソンにとっての民族自決は、元来、新外交の理想の表現というよりは、帝国間戦争の論理や戦後秩序をめぐるロシアとの駆け引きという権力政治の性格が色濃いものだった（Meyer 1959）。加えてウィルソンの自決観は、個々の「民族」を歴史的な成熟過程を経て形成される政治体と見る思考に裏付けられており、いまだ自治を達成できない「遅れた人々」への主権付与は論外だった（Ambrosius 2002）。そうした自決範囲の制限が、現実には大国中心の多国間協調にもとづく新国際秩序を担保していたともいえるが、まさにその秩序こそがアメリカの中米支配の継続と勝者の植民地再分配を可能にしていた。

しかし、そのようなウィルソン自身の思惑を超えて、アジアやアフリカの人々の間には、自らの脱植民地の宿願が「理想主義」の名のもとに正当化されたという確信が広がっていた（Manela 2007）。それゆえ講和会議の結論は怒りを持って迎えられた。中国では各地にヴェルサイユ条約調印拒否運動が叢生し（五四運動）、アメリカでは黒人のオピニオン・リーダー、ジェームズ・W・ジョンソンが「講和条約は、アフリカ問題という列強間の主たる紛争の原因に全く手を付けていない――アフリカは戦前と同じく搾取され、奪われ、抑圧され続けている」と書いた（*New York Age*, July 5, 1919）。

さらにジョンソンは、翌一九二〇年、いまだ米海兵隊による統治が続くハイチを調査し、「ハイチの民族自決」と題する長編の報告書を公表した。ジョンソンは戦前、セオドア・ローズヴェルトの知遇を得て、中米の「勢力圏」（ベネズエラ、ニカラグア）で領事職を歴任した黒人エリートで、参戦期にもウィルソンの理想主義にそれなりに期待をかけてきた人物だった。しかし、そのような彼をして、アメリカ自身の帝国性を批判的に検証し、むしろカリブ海の現地人とアフリカ系である自らの運命を重ね合わせる主張に至らしめたことは、やはり世界大戦が歴史の深い「転換点」だったことを証明しよう。

「（ハイチ占領は）我々の息子達が『民主主義のために……小国の権利と自由のために』海外で倒れ死んでいったときに行われていた……（ウィルソン大統領は）全世界で軍国的暴政を破壊すると誓っておきながら、ハイチの人々はまさにその軍事支配に隷属させられたのだ」（*Nation*, Aug. 28, 1920）。このように語り、「カリブの小国」の自治を求めるジョンソン報告が特に重要なのは、アメリカのハイチ支配のレトリックの中に、国内で黒人を従属者の地位に置く白人社会のそれと同種の論理を見出している点である。すなわち、「（アメリカの）干渉——無防備な三〇〇〇人の現地人の無慈悲な虐殺……を正当化するために、ハイチ人の『劣等性』、『後進性』、『野蛮性』が喧伝されている」と（*Nation*, Sept. 25, 1920）。

すでに示唆したとおり、ハイチの「後進性」言説は、「民族」の発展段階論を媒介してその自決権を否定し、アメリカによる「保護」を要請する。これと同様の議論は、民主主義を知らない黒人やアジア系には、社会的平等を与える前に、一定期間、職業訓練等の順応プロセスが必要だとする国内の人種差別容認論にも散見される。ジョンソンのハイチ自治論は、そうした漸進的な「適応主義」

の拒絶を意味するものであった（中野　二〇一五）。このように戦後のデュボイスやジョンソンが抱いた、植民地の人びととの国際的な連帯の構想は、ヴェルサイユ体制という名の「国際主義」と戦後アメリカの排外的で人種主義的な国内秩序に根本的に挑戦する潜勢力だったのである。

かつてアメリカ参戦直後の頃、ジョンソンは次のように大戦がもたらす「断絶」を予見していた。「今日世界は作りかえられようとしている。旧い伝統、旧い理念、旧い慣習、旧い政府、旧い文明は今この瞬間に瓦解しつつあり、この偉大な戦争の坩堝の中で溶け落ちようとしている。そして、それらは全く新しいものに形づくられるのである」。彼の見通しは、なかば正しく、半ば誤っていたようにも見える。たしかに、ウィルソンの理想主義は、「モンロー・ドクトリン」の恣意的な濫用に明らかなように、最初から権力政治のリアリズムを内包していたし、パリの講和会議から立ち上がった戦後国際秩序は、アメリカと戦勝国の帝国的野心を温存するものだった。だがしかし、九〇〇万人の兵士を殺した業火に焼かれながら、人類が掴み取った価値の中には、一九世紀の植民地帝国（＝ヨーロッパ主権国家）の世界を字句どおり「瓦解」させるものがあった。ウィルソンが勢力均衡論の対案として掲げた、理念的な民主外交は、ひとつの国際規範の地位を得るにいたった。また、植民地の解放と人種平等を求める潮流をもはや押し留めることはできなくなった。それゆえ、アメリカ参戦が世界政治に刻印した「リベラルな多国間主義」の理想は、その後も、各地で勃興するナショナリズムやマイノリティの異議申し立てに直面しよう。このアメリカの普遍主義と、多元的かつ階層的な世界の現実が織り成す歴史のダイナミズム――ここに新しいグローバル社会が胎動していた。第一次大戦はやはり人類史の大きな「転換点」であった。

【参考文献】

池田嘉郎編（二〇一四）『第一次世界大戦と帝国の遺産』山川出版社
伊佐由貴（二〇一二）「二〇世紀初頭ハワイにおける日本人移民と徴兵―第一次世界大戦の選抜徴兵制と国家の「暴力」」『歴史評論』七四四号、四二～五五頁
金井光太朗（二〇一五）「アメリカン・システムのマニフェスト―ヨーロッパ公法秩序とモンロー・ドクトリン」『アメリカ研究』四九号、一～一九頁
高原秀介（二〇〇六）『ウィルソン外交と日本―理想と現実の間 一九一三―一九二一』創文社
高村宏子（二〇〇九）『北米マイノリティと市民権　第一次大戦における日系人、女性、先住民』ミネルヴァ書房
中嶋啓雄（二〇〇八）「ローズヴェルト系論の対外政策―カリブ地域における軍事介入」菅英輝編著『アメリカの戦争と世界秩序』法政大学出版局、一〇一～一二六頁
中野耕太郎（二〇一三）『戦争のるつぼ―第一次世界大戦とアメリカニズム』人文書院
中野耕太郎（二〇一四）「『アメリカの世紀』の始動」山室信一、岡田暁生、小関隆、藤原辰史編『現代の起点　第一次世界大戦』（第四巻「遺産」）岩波書店、二一九～二四六頁
中野耕太郎（二〇一五）『二〇世紀アメリカ国民秩序の形成』名古屋大学出版会
西川裕子（二〇〇三）「アメリカ選抜徴兵制と日系アメリカ人―第一次世界大戦参戦時の本土とハワイの比

較」『史境』（歴史人類学会）四七号、五一～六七頁
西崎文子（一九八六）「モンロー・ドクトリンの普遍化―その試みと挫折」『アメリカ研究』二〇号、一八四～二〇三頁
野村真理（二〇一三）『隣人が敵国人になる日―第一次世界大戦と東中欧の諸民族』人文書院
橋本伸也（二〇一四）「『現代の起点　第一次世界大戦』（全四巻）と第一次世界大戦研究の到達」『西洋史学』二五六号、五六～六四頁
三牧聖子（二〇一四）『戦争違法化運動の時代―「危機の二〇年」のアメリカ国際関係思想』名古屋大学出版会
山室信一（二〇一一）『複合戦争と総力戦の断層―日本にとっての第一次世界大戦』人文書院
山室信一（二〇一四ａ）「世界戦争への道、そして『現代』の胎動」山室信一、岡田暁生、小関隆、藤原辰史編『現代の起点　第一次世界大戦』（第一巻「世界戦争」）岩波書店、一～二八頁
山室信一（二〇一四ｂ）「世界性・総体性・現代性をめぐって―振り返る明日へ」山室信一、岡田暁生、小関隆、藤原辰史編『現代の起点　第一次世界大戦』（第四巻「遺産」）岩波書店、二四七～二七五頁
Ambrosius, Lloyd E.（2002）*Wilsonianism: Woodrow Wilson and His Legacy in American Foreign Relations*, Palgrave MacMillan
Barbeau, Arthur E. and Henri, Florette（1974）*The Unknown Soldiers: African-American Troops in World War I*, Temple University Press
Britten, Thomas A.（1997）*American Indians in World War I: At Home and at War*, University of New Mexico Press

Capozzola, Christopher (2015) "The Secret Soldiers' Union: Labor and Soldier Politics in the Philippine Scout Mutiny of 1924," in Bender, Daniel E. and Lipman, Jana K., eds, *Making the Empire Work: Labor and United States Imperialism*, New York: New York University Press, pp.85–103

Carrión, Arturo Morales (1983) *Puerto Rico: A Political and Cultural History*, New York: W.W. Norton & Company

Carr, Raymond (1984) *Puerto Rico: A Colonial Experiment*, New York: New York University Press

Contee, Clarence G. (1972) "Du Bois, the NAACP, and the Pan-African Congress of 1919, *Journal of Negro History*, 57–1, pp.13–28

Dawley, Alan (1991) *Struggles for Justice: Social Responsibility and the Liberal State*, Cambridge: Harvard University Press

Hansen, Jonathan M. (2003) *The Lost Promise of Patriotism: Debating American Identity, 1890–1920* Chicago: University of Chicago Press

Healy, David (1988) *Drive to Hegemony: The United States in the Caribbean, 1898–1917*, University of Wisconsin Press

Hernandez, Prisco R. (2013) "Puerto Ricans—World War I," in Bielakowski, Alexander M. ed., *Ethnic and Racial Minorities in the U. S. Military: An Encyclopedia*, Vol.II, Santa Barbara: ABC-CLIO, pp.543–546

Kerber, Linda K. (1998) *No Constitutional Right to Be Ladies: Women and the Obligations of Citizenship*, New York: Hill and Wang

Knock, Thomas J. (1992) *To End All Wars: Woodrow Wilson and the Quest for a New World Order*, Princeton:

Princeton University Press

Krouse, Susan Applegate（2007）*North American Indians in the Great War* , University of Nebraska Press

LaFeber, Walter（1993）*The American Search for Opportunity, 1865–1913, The Cambridge History of American Foreign Relations,* Vol.II, Cambridge: Cambridge University Press

Link, Arthur S., ed.（1966–1994）*The Papers of Woodrow Wilson*（*PWW*）, 69 vol., Princeton: Princeton University Press

Linn, Brian McAllister（1997）*The Guardians of Empire: The U. S. Army and the Pacific, 1902–1940*, Chapel Hill: University of North Carolina Press

Manela, Erez（2007）*The Wilsonian Moment: Self-Determination and the International Origins of Anticolonial Nationalism*, Oxford: Oxford University Press

Mayer, Arno J.（1959）*Wilson vs. Lenin: Political Origins of the New Diplomacy 1917–1918,* New Heaven: Yale University Press

O'Leary, Cecilia Elizabeth（1999）*To Die For: The Paradox of American Patriotism*, Princeton: Princeton University Press

Salyer, Lucy E.（2004）"Baptism by Fire: Race, Military Service, and U. S. Citizenship Policy, 1918–1935," *The Journal of American History*, 91–3, pp.847–876

U.S. Congress, House Committee on Immigration and Naturalization（1918）*Amendments to the naturalization laws. Hearings before the Committee on immigration and naturalization, House of representatives, 65th Congress, 2nd session, on H. R. 10694*, Washington DC: Government Printing Office

Young, Duane C. (2013) “Filipino Americans,” in Bielakowski, Alexander M. ed., *Ethnic and Racial Minorities in the U. S. Military: An Encyclopedia*, Vol.I, Santa Barbara: ABC-CLIO. pp.203–211

第五章　軍事か経済か？
――帝政期ロシアの義勇艦隊に見る軍事力と国際関係――

左近幸村

一　ロシア義勇艦隊とは何か

本章はロシア義勇艦隊の歴史を取り上げる。ロシア義勇艦隊とは一八七八年に設立され、ロシア革命後の内戦の中で分裂し、一九二四年に消滅した艦隊である。義勇艦隊の歴史を概観することで、帝政ロシアにおける軍事問題と経済の関係を考察してみたい。具体的には、義勇艦隊の定款と規程の改訂の歴史を取り上げる(1)。

義勇艦隊を取り上げる理由は三点ある。一点目は、地図に示されるようにユーラシア大陸を跨ぐように航行した義勇艦隊は、ロシア史をグローバルヒストリーに結びつける手掛かりとなるからで

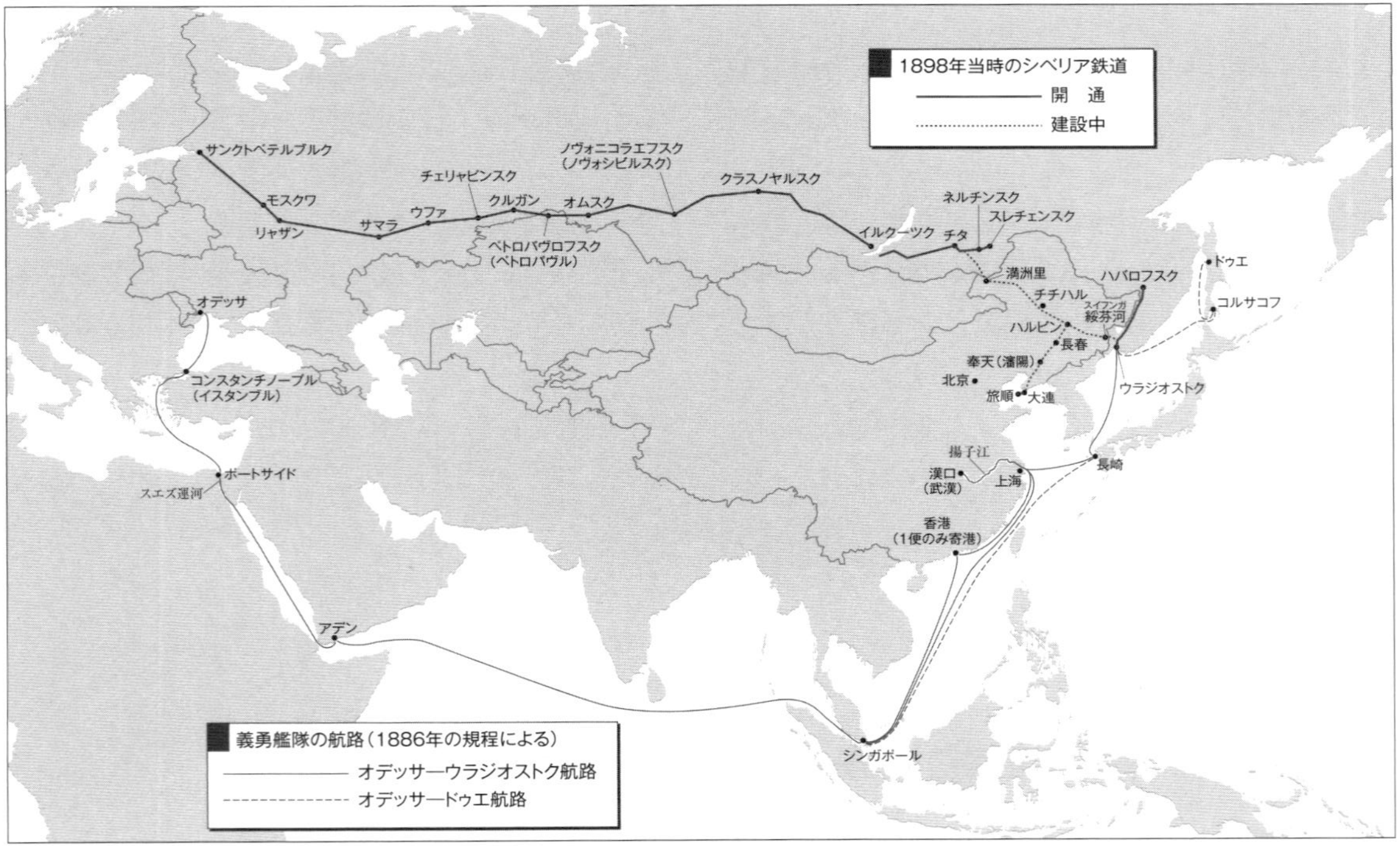

1886年の規程で定められた義勇艦隊の寄港地と航路
（左近幸村編『近代東北アジアの誕生―跨境史への試み』2008年、北海道大学出版会より転載）

ある。二点目は、艦隊と名乗っているようにそもそもは軍事用に設立された団体であり、本書のもう一つのテーマである「戦争」とも密接に関連しているからである。三点目として、様々なテーマと接点を持っているにもかかわらず、ほとんど研究されていないという実情がある。日本でも先行研究は限られているが、ロシア本国でも研究が進んでいるとは言いがたい。

義勇艦隊の歴史に関して最もまとまった研究は、一九七九年にウラジオストクで出されたヴァレンチン・ビャンキンの『極東のロシア海運（一八六〇〜一九二五年）』である（Biankin 1979）。第一章や結論部に見られるレーニンの引用に時代性を感じるが、時系列的な整理は現在から見てもおおむね妥当であり、研究としての価値はまだ失われていない。問題は、ビャンキン以降に義勇艦隊の歴史を概観した研究者がいないことである。またビャンキンの関心は、本の題名にも示されているように極東の海運である。本章では、ビャンキンが利用していないペテルブルグの国立歴史文書館の史料を用い、むしろ中央政府の動向に焦点を当てる。

日本においては、原暉之の『ウラジオストク物語』において、義勇艦隊設立の経緯が分かりやすく述べられている（原　一九九八）。また宇佐美昇三の『笠戸丸から見た日本』が、義勇艦隊の歴史に関する記述には間違いが多いものの、義勇艦隊で使われた船の具体像を明らかにしており貴重である（宇佐美　二〇〇七）。

しかしこれまで、本章のように義勇艦隊の定款と規程の改訂の歴史を追った研究はない。義勇艦隊は発足時に定款を定めた後、一八八六年に新たに規程を定め、以降九二年、一九〇二年、二年に新たな規程を作成している。義勇艦隊の規程は、その時々の状況に応じて定期的に見直されることになっていたのである。また一九〇八年末にも管轄の大臣が変更されている。これらの変更がなされる際の中央政府内の議論を追うことで、義勇艦隊が一方では大きく変化し、一方では不変な部分があったことを明らかにする。この問題が重要なのは、ロシア帝国が国際政治の中で経済と軍事をいかに活用するかという問題と結びついているからである。というのも、本論で明らかにするように、義勇艦隊はもともと軍事目的で設立されながら、現実には経済的な活動が主にならざるをえなかった。この理想と現実の懸隔が省庁間に議論を呼び起こし、後世の人間に多くのことを教えてくれるのである。

義勇艦隊の歴史に関する一級の史料としてこれまで知られてきたのは、一九〇三年に出版されたM・ポッゲンポリ編の『義勇艦隊創設二五周年史』（Poggenpol' 1903）であり、ビャンキンも原も使用している。確かに義勇艦隊の歴史を探るのに同書を避けて通ることはできず、本章も活用するが、今では文書館史料も利用可能である以上、それらを利用しない手はない。

以下、時系列的に見ていくが、基本的な流れとしては軍事重視から商業重視となっていき、その傾向は二〇世紀に顕著になる。以下の記述において月日はすべて露暦となっており、新暦に換算するには一九世紀で一二日、二〇世紀で一三日足す必要がある。

二　一九世紀の義勇艦隊

義勇艦隊が創設されるきっかけとなったのは、一八七七年から翌年にかけて行われた露土戦争だった。この戦争はロシア側が勝利し、一八七八年二月に一度サン・ステファノ条約が結ばれたものの、イギリスやオーストリア＝ハンガリーが条約の内容に反対して、改めて開かれた六月のベルリン会議では、イギリスなどの主張がほとんど認められる結果となってしまったことは、よく知られている。当然ロシアではイギリスの干渉に対する反発が巻き起こった。そこでモスクワとペテルブルグの商人たちが中心となって、海洋国家イギリスに対抗するための艦隊設立の義援金を募り、それを基に政府も関与する形で出来たのが義勇艦隊である。

このように書くと、商人たちによる義援金集めは政府による誘導だったのではないか、と疑問に思う人もいるかもしれない。この点に関して、明確に肯定したり否定したりする史料は今のところ見つかっていない。ただ開戦前にロシアでは汎スラヴ主義の盛り上がりが民間のほうから見られたこと、一八七六年の七月から一〇月にかけて数千人規模の義勇兵が戦地に赴くなど、戦争に対して下からの積極的な姿勢が目立ったことは、先行研究で明らかにされている（高田　一九九九）。戦争熱を煽った代表的人物はドストエフスキーで、開戦の一年前から「コンスタンチノープルはロシアのものだ」と発言していた。またチャイコフスキーも同じころに、現在でもコンサートでしばしば取り上げられるスラヴ行進曲を作曲しているが、これもオスマン帝国に弾圧されている（と認識されていた）セルビア人への汎スラヴ主義的な同朋意識から作曲されたものだった。なおチャイコフスキーは義勇艦隊創設時にも「義勇艦隊行進曲」というピアノの小品を書いているが、こちらは対照的に滅多に演奏されない。

このように民間における汎スラヴ主義と戦争熱の高まりは確認できるが、[2]新しい艦隊創設に向けた政府の対応も早かった。『一二五周年史』によれば、七八年の四月一一日には義援金を基に海運と哨戒活動の両方を兼ねた義勇艦隊を設立することを、皇帝が裁可しており、五月五日には設立委員会の最初の会合が開かれた。

最初に挨拶を述べたのがアレクサンドル皇太子、のちのアレクサンドル三世である。彼は、海運を幅広く手掛けている海洋の強国（イギリスを指す）と戦争になった場合、哨戒船は重要な意味を持つ。今回の事業には一刻の猶予もならない、海軍省長官を中心としてことに当たるべきであるという旨のことを述べた。[3]皇太子の挨拶にも示されているように、義勇艦隊は対イギリス用の哨戒船という使命を帯びて創設されたのである。続いて挨拶をしたのが、皇太子の傅育官であり、保守的な思想家として知られたコンスタンチン・ポベドノスツェフである。彼は義勇艦隊協会[4]の最初の会長に就任するなど、黎明期の艦隊に大きな影響力を持つ。

四回目となる一二月三日の委員会で義勇艦隊は「愛国的な遠洋航海の団体」であるべきだという意見が出た。そして「愛国的」であるゆえ、義勇艦隊は「仮に金銭的利益を追求するとしても、それは個人のためではなく、義勇艦隊の事業の利益と発展のため」であるべきとされた。[5]しかし、「愛

義勇艦隊設立委員会。前列右から5人目の人物がポベドノスツェフ
（写真の出典はすべてPoggenpol' 1903）

国（パトリオティズム）」の中身については、それが当然追求されるべき目標という以外、明示されていない。ここでは同時に、商業活動に専念する組織にはならないということも強調されている。義勇艦隊の本務が戦時の哨戒活動であるとはいえ、平時は組織の維持のためにある程度商業的な活動もせざるをえないということは、関係者の間で認識されていた。

義勇艦隊を運営する協会自体は定款の第一九条により、海軍ではなく財務省の管轄下に置かれることになった。アレクサンドル二世の弟、コンスタンチン・ニコラエヴィチ大公は海軍大将として海軍に大きな影響力を持っていたが、同時に自由主義者としても知られていた。そのため保守派の代表であるポベドノスツェフとは犬猿の仲で、そのことが影響した可能性はある（Polunov 2010: 167）。協会は毎年定例の総会を開いて活動計画や予算案を審議するなど、財務省に対し一定の独立性を有していたと考えられる。

次に義勇艦隊がオデッサとウラジオストクと結ぶという案だが、七九年の二月ごろからポベドノスツェフが言及するようになることは確認できるものの、発案の経緯の詳細は不明である。七九年六月七日には、オデッサからウラジオストクを経由してサハリンへ向けて最初の試験運行の船が出港した。この時は主にサハリンへの囚人を運んだ。翌年以降、オデッサとウラジオストクまたはサハリンを結ぶ船は定期航路化し、流刑囚のみならず兵士も輸送する。一八八三年には農業移民の輸送も始まった。

しかし発足当初の義勇艦隊には国庫からの補助金が出ていなかったこともあり、極東への定期航路を維持することは義勇艦隊にとって楽なことではなかった。一八八二年四月、義勇艦隊協会の理事長になっていたポベドノスツェフはアレクサンドル三世に対し、今後一〇年間の活動への補助金として七五〇万ルーブルの支出を請願した（Poggenpol' 1903: 108）。この請願をきっかけに、財務大臣ニコライ・ブンゲと海軍省長官イワン・シェスタコフの間で義勇艦隊をめぐる主導権争いが起き、ポベドノスツェフは脱落することになる。一八八六年に制定された規程は妥協の結果、以下のような形になった。

所轄については、義勇艦隊は海軍省長官の直属となった。省ではなく長官の直属とすることにより、海軍全体の影響力を弱めるという狙いがあったと思われる。とはいえ、海軍の影響下に置くことができたことに変わりはない。協会は解散となった。

一方で、見直しのきっかけとなった補助金であるが、一八八五年から約六〇万ルーブルの補助金が毎年支給されることになった。補助金の支給は日露戦争のため活動できなかった一九〇五年を除き、第一次世界大戦勃発まで続くことになる。

ブンゲが提案した寄港地の指定も採用されたが、ただ一つ、上海が外されたことが特徴的である（地図参照）。一九世紀の後半、東アジアの貿易圏の中心地として成長していた上海が外れた理由を明示する史料は見つけられていないものの、原暉之が指摘するように義勇艦隊がアジア間貿易に無関心だったことを示していると考えられる（原　二〇〇八：三三〜三四）。

義勇艦隊の東の拠点であるウラジオストクは、一八六二年以来無関税港であったが、一八七一年以来、シベリア小艦隊の母港でもあり、商港より軍港としての機能が優先されていた。たとえば初代プリアムール総督[6]アンドレイ・コルフが、一八八四年と八五年度の皇帝宛上奏文の結論部分で述べたことは、当時のウラジオストク港の性格をよく表している。コルフはまず「ロシアにとっての（この）地域の主要な意義は、経済的なものではなく政治的なものです」と明確に述べたうえで、ウラジオストクなどの太平洋岸の港から巡洋艦が出撃できるようにしておくことで、ヨーロッパ列強の中におけるロシアの発言力を大きくすることができるという考えを記した（左近　二〇一三：八）。

国際社会の中で発言力を増すためには軍事力を誇示する必要があるという認識は、コルフに限ったものではなく、ロシア帝国の指導層に一般的な認識であった。一九世紀半ばにロシア極東に導入された無関税港制は東アジアとの経済的結びつきを強めるのに一役買ったものの、本来の目的はあくまでも物資の調達であり、経済ネットワークを積極的に構築した同時期の東アジア諸港の開港と同列に扱うことは出来ない。

続く一八九二年の規程改定は、『一二五周年史』も指摘するようにそれほど重要な変更はなされていないが、そこで出された意見は、当時の義勇艦隊の状況をよく表している。

規程改定の審議の中では、義勇艦隊の商業路線も重視すべきであるという意見が出された。たとえば義勇艦隊の理事会は、これまでの活動において軍事活動よりも商業分野で実績を挙げており、義勇艦隊の船のうち、哨戒用より商業用の船のほうが多いことに海軍省が目を向けていないことに不満を表している。商業重視を唱えたのは、財務大臣のイワン・ヴィシネグラツキーも同じである。彼は巡洋艦だけでなく、商業用の汽船も増やすべきであると述べた。具体的には、海軍省は四隻の巡洋艦の購入を検討しているが、巡洋艦は三隻に抑え、残り一隻分の費用で商用貨物船を購入することを提案した。商船であっても、兵士や軍事物資の輸送に使えるだろうから、問題はないはずだとヴィシネグラツキーは考えたのである。(7)

実際にはどうなっただろうか。一八九二年の時点で義勇艦隊は八隻の船を運用していたが、一九〇一年までの間に一二隻の船を購入している。そのうち、極東専用に一八九五年に購入した小型の汽船「ハバロフスク」を除くと、表1のようになっている。ここから明らかなように、一八九六年に四隻もの船を建造している。また後になるほど、巡洋艦の数が増えている。一八九六年は露清密約が結ばれた年であり、ロシアの東方進出は義勇艦隊の成長を後押ししたと考えられる。

収支の面でも一八九〇年代の義勇艦隊は成長した。九〇年代後半には、収支はたびたび一〇〇万ルーブル以上の黒字を計上し、便数も二〇往復以上になった。この背景として、まず一八九一年のシベリア鉄道建設着工により、鉄道建設のための資材を極東に運ぶという役割が義勇艦隊に生じたことが挙げられる。そして日清戦争以後、遼東半島の租借、義和団事件と、ロシアが東アジアの情勢に関与していく中で、多くの兵士を東アジアに運ぶ必要が生じたことも大きい。加えて、茶の輸送量も大きく増えた。これは、それまで中国から茶を購入していたイギリスが茶の供給元をインドとセイロンに切り替えて、ロシアが中国茶の最大の購入先となったことと関連している（左近　二〇一二a）。

表1　義勇艦隊が購入した船（Poggenpol' 1903: 156）

船の種類	船の名称	建造年月
輸送船	ヤロスラフリ3号	1893年1月
輸送船	タンボフ号	1893年6月
巡洋艦	ペテルブルグ2号	1894年6月
輸送船	ウラジーミル号	1895年8月
輸送船	ヴォロネジ号	1896年4月
輸送船	キエフ号	1896年5月
輸送船	エカテリノスラフ号	1896年6月
巡洋艦	ヘルソン号	1896年8月
巡洋艦	モスクワ号	1898年10月
輸送船	カザン号	1900年8月
巡洋艦	スモレンスク号	1901年12月

こうして一八九〇年代に義勇艦隊は大きな発展を遂げる。だがそれは国際的な競争に参入した結果ではなく、シベリア鉄道建設やロシアの東アジアへの勢力拡張という国策の一端を担った結果だった。一八九六年のデータを例にとり輸送の依頼主で見てみると、交通省が一五九万プードで、全体の四三・五%を占めている。他、陸軍省などの官庁が名前を連

オデッサでヘルソン号に乗り込む兵士たち。1900年前後と思われる

ね、民間の貨物の輸送は六二万プード、一六・九％に過ぎない(8)。

ではシベリア鉄道という大動脈が完成した後、義勇艦隊はどうすればいいのか。この点と関連して、激しい議論になったのが一九〇二年の規程改定である。

三　セルゲイ・ヴィッテの改革案

一九〇二年の改定は、再び海軍省長官と財務大臣の対決の場となった。興味深いのは、このとき財務大臣であり、シベリア鉄道の建設とロシアの工業化を強力に推し進めていたセルゲイ・ヴィッテが、義勇艦隊を商船会社として大幅に改組しようとしていたということである。だがヴィッテの改革案は他の閣僚の賛同を得られることがなく、義勇艦隊は海軍省長官の下にとどまることになる。

議論の経過を追ってみよう。義勇艦隊を管轄する海軍省長官パーヴェル・ティルトフは一九〇一年三月一四日、最初の規程改定案を提出した。この中でティルトフは、寄港地として新たに上海も指定するなどの見直しを示しながらも、義勇艦隊の本分は義和団事件時の活動に見られるように軍事活動であるとしている。

ティルトフは義勇艦隊の将来について楽観視していたわけではない。逆に、シベリア鉄道の完成により仕事が減るのではないかという危機感を抱いている。そのような認識のもと、彼は次のように述べた。(9)

現行規程の第一〇条は義勇艦隊が、国からの人員や貨物の輸送を外国船よりも優先的に委託してもらえることを定めている。ロシア唯一の遠洋航海汽船であった、すなわち競争相手はもっぱら外国船であった義勇艦隊は、そのような特権を存分に利用して莫大な利益を得ながら、一方では、必要とされている輸送手段としてできうる限り完璧な状態を目指し、そのためには出ししぶることもなかったのである。しかしもっぱらロシア船に国内遠洋航海の権利を付与した結果、すべてのロシア船がライバルとなってしまい、義勇艦隊の特権は自然と消滅している。もし問題が、義勇艦隊の利益が幾分減ったという程度で済むのであれば、国益を鑑みて義勇艦隊はあきらめただろう。というのも、義勇艦隊はいかなる時でもロシアの海運業の発展を目指し、政府の政策の障害となることはありえないからだ。しかし義勇艦隊が利益を失った挙句、その存続まで危うくなるのは望ましくないと思われる。よって、平時と同様、戦時も義勇艦隊が政府の役に立つことも考慮すると、陸海軍の兵士・物資の輸送という義勇艦隊が創設時から最も順応している独占的権利を保護する必要がある。さもなければ他の安い汽船会社との際限ない競争のために、義勇艦隊は良くても今抱えている自らの船や経験豊かなスタッフの水準を維持できないだろう。ひどい場合には、さらなる不都合な結果が待っていると言える。

一八九二年の規程では、義勇艦隊が外国船に対し、優先的に国から人員や貨物の輸送を委託してもらえることになっていた。ところがティルトフの改定案では、優先する相手は外国船ではなく単に他の汽船会社となった。これは右の引用からも明らかなように、自由競争では他のロシアの汽船会社に負けてしまう可能性があるので、陸軍や海軍からの委託については義勇艦隊を優先させるという配慮だった。

一方、状況の変化を考慮した必要な変革がなされていないとティルトフの案を批判したのが、財務大臣のヴィッテである。同年五月七日、ヴィッテは四六頁に及ぶ意見書を国家書記に提出した。ティルトフの趣旨説明書ですら三五頁だったので、ヴィッテの熱意が窺われる。ヴィッテがここで言いたいことは明確である。義勇艦隊を商船にするべきであるというのが彼の意見であった。

他の汽船会社との競争は義勇艦隊を弱体化させると考えたティルトフに対し、ヴィッテは「(極東に向かう）航路の積荷の数は年々増加しており、ロシア船同士で積荷を奪いあう以前に、ロシア船が足りない時があるほどだ」と述べて反論した。実際、ヴィッテは一八九九年に、デンマーク資本の海運会社二社が、義勇艦隊と同じ航路に参入することを許可している（左近　二〇一二b、Sakon 2015）。さらに義勇艦隊の今後の活動について、シベリア鉄道が開通し上述のように極東の海運事業も活発化している今、はたしてこれまでと同じでいいのかと問いかけたうえで、次のように持論を展開した。(10)

この問題は、我が国の産業製品を売るための新しい市場を獲得し、我々の輸出業に新しい道を切りひらく通商経済政策という、国家全体の課題と密接に結びついている。昨今の政治的状況はこの課題を実現するのにまたとない好機である。周知のとおりまさしくこの状況のおかげで、いくつかの大陸の列強は海上貿易を発展させて、加工産業の製品のために東方の市場を獲得した結果、東方の諸国家に対する影響力を確固たるものにすることに大きな成功を収めたのである。古来より東方に非常に重大な国益を有し、それが近年甚だ増大する中、我が国が同様の活動に参入すべき時が訪れていることは、私見では疑いようがない。まさしくこの観点から財務省は、我が国の海運事業が国家の重要な問題としての意義を帯びていると常に考えてきた。故にその強化・発展に着手し、不断に施策を練りつづけているのである。

この後、新しい海運業への道を切りひらくパイオニアは、国営企業としてリスクを恐れなくて済む義勇艦隊以外にはない、しかしこれまでは海軍省に従属させられてきたということを述べたうえで、次のように続けた。

しかしながら以上のように、軍艦としての役割を果たすことが義勇艦隊の主要な活動目標から事実上外れていることは、ここ一〇年間の経験から明らかである。義勇艦隊のこれからの方向性に関する審議で出てきている直近の諸問題が単刀直入に示しているのは、義勇艦隊は民間の海運会社と同じ基準で活動する企業へ、徐々に変化する必要があるということであり、義勇艦隊の業務から、軍艦との特殊な関係によって制約されている部分を取り除く必要が、まさにあるということだ。むろん、戦時あるいは概して政府の要請がある場合は、義勇艦隊の船は基本的に軍の管轄下に入る。しかし国有企業としての義勇艦隊の将来的な基本課題は今や主に、財務省の管理ならびに直接の監視対象となる我が国の海運の問題と関連しているように見える。

以上のようにヴィッテは、義勇艦隊は国から委託されたヒトやモノを運ぶだけでなく、積極的に民間の国際流通に参入して、ロシアの市場獲得のために貢献するべきであると考えていた。義勇艦隊のライバルの導入も含め、ティルトフとは全く逆の視点である。そこで、兵士や物資の輸送に巡洋艦では不十分であり、むしろ商業用にも使える輸送船のほうが兵士の輸送にも役立つので、輸送船を購入するべきであるとも主張した。「徐々に変化」と述べているように、ヴィッテも自分の計画がすぐに完成するとは思っていなかっただろうが、最終的な目標は明確である。

ティルトフに対する反論の中では、ヴィッテはそれほど詳しく義勇艦隊の航路網拡張計画を述べていないが、二月に開かれた会議の中に計画の一端が垣間見える。この会議では、財務省から参加した商工局主任のウラジーミル・コヴァレフスキーが、義勇艦隊によってサンフランシスコやオーストラリア、バンコクをロシアと結ぶという計画を述べている(11)。

ヴィッテと言えば、一九世紀前半のドイツで保護貿易主義を唱えた経済学者フリードリヒ・リストの信奉者として知られており、彼が世界市場における自由競争への参入を強く主張したのは、意外に思われるかも知れない。しかし、シベリア鉄道完成が目の前に迫ったこの時期になると、進展するロシアの工業化を背景に、保護貿易から外国での市場獲得に重点を移すことを目論んでいたようだ。現に彼は義勇艦隊の商業化のみならず、ペルシア市場への進出も計画していた（水田 二〇〇三：六九）。そもそもリストも、国の経済発展が最終段階の一つ前に達した状態では保護貿易が必要であると唱えたものの、最後の段階に達した場合は自由貿易に移行することを認めていた（小林 一九九〇：一五～一六）。

しかし以上のようなヴィッテの壮大な計画を、他の閣僚たちは理解できなかった。九月二九日、ティルトフは四四頁の意見書を国家書記に提出して反論した。ここで逐一ティルトフの反論を追うことはしないが、義勇艦隊は現状でも十分増大する民間の需要に対応しており、ヴィッテの主張には根拠がない、巡洋艦でも平時の活動に対応可能であるというものだった。結局政府内では、ティルトフの案を大筋で了承して一九〇二年の規程が作られた。そして一九〇三年八月には、ヴィッテは財務大臣の職を解かれることになる。彼が再び大役を担うのは、日露戦争後のポーツマス講和会議においてである。

義勇艦隊の『二五周年史』は、一九〇二年の規程改定に関連して、次のように述べている。

（義勇艦隊設立のための）寄付の目的はもっぱら海上における国家の戦闘能力向上にあった。設立者たちの遺訓に忠実な義勇艦隊は、いつもその実現を一心に希求してきたのである。このような条件の下、**設立時に定められた基本的な任務を何らかの形で変更することは、国家評議会の意見によればまったくもって不可能なのだ**（Poggenpol' 1903: 202。太字、原文イタリック）。

『二五周年史』が編まれたのは一九〇三年である。したがってその後の義勇艦隊について、『二五周年史』は記していない。この時点ではまだ、第一の任務は軍事活動であるという看板を義勇艦隊は下ろさなかった。だがその後まもなくして起こった日露戦争において、義勇艦隊の目立った活躍はなかったと言ってよさそうである。旅順に停泊していたカザン号は、日本軍の攻撃によりすぐに動けなくなり、事実上病院船として活動することになった。しかし戦争中、日本軍に拿捕され、一九〇八年に日本最初のブラジルへの移民船笠戸丸として活用されることになる（宇佐美　二〇〇

オリョール号（1890年建造）
ボイラーを４つ積み、19ノット以上出すことが可能だった。しかし巨大なマストと煙突の両方を兼ね備えているタイプは、19世紀末では旧式に属した。

七）。またキエフ号ら四隻が補給艦として、オリョール号ら二隻が病院船として、バルチック艦隊に同行したが、対馬海戦の結果、日本軍による拿捕、または上海への避難という結果になった（Biankin 1979: 104-105）。

日露戦争において軍事的能力のなさを露呈させてしまった結果、戦争後に義勇艦隊はヴィッテが示した方向へ重心を移すことになる。

四　日露戦争後の方向転換

シベリア鉄道完成後、義勇艦隊は極東への人員輸送は鉄道に譲るものの、物資の輸送は担い続けた。そして長年の懸案だった商船化に向けていよいよ舵を切る[12]。そのためには、所轄が海軍では不都合であり、商工省に移管されることになる。商工省は、財務省の商工総局を母体として一九〇五年に創設された新しい省である。

日露戦争後の特徴として、対決の構図がこれまでの財務省と海軍から商工省と陸軍へと移ったということが挙げられる。海軍よりも陸軍が前面に出るようになったのは、義勇艦隊が海軍の補助部隊としてあまり役に立たないことは明らかであるかわりに、兵士の輸送にはまだ役割を果たせると陸軍は考えていたからである。

一九〇八年八月二二日から三〇日にかけて、「義勇艦隊の規程の見直しとその商業活動を改善するのに必要な方策を練るための、海軍省のもとに設置された特別会議」が開かれ、海軍省、義勇艦隊理事会、陸軍省、外務省、内務省、財務省、商工省、交通省、国家監査局から代表者が出席した。多くの代表が義勇艦隊の管轄を商工省に移すことを支持する中で、陸軍省の代表は「義勇艦隊が商工省に移管されてしまえば商業輸送に専念するだろうから、陸軍は必要な輸送手段を失ってしまう」と反対意見を述べた。

しかし義勇艦隊の商船化、商工省への移管という流れは動かしがたかった。同年一二月九日に開かれた大臣評議会において、義勇艦隊の所轄官庁を商工省に移すことが決定した。[13]

審議の中で、義勇艦隊を商工省に移して貿易に専念させるべきであると主張したのは、財務省、交通省、国家監査局の代表である。一方、陸軍省と海軍省は、義勇艦隊は海軍省下で軍務に服するべきであると主張した。

しかし海軍省の代表ですら、創設から二九年経つのに義勇艦隊が軍事活動でほとんど実績を挙げていないという事実は認めざるをえなかった。先の日露戦争においても哨戒活動に従事したのはわずか二隻だけで、あとは数隻が輸送船として活動したに過ぎない。現在の完成された軍事技術において、義勇艦隊が哨戒活動に従事するなど、とても考えられないことであると述べた。その上で、商業用の輸送船は大量の兵士を輸送するのにも役に立つはずであるので、海軍大臣の管轄下に残すように海軍省側は主張した（一九〇五年の改組で、海軍省長官は大臣となった）。

義勇艦隊がいくら貿易に専門的に従事すると言っても、一度戦争が始まれば軍事活動に協力することは、当然のこととされていた。ただしそれはほかの商船も同じである。問題は平時にどのような活動、または備えをするかだった。

海軍省の意見に反して評議会は、商業用の輸送と軍務は区別するべきであるという方向でまとまりを見せた。次のような見解はこれまでの義勇艦隊をめぐる議論、中でも一九〇二年の規程改定でヴィッテの案が否定されたことを想起すると、興味深いものと言える。

現在の国際社会では、武力衝突は比較的まれである一方、文化的国家の間では絶えず経済闘争が行われ、商工業をめぐって競いあっている。そして軍事的な成果を挙げることよりも、平和的侵略のほうが確実に進行しているのだ。

このように義勇艦隊はロシア極東や東アジアの各港を結んで「経済闘争」に参入することで、国家に貢献するべしということになった。

評議会が最終的に下した結論は以下の三点である。

一、義勇艦隊の役割は専門的な軍事補助ではなく、海運の公共機関であり、ロシアの国民的な貿易・経済の課題に取り組まなければならない。ただし戦時には陸軍と海軍の管轄下に入り、輸送活動に従事する。

二、義勇艦隊の管理は商工相に委ねる。

三、新しい義勇艦隊の規程案は商工相が編集し、大臣評議会へ提出する。

義勇艦隊の商工省への移管が決定し、一九一二年に向けて新たな規程づくりが始まった。その結果できた一九一二年の規程の第一条は「義勇艦隊は義援金を基にした企業であり、祖国の貿易と貿易船を発展させることを目的として、乗客と荷物を運ぶための航路を保持する」と謳った[14]。こうして義勇艦隊は公式に商船として承認されたのである。

とはいえ、義勇艦隊をめぐるロシア政府の方針が、ヴィッテのそれと完全と同じになったわけではない。一九一一年の段階でも、ロシア政府はヴィッテが参入させたデンマーク資本のロシアの船会社が、極東への輸送で義勇艦隊の仕事を奪ってしまうことを恐れており、それゆえ補助金を出して義勇艦隊を支援しつづけた(左近　二〇一二b：二三〜二四)。

一方、商船化という点で興味深いのは、第一次世界大戦直前に検討されていたバルト海（ペテルブルグ）とウラジオストクを直接結ぶ航路の創設である。一九世紀から、ペテルブルグとウラジオストクを結ぶ船を義勇艦隊は走らせていたが、年一、二便程度だった。それをオデッサ―ウラジオストク間に比肩するような航路に発展させようとする計画である。一九一三年三月二九日の、各省庁の代表と、主要な都市の取引所委員会の代表が集まった会議において、計画の実現性について様々な意見が出されたが、この航路がこれまで以上に商業路線に傾斜したものであることは、意見の一致を見ていた。[15] たとえば当時、義勇艦隊の重要な仕事として中国とセイロンから茶をウラジオストクまで運ぶということがあったが（ウラジオストクからモスクワまではシベリア鉄道で輸送）、新航路ができればペテルブルグへ直接茶が輸送されることが期待された。また、一九一四年にウラジオストクの取引所委員会は、当時三井物産が担っていたウラジオストク経由のロンドン向け満洲大豆の輸出を、義勇艦隊が担えるようになるのではないか、という期待を表明している。[16]

しかし大戦の勃発により、新航路の創設は見送りになってしまう。大戦中の義勇艦隊は、主にウラジオストク近海で活発に活動していた。年によってばらつきがあるものの、この時期、ウラジオストク港への総輸入量の中で、義勇艦隊の貨物は毎年二〇パーセント前後を占めている。

一九一七年の十月革命後は、義勇艦隊の上層部は基本的に反革命の側に付いた。その後、幹部の一部は国外に亡命し、パリに移民事業部を設立し（設立年は不明）、パリ事務所は一九二四年まで存在した。またロンドンに亡命したグループもあった。このように内戦期に分裂してしまった義勇艦隊であるが、国内に残った組織は一九二四年にソヴィエト商船に統合されることになり、名実ともに消滅することになった（左近　二〇一二a：八八〜八九）。

五　義勇艦隊の連続と断絶

冒頭にも記したとおり、義勇艦隊はある一面では大きく変化し、別の一面ではほとんど変わらなかったと言える。

大きな変化とは、本務が戦時の哨戒活動から平時の貿易に変わったことであり、それに伴い、当初独立した協会だったものが、海軍省長官、商工相へと所轄が変わった。

しかし比重は変わっても、「軍事か経済か」という対立の構図自体は最後まで変わることがなかった。それに義勇艦隊が商船化したといっても、茶を除くと国際貿易に積極的に参入することはなかったことも、「不変性」を強調する結果となっている。第一次世界大戦直前に検討されていた、バルト海とウラジオストクを結ぶ航路が実現していれば、義勇艦隊の変化を印象付けることになったかもしれないが、歴史に「もし」はない以上、空想の域を出ない。こうして義勇艦隊の歴史を概観してみると、国際的な貿易競争に参入して、義勇艦隊にロシアの市場獲得という役割を担わせようとした、ヴィッテの特異性が目に付く。

義勇艦隊の歴史は、軍事と経済の間で迷走を続けたある意味「失敗」の歴史である。しかしその迷走は義勇艦隊という一組織のみのものではなく、ロシア政府の試行錯誤を反映したものだった。現代の私たちは義勇艦隊を通じてロシア帝国の世界経済に対する姿勢を把握できるのであり、ここに義勇艦隊を研究する意義がある。

（1）定款とはustav、規程とはpolozhenieの訳である。また本章が取り上げる範囲のうち、一八八八年までの義勇艦隊をめぐる動向について詳しくは（左近　二〇一六）を参照。

（2）ただし戦争で明確な成果を得られなかったことから、戦後、汎スラヴ主義は退潮した。皇太子アレクサンドルもそうした流れに与した一人である（竹中　二〇一四：五二）。

（3）Rossiiskii Gosudarstvennyi Istoricheskii Arkhiv（RGIA）. St. Petersburg, Russia. f.98, op.1, d.1, l.1–2.

（4）ここで協会と訳したobshchestvoという語は会社とも訳せる多義的な語であるが、株式の発行は行われておらず、その活動内容からすると、会社というより協会や法人という訳のほうが適当であると思われる。詳しくは（左近　二〇一六）

（5）RGIA, f.98, op.1, d.1, l.18–20ob.

（6）清との戦争に備えて、一八八四年に創設されたロシア極東を管轄する総督府の総督。戦前の日本で「沿黒龍江地方総督」と訳された。

（7）RGIA, f.98, op.1, d.270, l.760b., 80–80ob.

（8）RGIA, f.95, op.18, d.419, l.10.

（9） RGIA, f.1153, op.1, d.113a（1901 g.）l.11ob–12.

（10） RGIA, f.1153, op.1, d.113a（1901 g.）l.133–134ob.

（11） RGIA, f.1153, op.1, d.113a（1901 g.）l.144ob–145.

（12） 本章では触れられないものの、日露戦争後には大西洋航路への進出なども試みられた（Sakon, 2015）。

（13） Osobyi zhurnal Soveta Ministrov. 9 Dekabria 1908 goda. No.223. “Po voprosu o peresmotre polozheniia o Dobrovol'nom flote” 最終的には商工大臣の直轄という形になる。

（14） RGIA, f.1276, op.2, d.458, l.226.

（15） RGIA, f.111, op.1, d.53, l.25–32ob.

（16） RGIA, f.23, op.27, d.547, lю5–5ob.

【参考文献】

宇佐美昇三（二〇〇七）『笠戸丸から見た日本―したたかに生きた船の物語』海文堂

小林昇（一九九〇）『東西リスト論争』みすず書房

左近幸村（二〇一六）「草創期のロシア義勇艦隊―一八七八－一八八八年」『ロシア史研究』九七号

左近幸村（二〇一三）「帝政期ロシア極東における「自由港」の意味」『東アジア近代史』一六号

左近幸村（二〇一二a）「一九世紀後半から二〇世紀初頭にかけてロシアの茶貿易―汽船との関連を中心に」『スラヴ研究』五九号

左近幸村（二〇一二b）「北方汽船小史」『ロシア史研究』九一号

高田和夫（一九九九）「ロシア・ナショナリズム論ノート」『比較社会文化（九州大学）』五号

竹中浩（二〇一四）「アレクサンドル二世とその時代―ナショナリズムと国家統治の間で」『ロシア史研究』九四号
原暉之（二〇〇八）「近代東北アジア交易ネットワークの成立―環日本海圏を中心に」左近幸村編『近代東北アジアの誕生―跨境史への試み』北海道大学出版会
原暉之（一九九八）『ウラジオストク物語―ロシアとアジアが交わる街』三省堂
水田正史（二〇〇三）『近代イラン金融史研究―利権／銀行／英露の角逐』ミネルヴァ書房
Biankin, V. P.（1979）*Russkoe torgovoe moreplavanie na Dal'nem Vostoke*, Vladivostok: Dal'nevostochnoe knizhnoe izdatel'stvo
Poggenpol', M.（1903）*Ocherk vozniknoveniia i deiatel'nosti Dobrovol'nogo flota za vremia XXV-ti letnego ego sushchestvovaniia*. St. Petersburg
Polunov, A. Iu.（2010）*K. P. Pobedonostsev v obshchestvemno-politicheskoi i dukhovnoi zhiznii Rossii*. Moscow: ROSSPEN
Sakon, Yukimura（2015）"The Russian East Asiatic Company and the Volunteer Fleet after the Russo-Japanese War: The Case of Russian Transatlantic Liners," *ChiMoKoJa: Histories of China, Mongolia, Korea and Japan*, Vol.1

（付記）本稿は、日本学術振興会海外特別研究員（平成二一年度採用）としての調査活動の成果の一部である。

第六章　山に生える銃
――ベトナム北部山地から見る火器の世界史――

岡田雅志

一　山地から見る火器の世界史

火器は、その技術伝播、流通、社会に与えた影響を含めて世界史の重要なテーマであり続けてきた。古くは、ヨーロッパで発達した火器技術を含む軍事技術が世界史に与えた影響を論じた研究に始まり、近年では、グローバルヒストリーの研究動向とも交差しながら、中国火器の周辺地域に及ぼした影響や、火器技術の展開のユーラシアレベルの共時性に注目する研究など、ヨーロッパ中心史観を脱却しようとする試みも生まれている（次節で詳述）。

しかし、これまでの火器・火薬に注目した研究では、火器技術の発展や先端技術の移転に主な関心があり、またそうした火器（技術）の所有主体としての国家に重点が置かれ、民間に広がる火器については十分な注意が払われてこなかった。一方、現在の世界に目を転じて見れば、世界最強の軍事大国であるはずのアメリカが、対テロ戦争と謳った中東の戦線では、最新兵器をもってしても戦争の終結を見ることができないまま、むしろ、ISの登場など事態は泥沼化の一途を辿っている。その原因としては、グローバル化に伴い、テロリストなどの非国家集団が「貧者の核兵器」と呼ばれる化学兵器など大量破壊兵器を入手可能となっていること、テロという非通常戦闘形態においては、先端技術を必要としない小型火器（カラニシコフ銃、小型爆弾など）が非常な効果を発揮すること、そして、そもそも国家対国家の戦争ではないため、兵器使用を含め共有されるルールが存在せず、戦争終結の定義すら困難であることなどがあげられる（ガット 二〇一二など）。このように戦力、技術、ルールの非対称性を有する戦争形態（非対称戦争）が国際社会の脅威となっており、ウェーバー的な国家による暴力行使の占有という前提に立つ国際政治の諸原則が無意味化しつつある現実をふまえれば、兵器の拡散とその歴史についても新たな視点からの見直しが必要といえよう。

この問題を考える上で重要な視座を提供してくれるのが、本章でとりあげるベトナム北部山地（以下、北部山地）である。二〇世紀の非対称戦争といえば、小国ベトナムが最新軍事兵器を擁するアメリカを打ち破ったベトナム戦争がその代表といえ、その後にアメリカのヘゲモニーに挑戦しようとする諸勢力にとって必ず参照すべきモデルケースとなった。その勝因の一つとして挙げられるのが、ジャングルの中でアメリカ軍に文字通り塗炭の苦しみを味あわせたゲリラ戦術であり、そのル

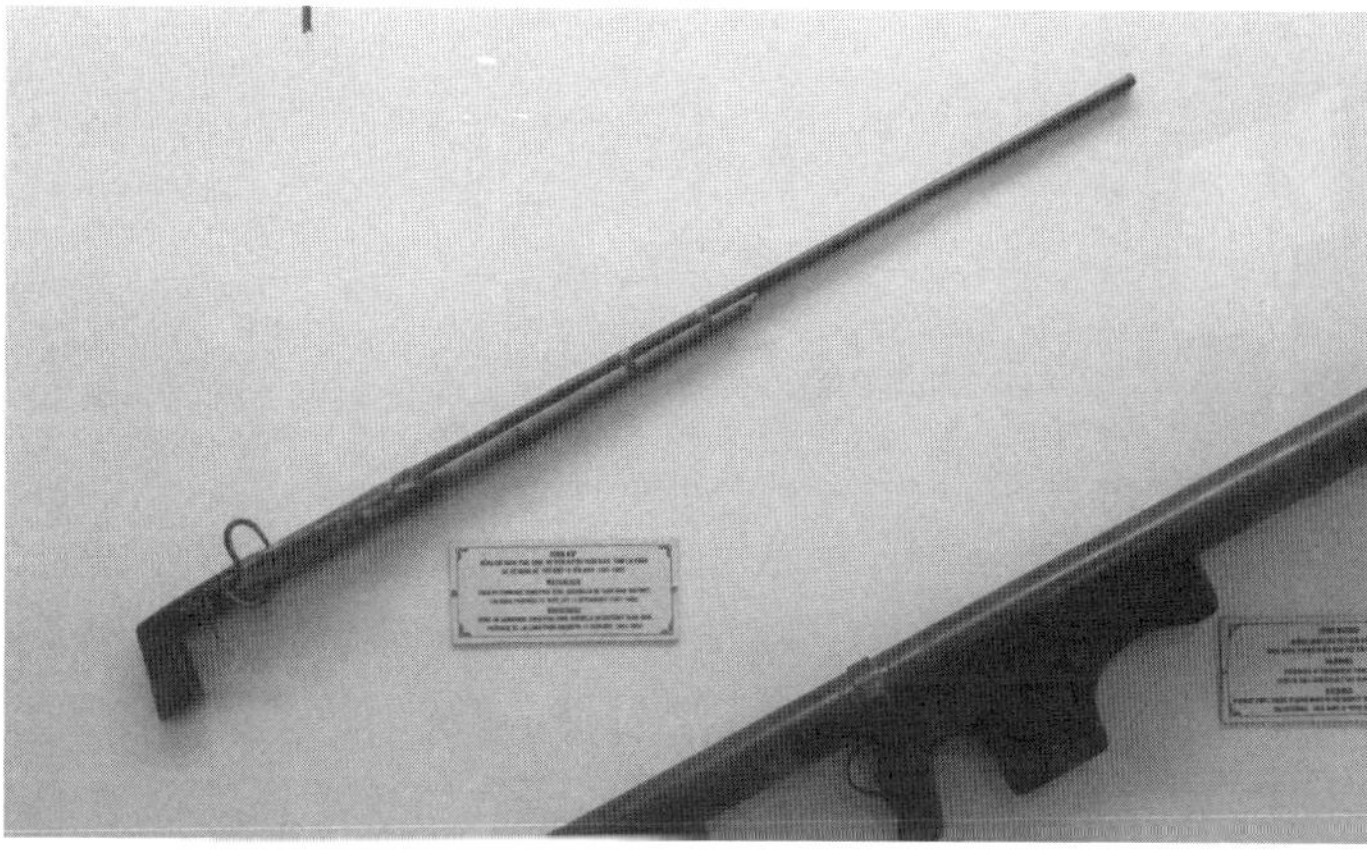

インドシナ戦争で用いられたマスケット銃
（ディエンビエンフー戦勝歴史博物館蔵。筆者撮影）

ーツは（第一次）インドシナ戦争に求められる。ベトナム人民軍の前身であるベトナム解放武装宣伝隊の結成（一九四四）に始まり、ベトミン側の勝利を決定付けたディエンビエンフーの戦い（一九五四）に至るまで、戦争の主な舞台は一貫して北部山地であり、山岳地形を利用したゲリラ戦術が最新兵器で武装したフランス軍を最後まで苦しめた。

このようにベトナム戦争のゲリラ戦術のひな形を用意したインドシナ戦争であるが、これまでの研究においては、ベトナム史上のゲリラ戦の伝統の中に同戦争が位置付けられることはあっても、その舞台となった山地世界に視点を置いて分析されることはなかった。だが、実際に山地での軍事活動で重要な役割を担ったのはベトナム主要民族のキンではなく、タイー・ヌン・ザオなどの山地住民であった。そして兵器面においても、ディエンビエンフーの戦いにおいては高射砲などの重火器が重要な役割を担った一方で、ゲリラ戦では、山地住民が元々保有していた先込め式の原始的な銃が活用されていた（小高 二〇〇六）。実はこの原始的な銃の存在こそが、現代の非対称戦争を読み解く一つの鍵であり、山地社会に保持された銃の歴史を追ってゆくと火器のグローバルな動きとローカル社会との関係が浮かび上がってくる。そこで次節以降では、北部山地への銃の伝播の歴史を辿り、銃と山地社会との関係を分析することにより、火器の世界史の新たな面を明らかにしてゆきたい。

二　東部ユーラシアの火器の時代とその後

火器といえば、火薬とともに中国で発明されたものであるが、モンゴル時代に西アジアのイスラーム世界に伝えられ、ヨーロッパでの英仏百年戦争などの実用経験を経て、鉄弾の使用や火薬の性能向上などの改良を見た。そして一五世紀末頃までには、砲身の後部に火薬と弾丸をつめた薬室を装填して発射する後装砲（大砲）と、火縄発火装置を備えた小銃（マスケット銃）が、ヨーロッパにおける戦争や国家の在り方を大きく変えることとなる。これを「軍事革命」といい、その後の世界史におけるヨーロッパの優位を決定づける要素となったという議論や、その技術を採用したアジアの諸帝国の興隆を導いたとする火薬帝国論などが派生した。他方、ヨーロッパでの技術発展にのみ画期を求めるヨーロッパ中心主義的見方に対し、アジアを中心にその展開を捉えようとする新しい見方が出てきている。その論者の一人であるスン・ライチェンや、彼の議論をふまえより詳細な考察を行った中島は、火器を生み出した東部ユーラシアで、火器の流通と技術交流に二つの波があったとする。

第一の波は、ヨーロッパの軍事革命に先んじる明代初期の一四世紀末から一五世紀にかけての時期で、モンゴル時代に開発された鋳銅製のハンドガンや火砲などの火器類が、明朝の下で大量に製造・配備され、ビルマ北部に興ったタイ系ムンマオ王国やベトナム（胡朝）との戦争、モンゴル遠征、前期倭寇撃退などに威力を発揮した。さらに、明朝の対外戦争における火器の使用が、東南アジアや朝鮮半島への火器技術の伝播を促し、中国周辺に火器小帝国を生み出したとされる。この時期の日本への火器技術伝播は散発的で普及、定着しなかったため見過ごされがちであるが、ヨーロッパ式火器の伝来に先だって、東部ユーラシア地域には中国式火器の伝播による「火器の時代」の第一幕が開いていたのである。

第二の波は、一六世紀初頭のポルトガル人の東部ユーラシア海域への進出に始まるヨーロッパ式火器の導入である。大砲については、仏郎機砲と呼ばれたシリンダー式の子砲を母砲に装着するタイプの後装式旋回砲で、それまでの中国式火砲よりも機動性や命中精度が高く、一五二〇年前後に、広州湾に来航した同砲搭載のポルトガル船が広東当局と接触、交戦したのをきっかけに明朝中国に伝わり、急速に伝統的火砲と置き換わっていった。また、手で直接点火していた従来のハンドガンに対して、火縄に点火し、引き金を引くことで発射薬に導火するマスケット銃は、長い銃筒と照準器により、強力な貫通力と命中率を実現しており、一五四〇年代のポルトガル人の種子島来航を契機に、東アジア各地に急速に普及していった。種子島に火縄銃を伝えたポルトガル人を乗せていたのは後期倭寇頭目であった中国人商人王直の船であったとの説は近年よく知られるようになっているが、仏郎機砲も火縄銃も、ヨーロッパから直接将来されたわけではなく、ポルトガル人が拠点としたゴアやマラッカで製造され、アジア海域に流通していたものであり、東・南シナ海域に進出を図ったポルトガル人とそれを誘引した中国商人との協働の中でもたらされたといえる（Sun 2006, 中島 二〇一一）。言い換えれば当時のアジアの海上交易のダイナミズムが東部ユーラシアへのヨーロッパ式火器の普及を促したのであった。

火器・火薬の原材料の流通もこうした状況と大いに関係している。火器の第一の波において、日本に火器が定着しなかったのは、硝石の調達が困難であったことが一因とも言われるが、第二の波では、中国海商とポルトガル人勢力により東シナ海と東南アジアが結びつけられたことにより硝石の安定供給が可能となり、日本における大規模な火縄銃の配備が実現した。さらに近年の研究では、日本でも産出される鉛について、一六～一七世紀にはタイのソントー鉛鉱から輸入されていたことが明らかになっており、弾丸や銀精錬原料としての鉛需要の増加により、海外に新たな供給元を求めるようになったことがわかる（硫黄についてもルソンなどに買い求めた事例が見られる）（平尾二〇一四）。このように火器の波と、広域にまたがる供給連鎖《サプライチェーン》を形成した海上交易とは密接に連動していた。そして、交易と火器調達が密接に結び付く状況は、東部ユーラシアに交易の財利とそれを背景とした火器軍事力により強大化した軍事商業政権群を生み出すこととなる。東南アジアにおいては、タウングー朝、アユタヤ朝、ヨーロッパ勢力など海上交易に基盤を置く勢力が、火器を積極的に活用して、既存の陸上（内陸）の政権を脅かし、東アジアでも、織豊政権、台湾鄭氏政権、マンチュリアの後金などの軍事商業政権が覇を競う状況となった。

このような火器の時代の終幕を告げたのもまた交易環境の変化であった。一七世紀半ば頃から国際商業ブームが退潮する中、生き残りをかけた新興軍事商業政権間での競争の勝者となった後金が明朝に代わって中国を支配した（清朝）。多民族を包摂する帝国を形成した清朝は、政治・外交と交易とを分離する政策を取ったこともあり、周辺諸国との間に政治的安定が保たれるようになる。そうして、火器の技術と物量が競われた前代とはうってかわり、東部ユーラシアの諸政権の火器に対する関心は低下していった。一七世紀末以降を「軍縮の時代」とした中国史研究者の岸本美緒は以下のように述べる。

清朝治下の中国では、その後も政府による火器の製造は続いていたものの、強力なライバルのいない状況のなかで、技術革新は追求されず、製造される数も減っていった。軍隊の訓練においては、銃の操作よりも騎馬・弓矢の習練が重んぜられるようになった。江戸時代の日本でも、火器の訓練・使用の機会は減少し、武器といえば武士の身分を象徴する刀が主流となったのである。清代中国でも江戸時代の日本でも、「武」が軽んじられたわけではないが、その「武」の意味するところは、実用的な軍事力というよりはむしろ、支配階級（日本では武士、清朝では八旗）のエートスに強くかかわるものであった。十九世紀にいたり、進出してきた欧米の軍事力に直面したとき、東アジアの武器はすでに時代遅れのものとなっていた（岸本 一九九八）。

第二次英仏百年戦争などうち続く競争と戦乱の中、イギリスが財政軍事国家として強大化し、銃火器製造の産業化への道を進んでいったヨーロッパに対し（その中で、近代的戦争や国際関係のルールが形成されていった）、強力な帝国が成立し、政治的安定が達成された東部ユーラシアでは、インド、西アジアと同様、火器の地位は低下していき、火器の時代は終わりを告げた。その後の（ヨーロッパを除く）ユーラシア地域における火器技術の相対的停滞は、社会文化レベルの停滞を意味するのではなく、むしろ社会の成熟度の高さゆえに火器の必要性が後景に退いたともいえる（ロージ 二〇一二）。いずれにせよ、ユーラシアの諸帝国が火器競争から手を引いていく裏で、もう一つの火器の時代が胎動を始めていた。

三 華人の世紀と山地における「火器の時代」

ベトナム北部山地への火器普及

前節では、東部ユーラシアの諸国家間で覇が競われる中、火器の導入・発展が進んでいった状況を見てきたが、問題の北部山地にはいつ、どのようにして火器が伝わったのであろうか。ベトナムで神功砲と呼ばれる仏郎機砲《フランキ》（大砲）については、一六世紀末から一七世紀にかけて中越国境地域に自立政権を築いた高平莫氏《カオバンマク》の山城などでも配備されていたことが確認されているが、中国やベトナムで鳥鎗と呼ばれるマスケット銃について、史料上に多く現れるようになるのは一八世紀のことである。例えば、ハノイの鄭氏《チン》政権の官僚で、中越国境地域に位置するベトナム最大の鉱山、聚龍《トゥロン》銅山の開発実態調査に派遣された黎貴惇《レークイドン》は、以下のような記述を残している。

［兵士として徴用される］当地の住民は生まれた時に銃を買い与えられ、大きくなると銃の扱いを習い、銃を携帯する。小銃は皆自弁であるので、土官［に任じられた首長］は火薬と弾丸を発給し、あとは大砲を購入すればよいだけである。（『見聞小録』巻六封域）

この史料が書かれた一七七〇年代には、北部山地の住民の間で銃の使用が一般化していたことがわかるが、その背景を理解するには当時の北部山地を取り巻く状況の変化に注目する必要がある。一八世紀は「華人の世紀」とも呼ばれる中国から周辺地域に大きな人口移動が起こった時代であった。清朝治下の中国において、新大陸作物の伝来による可耕空間の拡大などに帰因する人口爆発が起こると、余剰人口はさらなるフロンティアを求め周辺地域に流入していった。特に、雲南から大陸東南アジア北部にかけての山地には豊かな鉱産資源が眠っていたために、数十万から数百万とも考えられる夥しい数の鉱山労働者をはじめ、鉱物を取引する商人、鉱山町で生業を立てる様々な職

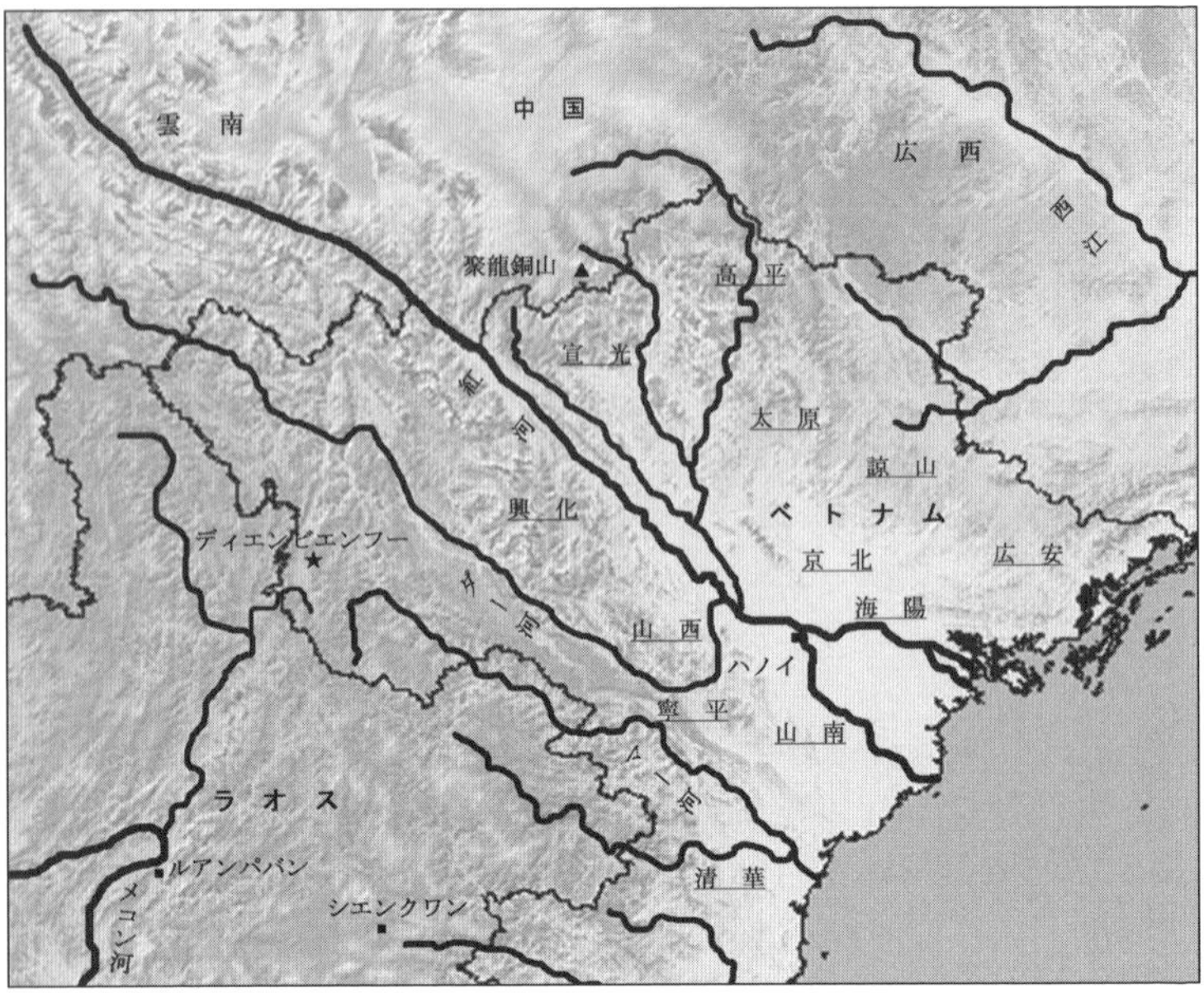

ベトナム北部山地とその周辺
（SRTM30地形図をベースマップに筆者作成。ブラウザとしてカシミール３Ｄを使用）

種の人々が、人口希薄な同地域になだれ込んでいった。こうした大規模な人とモノの流れの中で、採掘技術などの中国内地の技術が周辺地域に伝わり、経済開発を支えた。黎貴惇が描写した聚龍銅山にも、一万人を超える華人が殺到しており、子供が生まれた時に買い与えるという銃は、こうした華人が現地製造したものであったと考えられる。

　また、華人とともに北部山地への火器流入に重要な役割を果たしたのが、同時期に華人の波に突き動かされるようにして南中国から移住してきた非漢族集団である。彼らの多くは、早期からの漢族との接触により、火器の扱いや火器製造に必要な鍛冶技術に習熟していた上に、モン（中国のミャオと同じ）など山頂部で焼畑を行う高地民は、以下の史料に見られるように、盆地や河谷平野で水稲耕作を行う土民などよりも地形を利用した戦術に長けていた。

興化《フンホア》地方［現在のベトナム西北地方］には外国の異民族が多く雑居しており、極めて強暴である。彼らは中国内地広南府の山庄の族類であり、渓谷や山の地形にはもとより知悉し慣れ親しんでおり、霜雨や悪水に非常に耐久性がある。急峻な山並の連続も、彼らにとっては平地のようなものであり、火器や刀・盾の扱いは彼らの特技である。

（ホーチミン南部社会科学院社会科学図書館蔵『黎朝名臣章疏奏啓』巻二、景興三（一七四二）年二月二〇日、文廷胤「陳措置邊防疏」）

彼らは、山地における火器利用の先達として土民に大きな影響を与えたのと同時に、時に現地社会の脅威ともなり、その存在そのものが、自衛のための火器武装を促進する要因となった。こうした中国からの漢族、非漢族の移住の波が、小銃を中心とする北部山地の火器普及を促していったのである。(1)

山地社会と火器

前述の黎貴惇の描写にある、ほとんどの土民が幼少より銃を学ぶような状況は、中国からの移住の波という外的要因のみで十分説明されたとはいえない。北部山地における火器の普及には、現地社会に内在する要因があったことも忘れてはならない。山地の生業形態は複合的なもので、盆地底部に居住する土民の場合、水田耕作に加えて、山腹の焼畑、狩猟採集、漁業などを組み合わせた暮らしを送っていた。そのため狩猟や獣害除去のために、弓や弩といった飛び道具は必需品であり、北部山地の男性にとって射撃技能は、共同体内のステータスに関わる重要な能力の一つであった。北部山地と隣接するラオス北部に残された銃についての民俗調査によれば、現在確認できる銃のほとんどが前装式銃であり、右側面にU字型のバネと撃鉄・火蓋（火皿）からなる撃発機関を有する構造となっている。発射時には、黒色火薬と鉛弾を銃口から挿入、火皿に紙巻火薬を挿入し、銃床を掌で握り眼前に持ってねらいをつけ引き金を放つ。この発射スタイルは、スリングショットから弩弓まで、当該地域における居住地・民族集団を越えて飛び道具を扱う時の共通した身体姿勢であるという（神野　二〇一五）。このように、新たに入ってきた銃もあくまで弓・弩の延長上に位置付けられるべきものであり、またそうであるからこそ、北部山地においては、大砲よりも小銃が広く社会に普及していったのである。

その製造技術についても、単なる模倣ではなく独自の技術適応が見て取れる。前述のラオス北部の調査によれば、銃身は、一枚ものの鋼板を巻いて筒状に鍛接する饂飩張り（江戸時代の日本の火縄銃で用いられた技術）に似た方法と、熱した鉄棒に錐で孔をあける方法があったという。興味深いのは、銃身の製作と機関部の製作で民族間での分業が行われていることである。北部ラオスのシエンクワンでの事例では、周辺の鉄鉱山から産出される鉄鉱石を製錬するのは盆地に住むプアン（タイ系）で、それをモンが鉄管に鍛え上げ、最後は各地の鍛冶工が、鉄管の片側をふさいで銃身を完成させ、自作機関部と接合するのが一般的であったようである。最終工程を担う鍛冶工は、民族集団及び地域によって異なる技術系統に属しており、鉄の製錬から鉄管の鍛造を経て、最終的に銃として組み立てあげるまでの、民族の垣根を越えた商品連鎖は、多様な集団間の競合・共存・交流が歴史的に埋め込まれている同地域の特色をよく表している。また、各民族集団の特長を活かした分業を行い、最終的な消費地でカスタマイズを行う生産方法は極めて合理的でもある（現在でも刃物などの鋼鉄製品の製作技術はモンのものが高いとされ、定期市ではモンの男性が刃物類をゴザの上に広げて販売している姿がよく見られる）。

山地世界を国家支配の網に捕捉されない技術を発展させた非国家（ゾミア）世界であると論じるジェームズ・スコット（二〇一三）に言わせれば、このような生産過程の分節化は、次節で論じる国家の銃規制から逃れるためのゾミア的特徴ということになるだろう。実のところ、こうした分業がどの範囲で成立し、またどの時代までさかのぼれるかは明らかではないが、様々なオプションが存在し、状況に応じて自由に組み合わされる柔軟さそのものがこの地域の本当の特色であると言うべきかもしれない。

北部山地で普及・定着したのが施条（回転をつけて弾道を安定させるため銃筒内部に施す溝）が無い、比較的構造の単純な前装式銃であったという事実は、山地における火器技術の前時代性や停滞を表すものではなく、民族の境界を越えた分業を通じて、各地域社会のニーズに応じた最終製品が製造されるシステムの中で効率的に機能する銃の形態が選択されたと見るべきであろう(2)。タイへの中国製糖技術移転を分析したダニエルス（一九九一）は、華人移民の間でのみ技術が継承され、現地住民への技術移転が進まないというエスニック分業の問題をとり上げているが、それに比べ北部山地における火器技術は、彼らの生活需要と密接につながるものであったため、使用技法は身体化され、その製作技術もローカライズされた上で定着していった。

火器・火薬原料

豊富な鉱産資源が眠る北部山地では、火器原料（鉄・銅・鉛）の調達に苦労することはなかった。同様に、火薬原料の硫黄・硝石・木炭も全て身近で調達することができた。硫黄鉱は北部山地に数多く分布し、硝石は、家畜飼養を行う伝統的な高床式住居の床下やコウモリの糞が堆積する洞穴内などから採取できた。平野の政権も火薬原料の供給元として山地世界を必要としており、反乱が頻発した一七四〇年代には、北部山地の首長たちに対して、税の免除や官職の授与を行う代わりに、亜鉛・硝石・硫黄の生産・供出を求めている。このように同地域における資源賦存の幸運も火器の定着、普及に大きな役割を果たした。スン・ライチェンによれば、東部ユーラシアにおける火器使用は、「火器の時代」以降も続いたが、もっともダイナミックで革新的な時代は過ぎ去り、「華人の世紀」においても、火器技術や火器原料交易の高まりが起きることはなかったというが（Sun 2006）、実際には火器の周辺地域への浸透は確実に進行していったのである。山地空間の中で供給連鎖が完結し、生産、流通から使用までの過程が社会の中に埋め込まれた火器は、次節で見る山地社会と国家との関係をも規定することとなる。

四　火器を通じた山地社会と国家の関係

山地の火器と国家の辺境支配

第二節でみたように一七世紀後半以降、東アジアの各政権において、火器への関心は低下し、新たな兵器や技術革新へのダイナミズムは失われていった。東南アジアの諸国においても、港市を通じたヨーロッパ製最新火器の入手が容易であったこともあり、独自の火器技術の発展はあまり見られなかった。一五世紀には「火器小帝国」として東南アジアに覇を唱えた大越（黎《レー》朝）であったが、莫氏による帝位簒奪と黎朝の中興を経て、ハノイで黎朝皇帝を擁して権力を握った鄭《チン》氏、広南《クアンナム》（ベトナム中部）を拠点に自立した阮《グエン》氏、そして中越境界地域に拠点をおいた莫《マク》氏の鼎立状況となった。当初の内戦中こそ大いに火器が使用されたが、それぞれの勢力圏の固定化とともに火器への関心は低下していった[3]（Sun 2006）。他方、前節でみた北部山地の火器普及は、ハノイの鄭氏政権にとって脅威に映ったはずであるが、その対処は容易なことではなかった。一七世紀後半に莫氏を打倒した鄭氏は、鉱山開発で潤う北部山地の支配に乗り出すが、鄭氏政権に協力的な有力首長に藩臣・輔導の肩書を与え、その配下の兵力に兵号を加えるなどして、間接的に影響力を及ぼすのが関の山であった。火器については、一七七二年に兵器民間保有の禁令を出したが、山地住民については、自衛用として自弁しているものであり、禁止をしてはかえって匪賊の跋扈を許す恐れがあるとして、例外扱いとされた（『後黎時事記略』巻四）。

一九世紀に入ると、中部のフエを都とし、南部を含む現在のベトナムの領域を初めて統治下に収めた阮朝が成立する。中国にならった中央集権的な行政機構の整備を試みた二代皇帝明命《ミンマン》帝（位一八二〇～一八四一年）は、土着世襲権力を地方官に任じた土官を廃し、中央から官員（流官）を派遣する改土帰流政策を実行するなど山地社会に対する統制を強めた。阮朝が北部山地に対する関与を強化しようとしたことは、皮肉にも、軍事面で、一層の山地兵力への依存を生み出すこととなる。一八三〇年代には、阮朝の動きに反発した北部山地の首長の一部が、華人鉱山労働者や黎朝の後裔と結んで阮朝に対して大攻勢をかける（高平《カオバン》の農文雲《ノンヴァンヴァン》の乱、寧平《ニンビン》の黎維良《レーズイルオン》・郭功必《クワックコンタット》の乱）。山地の反乱鎮圧のため阮朝は頻繁に軍を派遣したが、地理・風土に不案内なキン族の部隊のみでは十分に対応できず、恒常的な部隊配備も困難であるため、「毒を以て毒を制す」方針の下、朝廷に協力的な首長を反乱鎮圧に充てることとなった。[4] これを「捕務」と呼び、功績をあげた者は手厚く処遇された。また、山地に常時展開できる軍事力を確保するため、朝廷は北部山地各省の所属正規軍に土着首長一族とその配下を参加させることにより、在地の軍事力の取り込みを図った。土着首長の側でも、王朝の地方軍への参画は地域内での勢力拡大の面でメリットがあると見なされた（岡田　二〇一二）。この捕務においても、山地住民が保有する火器が活躍した。前述の山地を拠点とする農文雲らの反乱では、反乱軍側も多くの鳥鎗を保有していたため、次の史料に見られるように山岳地形での火器使用に長けた山地社会の軍事力によって対抗せざるを得なかった。

その地の土人、蛮人及び諸鉱山の華人労働者で反乱に応じるものが多かった。そこで、山西地方の首長丁功仲に配下の住民五、六〇〇人を選んで各々鳥鎗を携帯し、援軍として派遣することを要請した（丁功仲は美良永同社の人間で、配下の住民はもとより射撃が得意とされている）。

（『大南寔録正編第二紀』巻一〇八、明命一四（一八三三）年一〇月条）

ここで高平の農文雲の反乱の援軍として派遣が要請された丁功仲《ディンコンチョン》は、山西《ソンタイ》地方にあるムオン族の有力政体であるムオン・ドン（史料中の永同社《ヴィンドン》。北部山地では盆地を中心とする政体をムオンと呼び、ムオン族という民族呼称の由来ともなっている）の首長である。史料にあるように、広く知られたムオン・ドン住民の射撃の腕は遠隔地の反乱鎮圧に駆り出されるほどであった。ムオン・ドンの首長一族の家譜も、阮朝の武官に任じられ、新たな活躍の場を得た首長の傍系親族が台頭していったことを示している（宇野　一九九九）。このように火器を含めた山地の軍事力の一部は、辺防体制への参加を通じて阮朝に包摂されていった。

それと同時に、火器の利用機会の増加は、地域内に新たな分業を生みだした。前述のように、土民は、農業・狩猟などを複合的に組み合わせた生業形態が一般的で、家譜に「入れば戸、出れば兵」という記述が出てくるように兵農一体の社会であったが、一九世紀の地誌『同慶御覧地輿志』には、「永同社では、男は銃・弓での狩猟、女は農耕・柴刈りを生業としている」とあり、社会分業にも変化が生じていることがわかる（隣接他地域では男は農耕・柴刈り、女は養蚕と記される）。山地世界の中でも、平時から狩猟に専従して射撃能力を磨き、戦時には、傭兵と化す射撃の専門集団が生まれていたのである。

阮朝による火器・火薬統制の試み

山地の軍事力を利用して北部山地の支配を進めようとした阮朝であるが、一方で反乱時に脅威となる山地の火器の統制・削減を試みた。農文雲の反乱に参加した首長や住民のうち、朝廷に帰順したものについては銃を差し出すことを条件に罪を赦した上で、以後の銃私造には厳罰で処することとし、平野のキン族が山地住民に硝石・硫黄・火薬を売買することを厳禁した（一八三五年には北部山地の硫黄・硝石鉱の採掘そのものを一旦停止し、民間の一斤以上の取引を一年間禁止した）。さらに、一八三七年には、キン族鍛冶工による銃の私造・補修禁止が徹底された。その後も、火器を朝廷に差し出したものに、褒賞（小銃は使用可能なもの一梃につき銅銭五緡、使用不可能なものは三緡、大砲は十緡）を支給することで、山地住民に自発的な火器放棄を促した。これにより朝廷に納められた銃数は数年間で万単位にのぼったという（『大南寔録正編第二紀』巻一〇八、一二六、一八二）。

しかし、こうした火器・火薬の統制の試みは、山地社会の火器が国家の管理下に置かれたことを意味するものでは決してなかった。一八三七年には、黎維良の反乱の根拠地となった寧平のムオン族居住地域で、キン族の鍛冶工とその工房の数を限った上で、府（数県を管轄する省の下位行政単位）の中心に集め、農具・ナタなど日用品に限り製造を許可することとし、くわえて華人を省の中心に集住させ、ムオン族集落での居住を禁止することが地方官から献策された。しかし、住民の生活に支障が生じ、かえって反乱の誘因となるとして、この策は皇帝により斥けられることとなる（『大南寔録正編第二紀』巻一八二、「阮朝硃本明命朝」第六一集一八〜二〇葉、明命一八年六月一五日内閣奉上諭）。このことから、火器・火薬製造者がムオン族社会に深く入り込んでいるのと同時に、国家の側もその分離の困難さを認識していたことがわかる。そもそも、火器・火薬の供給源を絶とうとする策は、平野部に近接する寧平地方であるからこそ意味をなしたといえる。前述のように、北部山地の多くの地域では、身近で火器・火薬原料を調達でき、その製造技術も、時に民族間分業の形を取りながら地域社会の中に定着していた。さらに行政ネットワークも限定的にしか及んでいない中で、火器・火薬の生産・流通統制に実効性を持たせることはなかば不可能であったと言ってもよいだろう。その点、硝石・硫黄などの火薬原料の産地が限定されていた徳川日本において、鉄砲改め（銃の検査・登録制度）などの民間火器の規制・管理が一定程度機能していたのとは状況が大きく異なる。また、山地住民にとって、傭兵業も含め生業・生活と密接に結びついていた火器を手放すことは簡単にできることではなかった。先の、火器の差出命令及び「買い上げ」についても、北部山地全域で実施された様子はなく、反乱発生地域周辺に限定された上、効果も一時的であったようである。とすれば「銃狩り」の結果得られた万単位の銃は、北部山地で保有されていた火器のごく一部に過ぎなかった可能性が高い（なお北部の中心であった河内（ハノイ）省軍に配備された銃数は二〇〇〇梃強である）。

一九世紀の北部山地では、前世紀から続く南中国からの華人や山地民の流入が収まらない一方で、鉱産資源は枯渇していったため、失業した鉱山労働者が野盗化するなど治安状況は悪化していった。特に極め付きは一八六五年に始まる太平天国の残党である黒旗軍、黄旗軍などの武装集団の到来で、特に黄旗軍の分派集団は多くのムオン政体を蹂躙し、「黄旗賊」と呼ばれ畏れられた（岡田　二〇一二）。こうした状況は、生業の維持のみならず、自衛のための火器の必要性を益々高めることになった。海賊・河賊の跋扈を含めた北部ベトナムの混乱状況の中、阮朝は有効な対策を取ることができず、北部山地の治安維持を土勇と呼ばれた山地住民の自警部隊に任せるほかなかった。そこに匪賊掃討のため阮朝が救援を要請した清朝軍、中越国境地域に割拠した劉永福率いる黒旗軍、分裂した黄旗軍に、フランス軍も加わり、北部山地は未曽有の混乱状況に陥った。最終的には、同地に対する宗主権を主張していた清・シャム両国との戦争・交渉を経て、フランスが北部山地を保護下に収めることとなった。フランスは北部山地の大部分を軍管区にして統治をおこなったが、ここにおいても、名高いトンキン狙撃兵に山地住民を編入したほか、協力的な首長の兵力を遊撃兵《パルティザン》として、敵対的首長や中国人匪賊の鎮圧に駆り出すなど、山地における軍事活動に山地住民が利用された。特に射撃に秀でていたとされるモンの遊撃兵には一八七四年式グラース銃（日本初の国産制式銃となった村田銃のモデル）を装備させるなどして、害獣駆除と辺境防衛に充てた。グラース銃は、金属薬莢を用いたボルトアクション式後装銃であるが、一度に一発分の弾薬しか装填できないため、一発必中を期するモンの射撃技能が活かされたという（アバディ　一九四四）。社会の中で継承され身体化された技術と、多様なタイプの小銃が流通していた状況が、新しい技術で製造された火器の扱いに対しても迅速な適応を可能としたのである。

五　山地の火器の帰結

以上で見てきたように、一八世紀からフランスの植民地支配下に入る二〇世紀初頭に至るまで、東部ユーラシアの火器の時代の落とし子であるマスケット銃は、供給連鎖と社会需要が重なる中で、北部山地社会にしっかりと根をおろし、生態環境に応じて製造技術、使用技法にも独自の展開が見られた。同時期に、軍事産業の勃興により大量生産されるようになったヨーロッパの余剰火器が、奴隷貿易などを通じ「周縁地域」に商品として拡散していったのとは大きな対照をなしているとい

ベトナム解放武装宣伝隊の結成（1944年）。幹部を含め多くの山地住民が参加した（ベトナム軍事歴史博物館ホームページ）

える。自然地形にあわせた戦術により強力な力を発揮した山地社会の火器の力は、時に国家の軍事体系を補完する重要なパーツとなりつつも、完全に取り込まれることを拒否し、山地社会が低地国家に対抗する際の決定的なリソースともなり続けた。冒頭で紹介した、インドシナ戦争の初期の軍事活動で活躍した原始的な銃というのは、このように山地社会の中で独自の価値を付与され、住民の生活と不分離となっていた、いわば「社会化」を遂げた火器であったのである。

民族独立のための軍事力を得るために、中国雲南経由で帰国したホー・チ・ミンが最初に拠点を築いたのは北部山地の高平《カオバン》地方であった。中国国境に近い同地は中国の革命運動との連携が容易で、山中の拠点はゲリラ戦を展開するのにも適していた。ただ同地にもすでに共産主義者が一定数存在していたとはいえ、独立に向けた活動を進める上では、山地住民のより広範な協力を得ることが絶対条件であった。そこで、ベトミンのシンパを増やし、武装組織を形成するためホーが留意したことは、革命の理念を説くことよりも、まずは当時の山地民社会が直面していた飢餓や匪賊の襲撃などの社会不安を取り除くことであった。集落に入った幹部たちは、集落毎に自衛部隊を結成し、匪賊への対応に当たるのと同時に、住民と共に生産活動に従事した。そして、社会の中に存在していた義兄弟の契りや互助組織なども活用しながら連帯感を醸成していった。つまり現状の問題を共有した上で、問題解決のための手段として、フランスや日本という敵を設定し、独立を共通の目的にすることに成功したのである。

このようにコミュニティの問題を解決するために作られた自衛部隊は、後に日常の生産活動から離脱した専門のゲリラ部隊となってゆくとともに、その他の住民は、糧食供給や輸送面で部隊を支える体制が整えられていった（小高　二〇〇六、古田　一九九一）。王朝権力や植民地権力は、在地の首長権力を通じて山地の火器を利用してきたが、ベトミンは、山地社会の内部に入り込むことによって、住民ごと火器を取り込んだわけである。本章で見てきたような、生活に密着し、社会上層に独占されない山地社会の火器のあり方を考えれば、非常に理にかなったやり方であったといえよう。ホーは「銃より人を優先する」というスローガンを掲げたが、山地社会での宣伝活動は、むしろ人と銃を同時に得るものであり、山地での戦いに習熟し、手慣れた銃を扱う人々は、ゲリラ作戦で大きな力を発揮し、兵器技術レベルでの大きな懸隔を埋めることを可能とした。そして、重火器部隊など正規軍が戦略的重要性の比重の多くを占めたディエンビエンフーの戦いにおいても、遊撃・攪乱活動に加えて、兵器の運搬・擬装、兵站確保などで活躍した山地住民は、近代兵器を擁するフランス軍との「非対称戦争」に勝利する上で、欠くことができない重要な戦力であった。

また別の見方をすれば、北部山地とベトナム国家との関係を考える上でのインドシナ戦争のもう一つの歴史的意義を指摘できるかもしれない。それは、中国からの絶え間ない移民の波により、社会不安を高めながらも、中国側との政治的・経済的結びつきを強めてきた北部山地の「ベトナム化」プロジェクトの幕が開いたということである。ベトナム戦争後四〇年を経た現在でも、山地住民から地方の役所に銃器が大量に納付されたというニュースがしばしば伝えられるように、山地社会は火器を完全に手放したわけではないが、もはやその銃口が国家に向けられることはなくなったのである。

現代世界におけるテロを含めた非対称戦争の問題において、ゲリラ闘士やテロリストを生み出す社会の背景にある紛争地域での飢餓や貧困の問題に注目する「人間の安全保障論」などの議論があるが、現在の社会と兵器の問題を正しく認識するには、グローバルな動き（武器・技術の拡散）とローカル社会（安全保障、社会環境・構成）の双方に注意をしながらその相互作用をとらえてゆくことが重要である。本章で取り上げた、グローバルな技術の交換、リージョナルな拡散、ローカルな適応を経た北部山地の火器が、二〇世紀に入って、ヨーロッパの軍事産業が生み出した近代兵器と会いまみえた歴史は、両者をつなぐ上で興味深い示唆を与えてくれるのではないだろうか。

（1）一七四〇年代～七〇年代にかけて、土司の反乱鎮圧などのために派遣された清朝軍によって雲南～ビルマにかけての出先で大量の火器が製造されたことも、北部山地の火器流通を促進した可能性がある。

（2）清仏戦争後の国境画定交渉のために一八八七年に中国雲南との国境町であるラオカイを訪れたフランスの軍医は、町の市場に野菜や果物と並んで、イギリス製後装レバー作動式のマルティニ・ヘンリー銃、アメリカのレミントン銃から最新式の速射砲にいたるまでの様々な火器が、さながら国際見本市のごとく売られているのを驚きをもって伝えている（Neis 1998）。ベトナム北部保護領化の原因を作ったフランス商人デュピュイの紅河を遡行しての雲南への武器販売の話は有名であるが、国家支配があまり及んでいない上に、森林産物や鉱産資源など国際商品の生産を通じて中国商人など国際交易ネットワークとのつながりを有していたこの地域は、もともと海外製品や新技術へのアクセシビリティが平野部より高かったといえる。

（3）ただし、黎朝を滅ぼした西山朝《タイソン》が、火弩や地雷を含む大量の火器によって数に勝る清朝の遠征軍を撃退する（一七八九）など、ベトナムでの火器利用は東部ユーラシアの諸国の中では特異なものがあった。

（4）阮朝の編年記録『大南寔録正編』には、反乱鎮圧に派遣された軍隊が「嵐瘴」（マラリヤ）の蔓延に苦しんだという記録が頻繁に見られ、それに伴う医薬品の輸送や・兵員交代も大きな負担となった。

【参考文献】

アバディ、モオリス（民族學協會調査部訳、一九四四）『トンキン高地の未開民』三省堂

宇野公一郎（一九九九）「ムオン・ドンの系譜―ベトナム北部のムオン族の領主家の家譜の分析」『東京女子大学紀要論集』四九巻二号、一三七～一九八頁

岡田雅志（二〇一二）「タイ族ムオン構造再考―一八～一九世紀前半のベトナム、ムオン・ロー盆地社会の視

点から」『東南アジア研究』五〇巻一号、三～三八頁
ガット、アザー（石津朋之ほか監訳、二〇一二）『文明と戦争』（上・下）中央公論新社
神野信（二〇一五）「ラオス北部における鍛冶技術と前装式銃」『鉄砲史研究』三八二号、二一－二九頁
岸本美緒（一九九八）『東アジアの「近世」』（世界史リブレット13）山川出版社
小高泰（二〇〇六）『ベトナム人民軍隊―知られざる素顔と軌跡』暁印書館
スコット、ジェームズ・C（佐藤仁監訳、二〇一三）『ゾミア―脱国家の世界史』みすず書房
ダニエルス、クリスチャン（一九九一）「一七、八世紀東・東南アジア域内貿易と生産技術移転―製糖技術を例として」濱下武志・川勝平太編『アジア交易圏と日本工業化　1500－1900』リブロポート、七〇～一〇七頁
中島楽章（二〇一一）「銃筒から仏郎機銃へ―十四～十六世紀の東アジア海域と火器」『史淵』一四八輯、一～三七頁
平尾良光（二〇一四）「鉛玉が語る日本の戦国時代における東南アジア交易」平尾良光・飯沼賢司・村井章介編『大航海時代の日本と金属交易』思文閣出版、四九～七一頁
古田元夫（一九九一）『ベトナム人共産主義者の民族政策史―革命の中のエスニシティ』大月書店
ロージ、ピーター・A.（本野英一訳、二〇一二）『アジアの軍事革命』昭和堂
Neis, Paul（1998）*The Sino-Vietnamese border demarcation 1885–1887*, Bangkok: White Lotus Press（“Sur les Frontieres du Tonkin”, in *Le Tour du Monde* 55,1887 の英訳）
Sun, Laichen（2006）“Chinese Gunpowder Technology and Đại Việt: c.1390–1497”, in Nhung Tuyet Tran and Anthony Reid, eds., *Việt Nam–Borderless Histories*, Madison: University of Wisconsin Press, pp.72–120

第七章　もうひとつの「黒船来航」
――クリミア戦争と大阪の村々――

後藤敦史

一　グローバルからローカルまでの四つの層

グローバルヒストリーの重要な方法論のひとつとして、①地球規模（グローバル global）の歴史と、②アジアやヨーロッパといった広い地域（リージョナル regional）の歴史、また③近現代史においてとくに重要性を増す国家（ナショナル national）の歴史、そして④国家よりも小さな、たとえば日本の関東や畿内といった地域（ローカル local）の歴史という、四つの層の歴史をつなげ、あるいは比べるという方法がある（秋田・桃木編　二〇〇八）。国家中心の、一国史的な枠組みを超え、重層的・動態的に世界を分析することによって、グローバルヒストリー研究は進展してきたと評価できる。

ところで、グローバルヒストリーに対してしばしば投げかけられる批判に、地域（ローカルを指す）の歴史の軽視ないし無視という批判がある。しかし、ローカルな層も含めた上記の四層構造で世界の歴史的事象をとらえようというグローバルヒストリーの特徴からいえば、このような批判は誤解にもとづくものといえる。一方、このような批判（誤解）がいまだ根強いことから考えれば、グローバルな層からローカルな層まで、四層の具体的な関連性を明確に示した事例をあらためて示すことも重要であろう。

そこで本章は、クリミア戦争（一八五三〜一八五六年）を事例に、グローバル、リージョナル、ナショナル、そしてローカルという四つの層を相互に関連づけて考察するということを試みる。なお、ここでローカルな層に位置づけるのは、江戸時代の大阪にあった村である。大阪の村とクリミア戦争とは、一見するとまったく無関係に見えるかもしれない。しかし、グローバルからローカルまでの四層を意識することで、クリミア半島を主戦場とした戦争と、そこからはるか遠く離れた大阪の村とのつながりが見えてくる。そのつながりの様相を、一九世紀当時を生きたひとりの村人の目線からせまっていきたい。

二　中田治左衛門が生きた時代――ローカルな層

現在の大阪府池田市豊島南《とよしまみなみ》あたりに、かつて今在家村《いまざいけむら》という村があった。中国自動車道の池田インターチェンジを降りてすぐのところで、少し東に進めば、大阪大学豊中キャンパスがある。今でも、阪急バスに「北今在家」というバス停がある（図）。

明治一五年（一八八二）に作成された今在家村の「村誌」によると、江戸時代、同村は約六五一石の石高をもつ村であった（『池田市史』史料編⑩、池田市教育委員会、二〇一四年）。この六五一石のうち、約三九二石は麻田藩青木家《あさだはんあおきけ》の領知《りょうち》、残る約二三九石が旗本船越家《ふなこしけ》の領知であった。このように複数の領主によって支配される村のことを相給村《あいきゅうむら》といい、小規模な領主たちによる錯綜《さくそう》した領有関係を特徴とした畿内や関東ではよく見られる村のあり方である。青木家領を東今在家村、船越家領を西今在家村と呼ぶこともあったが、本章が着目するのは前者である（以下、単に今在家村といった場合は麻田藩領の方を指す）。なお、麻田藩青木家は一万石あまりの石高を持ち、麻田村（現豊中市）に陣屋をかまえていた大名である。現在の豊中市や池田市、伊丹市などの各所、および備中国（現岡山県）の一部に領知を有していた小規模の藩であった（池田市史編纂委員会編　一九九九）。

幕末の時代、今在家村の庄屋《しょうや》を勤めていたのが、中田治左衛門《なかたじざえもん》という人物である。この治左衛門こそが、本章の「主人公」といえる。寛政元年（一七八九）頃の生まれと推定され、安政三年（一八五六）に隠居、翌安政四年に亡くなった。治左衛門は、弘化三年（一八四六）頃から、隠居するまで約一〇年近く庄屋を勤めていたようである。庄屋役在勤中に書き留めた今在家村の運営に関わる公的な史料、あるいは治左衛門本人

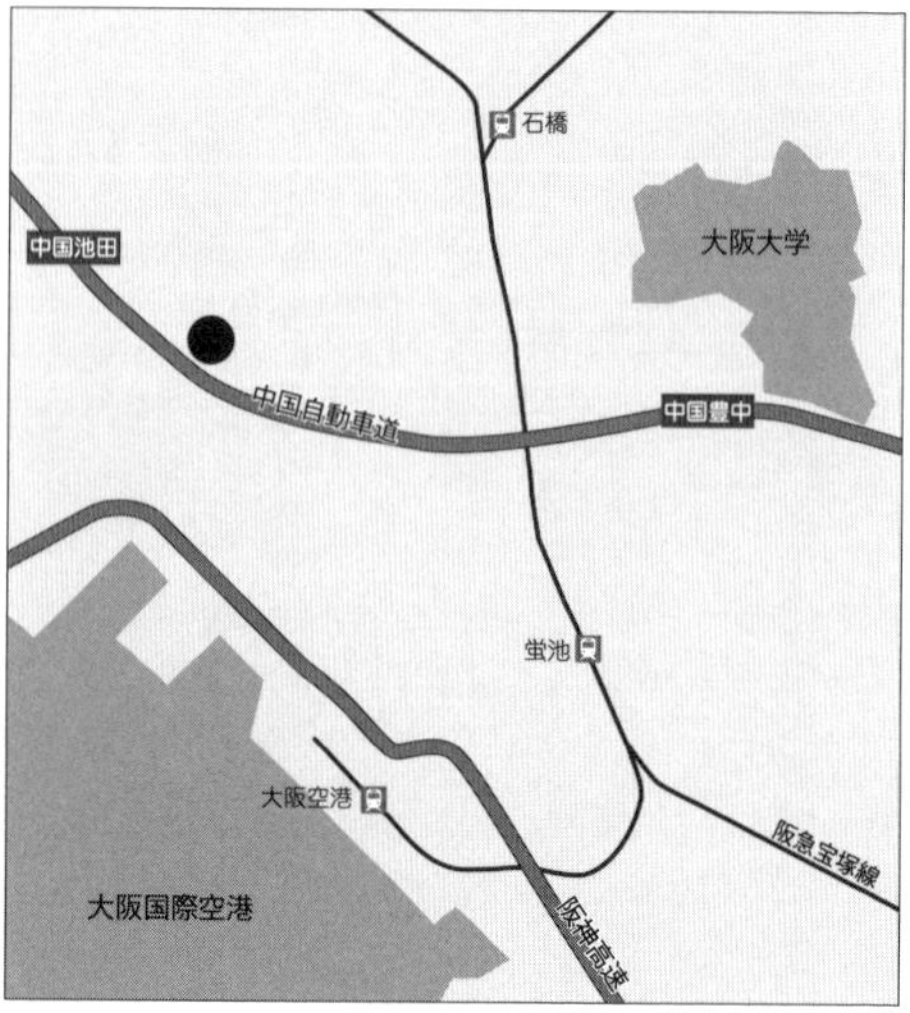

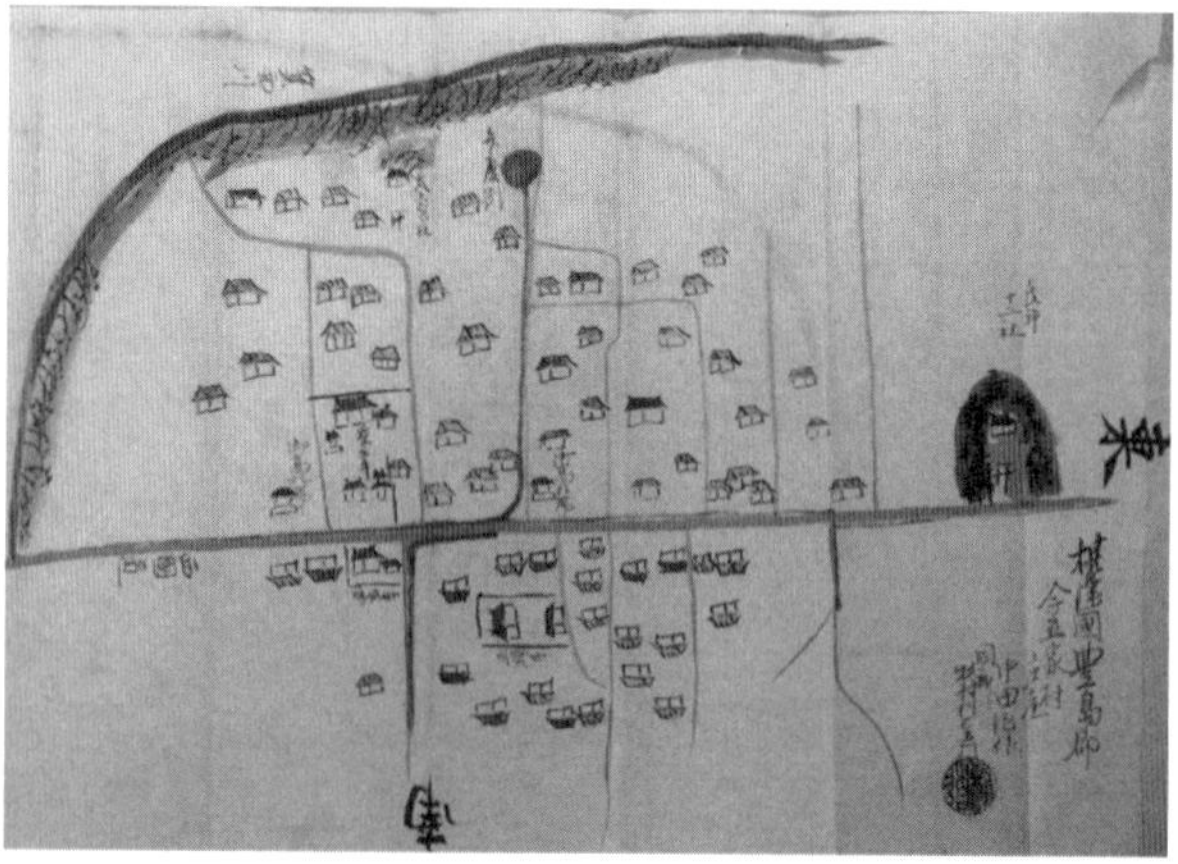

現在の池田市・豊中市周辺地図（上）と幕末頃の今在家村絵図（下）
（地図の●印が今在家村のあった周辺。絵図は池田市教育委員会所蔵「今在家村中田家文書」より）

や中田家の人たちの個人的な史料も含めて、一七〇〇点近くの文書群が「今在家村中田家文書」として池田市教育委員会に保存されている。

治左衛門が庄屋をしていた時期は、日本列島の歴史が大きく揺らいだ時期とまさに重なっている。とくに、嘉永六年（一八五三）六月三日の「黒船来航」（＝ペリー来航）は、その動乱の時代の契機となった事件である。この黒船来航以後、日本の政治や社会が大きく揺れ動き、そのわずか一五年後には明治維新を迎えることになる。

このような激動の時代にあって、治左衛門は日本列島で生じている出来事についての情報を積極的に収集していた。たとえば、浦賀に来航したペリー艦隊が翌嘉永七年（一八五四）一月に再来したことについて治左衛門が書き留めた『亜黒《ママ》利加再来入』には、江戸湾周辺に出兵した大名をはじめ、多くの情報が記されている。また、漂流して海外へ渡って帰国した日本人の体験談なども収集しており、当時、治左衛門が広く世界の動向について関心を抱いていたことがわかる。

残念ながら、治左衛門がどのようなルートで情報を得ていたのか、という点については不明である。彼は情報を書き留めた時期については比較的細かに記しているが、誰から得た情報か、といった点については記録していない。

なお、このような治左衛門の情報収集活動は、当時にあって別段特殊なことであったわけではない。むしろ、ペリー来航を契機に、日本中の多くの人びとが、身分に関わりなく積極的に情報を求めるようになったことが近年の研究で明らかにされている（岩田　二〇〇五）。治左衛門の情報収集活動は、全国的な「流行」でもあったのである。さらにいえば、その情報量でいうと、治左衛門が収集した情報の量はこれまでの研究で着目されてきたような豪農《ごうのう》・豪商《ごうしょう》、あるいは在村の知識人たちの情報量からみると、決して多いとはいえない。その意味で、治左衛門は幕末を生きた庄屋の、平均的な姿であったともいえる。

その治左衛門が、『天保山え異国船渡来事』という史料を残している。その書き出しは、次のとおりである（史料については、適宜読み下している。以下同じ）。

そもそも嘉永七甲寅年（一八五四年）九月十六日に、誠に不思議の事、これ有り。その故は、虚空《こくう》に顕《あらわ》れし事は、十六日七つ時（午後四時頃）ころ、真西にあたり、子供どもまで見つけ、あれ、星様が飛ばしやると申し、何しに今時分《いまじぶん》に星様が、と申すなら、虚空を見候《みそうろう》ところが、誠に明らかにして火筋《ひすじ》顕れ、（中略）よくしばらく有りて、煙の如《ごと》く成りて、消失《きえうせ》たり。見る人々、不思ん（不審？）に思ひ、たとへ星様にもせよ、または天火《てんび》にもせよ、真直《まっすぐ》にきて、わきいがみ（脇）、筋引くと言ふは、あら不思議なりやと評判まちまちなり。然るところ、十八日より、天保山沖《てんぽうざんおき》へ異国船渡来につき、国騒動す。（中略）先日十六日に虚空に顕れしは、か様《よう》の異国船到来の前表《ぜんぴょう》とや言はん。

治左衛門によると、嘉永七年九月一六日、午後四時頃に星があらわれ、火の筋をともなって、やがて煙のようになって消えたという。人々は星がまっすぐに進み、横がゆがむようにして筋を引くというのは、不思議であると語っていた。

ところが、その二日後の九月一八日、大阪の天保山（現大阪市港区）の沖合に異国船が出現し、騒動になったという。一六日の「不思議の事」とは、大阪の空に流れ星が見えたことを意味しているのであろうか。真相は不明であるが、治左衛門とその周囲の人びとは、この不思議な現象を異国船出現の不吉な「前表」（前兆）と考えたのである。

それでは、この異国船の正体とは、一体何だったのか。また、何のために大阪湾へと現れたのか。その正体を探る前に（あるいは探るために）、続いて当時の世界史的状況について確認をしていきたい。

三　クリミア戦争と極東海域――グローバル／リージョナルな層

大阪湾の天保山沖に異国船が現れたという嘉永七年九月一八日は、西暦（グレゴリオ暦）でいえば、一八五四年一一月八日に相当する（以下、グレゴリオ暦表記）。この頃、日本列島からみて遠く西方に位置するクリミア半島、さらにそれを囲む黒海の周辺は、大きな戦争に見舞われていた。クリミア戦争である（以下、ファイジズ　二〇一四を参照）。

オスマン帝国領内に住むギリシア正教徒たちの保護を名目に、ロシアがバルカン半島に進出したことを契機として、一八五三年一〇月、ロシアとオスマン帝国との間で戦争が始まった。その背景には、一八世紀以来のロシアの「南下政策」を指摘できる。翌年三月には、オスマン帝国の側に立ってイギリスとフランスがロシアに宣戦布告した。イギリスにとってみれば、オスマン帝国の救出がその名目ではあったものの、南下を進めようとするロシアを阻止するということに最大の目的があった。また、フランスも国際的な威信を高める好機として、戦争をとらえていた。さらにオスマン帝国にとっても、ロシアに一撃を加えることは、動揺しつつあった国家体制を立て直すためにも重要なことであった。このように、クリミア戦争は参戦国のそれぞれの外交的思惑が交錯していた。

開戦から約一年後の一八五四年一〇月、戦争を通じて最大の激戦となったクリミア半島のセバストポリ要塞の攻防が、英仏連合軍の砲撃によって始まった。同要塞が陥落するまで、一年近くかかることになる。セバストポリの陥落を経て、戦争そのものが終結したのは、パリで講和条約が結ばれた一八五六年三月のことであった。この講和条約によって、黒海の中立化が約されるなど、ロシアの南下政策は頓挫《とんざ》することとなる。

クリミア戦争の世界史的意義については、さまざまな観点で指摘することができるであろう。軍人だけで約七五万人もの死者を出したこの戦争は、国力を駆使した総力戦として、世界史のなかでも初期の部類に数えることができる。蒸気船や鉄道、あるいは電報といった、一九世紀当時の最新の交通・通信技術が動員されたクリミア戦争は、それ以前の戦争とは明らかに性格の異なった様相を呈した戦争でもあった。

クリミア戦争は、その名が連想させるような、クリミア半島に戦地が限定された戦争では決してない。戦地となった範囲でいえば、たとえば英仏連合艦隊はクリミアから遠く離れたカムチャツカ半島のペトロパブロフスク・カムチャツキー要塞を攻撃している（以下、Stephan 1969を参照）。クリミア戦争は、ユーラシア大陸の東と西のそれぞれの地域に大きな影響をもたらしたのであり、その与えた影響の範囲からいえば、まさに地球規模の戦争でもあったといえよう。

なお、クリミア戦争を語る場合、イギリス、フランス両国の勝利と、それによるロシアの南下失敗という結果が強調されやすい。その一方、ユーラシア大陸の東方、極東海域での戦闘については、実は英仏側の失敗に終わっている。一八五四年八月二九日、英仏連合艦隊はペトロパブロフスクの要塞を砲撃し、九月四日には上陸を果たす。しかし、上陸後にロシア軍の猛攻にあい、多数の死者を出し、九月七日には撤退せざるを得なくなった。

反撃を期していた英仏両軍であるが、さらにその翌一八五五年五月には、イギリス海軍の艦隊が、サハリンでロシア艦隊を取り逃すという失態を演じている。イギリスが持っていた海図では、サハリン島はユーラシア大陸につながる「半島」として描かれており、イギリス側はデ＝カストリ湾でロシア艦隊を追い込むという計画を立てていた。しかし、ロシアはサハリンが島であるということを知っており、タタール海峡を抜けて、北方へと難なく逃れることに成功したのである。

イギリスとフランスが極東海域でおかしたもうひとつの失敗は、ロシアの対日交渉を阻止することができなかったことである。クリミア戦争の開戦当時、ロシアは日本へ使節を派遣しており、条約締結に向けた交渉を始めようとしていたところであった。イギリスとフランスの連合艦隊は、このロシア使節の軍艦を拿捕《だほ》することができず、結局一八五五年初頭には、ロシアと日本とのあいだで条約が締結されるのである。

実は、このようなクリミア戦争期の極東情勢のなかで、ロシアの軍艦が日本列島の大阪湾に進入するという事件が生じることとなる。中田治左衛門が『天保山え異国船渡来事』に書き記した大阪湾への外国船来航事件である。次に、ロシアによる対日外交を中心に、ロシア艦の大阪湾来航の具体的経緯を考察していきたい。

四　ロシアの対日外交とクリミア戦争――ナショナルな層　その一

クリミア戦争が日本に与えた影響としては、一八五四年一〇月一四日（嘉永七年八月二三日）の日英和親条約の締結が有名である。イギリスの中国艦隊を率いるスターリングは、九月七日（以下、ロシアの動向も含めてグレゴリオ暦表記）、長崎に来航する。彼の意図としては、クリミア戦争下において日本に中立を求め、また艦船の修復のための寄港許可を得ることを目的にしていた。しかし、すでにアメリカとの間に和親条約を締結していた徳川幕府の側では、アメリカその他の西欧諸国と同じように、イギリスは日本に開港を求めているのだと、その意図を誤解することとなった。そのため、スターリングの当初の予想に反して、イギリスはアメリカとほぼ同内容の条約を日本と締結することに成功したのである。

一方、同じ時期に、同じように日本と和親条約を締結することになったロシアについても、その対日交渉は戦争の大きな影響を被った。アメリカ使節ペリーの浦賀来航から約一か月後にあたる一八五三年八月二二日(嘉永六年七月一八日)、ロシア使節エフィーミー・プチャーチンの率いる四艘の艦隊が長崎に来航した。彼は、日露両国の和親と通商に加え、北方の国境を確定させるための条約を結ぶ、ということを任務としていた。

プチャーチンの日本への派遣は、アメリカに対抗するかたちで決定された。一八五二年三月にアメリカの対日使節派遣の情報を得たロシア外務省は、同様の使節派遣を積極的に主張するようになった。その結果、同年五月に日本への使節派遣が決定し、使節として海軍中将のプチャーチンが任命されたのである(以下、和田　一九九一、麓　二〇一四を参照)。

長崎に来航したプチャーチンは、同地でロシア外相ネッセリローデから幕府の老中宛の書簡を提出し、江戸からの返答を待つことにした。その間、彼は情報収集のため、艦隊のなかから一艘をサハリンに、ほかの一艘を上海に派遣している。

九月二六日に上海から長崎へ戻ってきたメンシコフ号がプチャーチンにもたらしたのは、ロシアがオスマン帝国と戦争に突入しそうな状況であること、およびイギリス、フランスとも断交となる可能性が高い、という情報であった。この情報は、プチャーチンの対日交渉の方針に変更をせまることとなる。国際情勢に関する情報を収集しつつ、交戦国となるであろうイギリスやフランスとの遭遇を慎重に避けて、日本との交渉をまとめなければならなくなったのである。

そのため、長崎来航後のプチャーチンの行動は、目まぐるしいものとなった。より詳細な情報を得るため、一〇月三日、メンシコフ号は再び上海に向かい、一一月二日に長崎へ戻ってきた。すでに一〇月一六日の時点でオスマン帝国からロシアに対する宣戦布告がおこなわれていたが、その情報はまだ届いていない。プチャーチンは、艦隊をいったん上海に戻すことにした。旗艦パルラーダ号が老朽化しており、旗艦の変更を考えていたためである。長崎奉行はプチャーチンの突然の退帆の宣言に対し、江戸から交渉のための役人が派遣されたことを伝えて引き留めようとしたが、結局、一一月二三日、プチャーチンたちは長崎を離れて上海へと向かった。

上海では、旗艦パルラーダ号の変更を許可する海軍省の伝令が届いており、北方のタタール海峡に位置するインペラートル湾で、来春の雪解けを待ってディアナ号に移乗することにした。一カ月近く上海に滞在するなかで、プチャーチンのもとにオスマン帝国との開戦の情報も届く。準備を急ぎ、一二月三〇日、プチャーチンは再び長崎に向け出航した。

長崎に再来航したのは、一八五四年一月三日（嘉永六年一二月五日）のことである。まだ江戸からの応接掛たちが長崎に到着しておらず、プチャーチンは大きな不満を抱くが、一月一八日、ようやく第一回目の交渉が開始される。プチャーチンは条約草案を示して日本側にその検討を委ね、また、欧米国と通商を開始する場合はロシアを最初とする、という言質《げんち》を幕府応接掛から得られたことを交渉の重要な成果と見なし、長崎をまたもいったん退帆することにした。

プチャーチン率いる艦隊は、琉球を経由して、一八五四年三月一日にマニラに着いた。上海でも情報収集がなされたが、三月二八日における英仏両国との開戦の情報に接することはなかった。プチャーチンは、日本とアメリカの交渉結果を知るべく、四月二〇日（安政元年三月二三日）、再び長崎に姿を現した。すでに三月三一日に日本とアメリカは和親条約を締結していたが、プチャーチンは日本側からその結果に関する情報を聞き出すことができないまま、六日間の滞在で長崎を出発した。

その後、艦隊は北方に向かって別行動を取る。プチャーチン自身は朝鮮の海岸を測量しながら北方へと向かった。彼の乗るパルラーダ号がインペラートル湾に到着したのは、六月三日のことである。同湾では、東シベリア総督ムラヴィヨフとの会談もおこなわれた。その結果、プチャーナン旗下の艦隊はムラヴィヨフやロシアの特許株式会社である露米会社の管理下に委譲され、彼自身はディアナ号に乗り換えて日本との交渉を続行することになった。

インペラートル湾まで書記官として艦隊に参加していた文豪《ぶんごう》ゴンチャローフによると、このときにプチャーチンたち一行はついに英仏との開戦を知ったという（『ゴンチャローフ日本渡航記』雄松堂書店、一九六九年）。プチャーチンは、戦争状況のなかで、迅速に条約の交渉を取りまとめるべく準備を進め、一八五四年一〇月二一日（嘉永七年八月三〇日）、箱館（函館）に入港した。これで、四度目の日本訪問である。

ここでプチャーチンは、箱館奉行に対し、次のように通告をした（『大日本古文書　幕末外国関係文書』七巻、東京大学出版会、一九八四年）。

日本政府の貴官と治定《じじょう》の談判を遂《とげ》んが為、此地《（箱館）》より直《す》ぐさま大坂に赴《おもむ》くべし。今次《こんじ》、赴くべき港を記するは、我彼地《われかのち》に至る前、貴官彼地に赴き、通詞相応の員数を遣《つかわ》さるべし。

この書簡によって、プチャーチンは突如として大阪を次の交渉の場所に指定してきた。自身が大阪湾に到着する前に、日本政府の高官と相応の数の通訳を大阪に派遣するよう要請してきたのである。

一体なぜプチャーチンは、突然大阪へ行こうと考えたのであろうか。この点については、上述のゴンチャローフが、プチャーチンによる「大胆な第一歩を踏み出す決意」として次のように伝えている（『ゴンチャローフ日本渡航記』。なお、ゴンチャローフ自身は大阪へは来ておらず、以下は後になって彼が知ったことをまとめたもの）。

日本の中心部へ直航してそのもっとも敏感な神経にふれようというのだ。つまり日本全国の主であり、天の御子であるミカドの住むミアコ《（京都）》に近いOosaki《（大阪）》の町へ行くことにしたのである。（中略）日本人たちは、この閉ざされた聖域に、不意に異国人が現れたことに恐れおののき、早々にこちらの提案条件に応じるであろうと予測したのである。

プチャーチンは、「ミカド」がいるという「聖域」京都に近い大阪湾に突如軍艦を進入させることで、日本側が恐れおののき、すぐにロシア側の提案を受け入れると期待した。その背景には、彼自身が交渉を急がなければならない事情、つまりクリミア戦争があったことは明らかであろう。交渉を早めに進め、なおかつ、ロシア側にとって有利な条約を締結する。そのために、日本の「聖域」に接近するという手段を選択したのである。

箱館を出発したディアナ号は、そのまま大阪へ航路をとり、一八五四年一一月八日、つまり嘉永七年九月一八日、いよいよ大阪湾内の天保山沖に姿を現した。この事件は、日本という国家と、そして日本のなかの地域社会に大きな影響を与えることとなる。

五　幕府の大阪湾防備とディアナ号来航――ナショナルな層　その二

ロシアの軍艦ディアナ号が大阪湾に来航したとき、大坂城代・土屋寅直《つちやともなお》は、自分が危惧していたことが現実に起こったことに驚き、また、江戸の役人たちのそれまでの対応に憤りを感じたかもしれない。西国の軍事拠点である大坂城を担う大坂城代として、嘉永六年（一八五三）の黒船来航以来、土屋は大阪湾の海岸防禦の脆弱《ぜいじゃく》さに危機感を抱いていた。外国船が大阪湾に進入してきた場合、現状ではなす術《すべ》がないと考えていたのである。そのため土屋は、嘉永七年（一八五四）二月（以下、和暦表記）、江戸の幕閣に大阪湾防備強化の緊急性を訴える上申書を提出した（『幕末外国関係文書』五巻）。

そもそも一八世紀末以降、日本列島への外国船の接近や来航が相次ぐようになるなかで、全国的な海防強化は幕府にとって重要な政策課題となっていた（以下、後藤　二〇一五を参照）。大阪湾もその例外ではなく、一九世紀初頭の文化・文政年間（一八〇四〜二九年）には、外国船が湾内に進入してきた場合に出兵する藩が定められた。岸和田藩や尼崎藩など、大阪湾周辺で比較的大きな石高を有する藩を筆頭に、中田治左衛門にとっての領主にあたる麻田藩も兵を出すことになっていた。しかし、実際に大阪湾に外国船が来航することのないまま、幕末にロシア艦ディアナ号が来航する頃には、すでにこの体制は実態を失っていたようである。

浦賀への黒船来航以来、徳川幕府にとっては、首府の眼前に広がる江戸湾の防備強化こそが優先課題であった。幕府は黒船来航直後から、大規模な品川台場の築造に取りかかる。このような状況のなかで、江戸にいる幕府役人たちにとっては、大阪湾防備の強化は「二の次」とならざるを得なかったといえる。土屋寅直による嘉永七年二月の上申書は、三月二日に江戸城へ届いていたにもかかわらず、四か月近く放置された。実際に幕府内部で大阪湾防備に関する評議が始まったのは、七月五日のことである。

そして、この評議自体が、江戸の幕府役人たちのいわば「江戸湾中心主義」を端的に示すようなものであったといえる。とくに評定所一座《ひょうじょうしょいちざ》（寺社奉行・江戸町奉行・勘定奉行たちが構成する評議機関）が提出した意見書は、品川台場を築造している状況で、大阪湾の海防強化まで着手すれば財政が破綻《はたん》すると述べたうえで、国交を求めるような外国船は首府のある江戸湾に来るものだ、と主張する内容であった。それは、暗に大阪湾に外国船が来ることはないと述べ、土屋寅直の要請を否定するものであった。しかし、この評議からわずか二カ月後に、ディアナ号が大阪湾に来航したのである。

なお、プチャーチンが八月末に箱館へ来航した際、次の行き先として大阪を指定した書簡を箱館奉行に渡したと先に述べた。しかしこの書簡は、大阪はもちろん、江戸にもまだ届いてはいなかった。この事実からいっても、ディアナ号の大阪湾来航が江戸の幕閣に与えた衝撃は、決して小さなものではなかったであろう。

ディアナ号が来航したとき、大坂城代と大坂町奉行の指揮の下、諸藩が万一に備えて大阪湾岸に出兵した。九〇近い藩が兵を出し、その兵の数は、少なくとも一万四〜五〇〇〇人にものぼったようである（新修大阪市史編纂委員会編　一九九〇）。一方、交渉に関しては、大阪湾への外国船来航が想定されていなかったため、通訳も不在であった。そのため、大坂町奉行所から適塾の塾生たちに協力が求められている。ディアナ号に対しては、大阪湾が交渉の地ではないこと、交渉地である下田に行くべきことが伝えられた。

プチャーチンの側としても、通訳不在の状況では期待していたような外交交渉を進めることができなかった。ゴンチャローフによれば、「日本人は確かに怖じ気づいたものの、しかし残念ながら、この方法では筋書き通りの結果は得られなかった」という（『ゴンチャローフ日本渡航記』）。ディアナ号は、一〇月三日、天保山沖を抜錨《ばつびょう》し、下田へと向かうこととなる。なお、結果的にはその下田で交渉がまとまり、安政元年一二月二一日（一八五五年二月七日。なお、嘉永七年一一月二七日に安政と改元）、日露和親条約が締結される。

このディアナ号の大阪湾来航事件が、幕藩制国家といわれる当時の日本に与えた最も大きな影響としては、朝廷と幕府の関係が変容していくひとつの契機になったという点をあげることができる。ディアナ号来航以前から、たとえば土屋寅直は大阪湾の防備がすなわち朝廷の防備に直結すると主張していた。プチャーチンが大阪湾に来航した背景のひとつにも、京都にいる天皇の存在を知っていたということがあげられる。

ディアナ号来航をうけて、朝廷では不安が高まった。とくに孝明《こうめい》天皇は大きな衝撃をうけたようで、同号の来航から五日後の九月二三日には、有力な寺院・神社に「醜類《しゅうるい》」（ロシア人を指す）の速やかな退散と「天下泰平」を祈祷《きとう》するよう命じている（『孝明天皇紀』二巻、平安神宮、一九六七年）。天皇はペリー来航をはじめとして、外国船の頻繁な来航を不安に思い、同様の措置を繰り返しているが、京都に近い大阪湾に外国船が来航したという事態に対し、とくに強い危機意識を抱いたことであろう。このような天皇の不安が伝わるなかで、幕府はディアナ号来航事件を機に、朝廷を防衛するためにも大阪湾防備の強化を実施しなければならないという課題に直面したのである。

ディアナ号来航事件の後、幕府は朝廷に対し、京都と大阪湾の防備の強化を約束する。嘉永七年一一月九日には、天皇の「御安心」を得るため、「一刻も早く御警衛相整」えると、幕府から朝廷に伝えられた（『幕末外国関係文書』八巻）。その後、幕府は江戸から役人を大阪湾に派遣し、台場を築造すべき場所などを巡見させている。

江戸時代を通じた幕府の朝廷に対する優位という関係からいって、幕府が朝廷に対して政治的な約束をおこなうこと自体が異例のことに属する。幕府にとってみれば、ここに示されているように、ディアナ号の来航によって高まった朝廷側の不安を鎮め、天皇の「御安心」を獲得するということが重要であった。実は幕府が最も懸念していたのは、大阪湾防備の脆弱性そのものよりも、同湾の防備が手薄で、天皇が不安になっている、という状況を利用して、大名たちが幕府への批判を強め、そして朝廷の権威を利用して政治的権力を強化しようという動きにでる可能性の方であった。幕府は朝廷の信頼を勝ち取るためにも、大阪湾防備の強化を実施して、目に見えるかたちで、諸大名に対して朝廷を守る存在としての幕府像を明示しようとしたのである。

しかし、幕府の朝廷に対する政治的な公約は、朝廷の発言力の強化にもつながり、また幕府の側も、その公約内容に政治的選択肢を制約されることとなる。その後の政治史的展開についてここで詳細に論じることはできないが、幕末政治史を理解するうえで、朝廷と幕府の関係は重要な鍵である。その朝幕関係の変容のひとつの契機となったのが、ディアナ号の大阪湾来航事件であった。

六　動員される村の人びと――再びローカルな層

中田治左衛門が残した『天保山え異国船渡来事』には、「九月中旬」からこれを書いた旨が記され

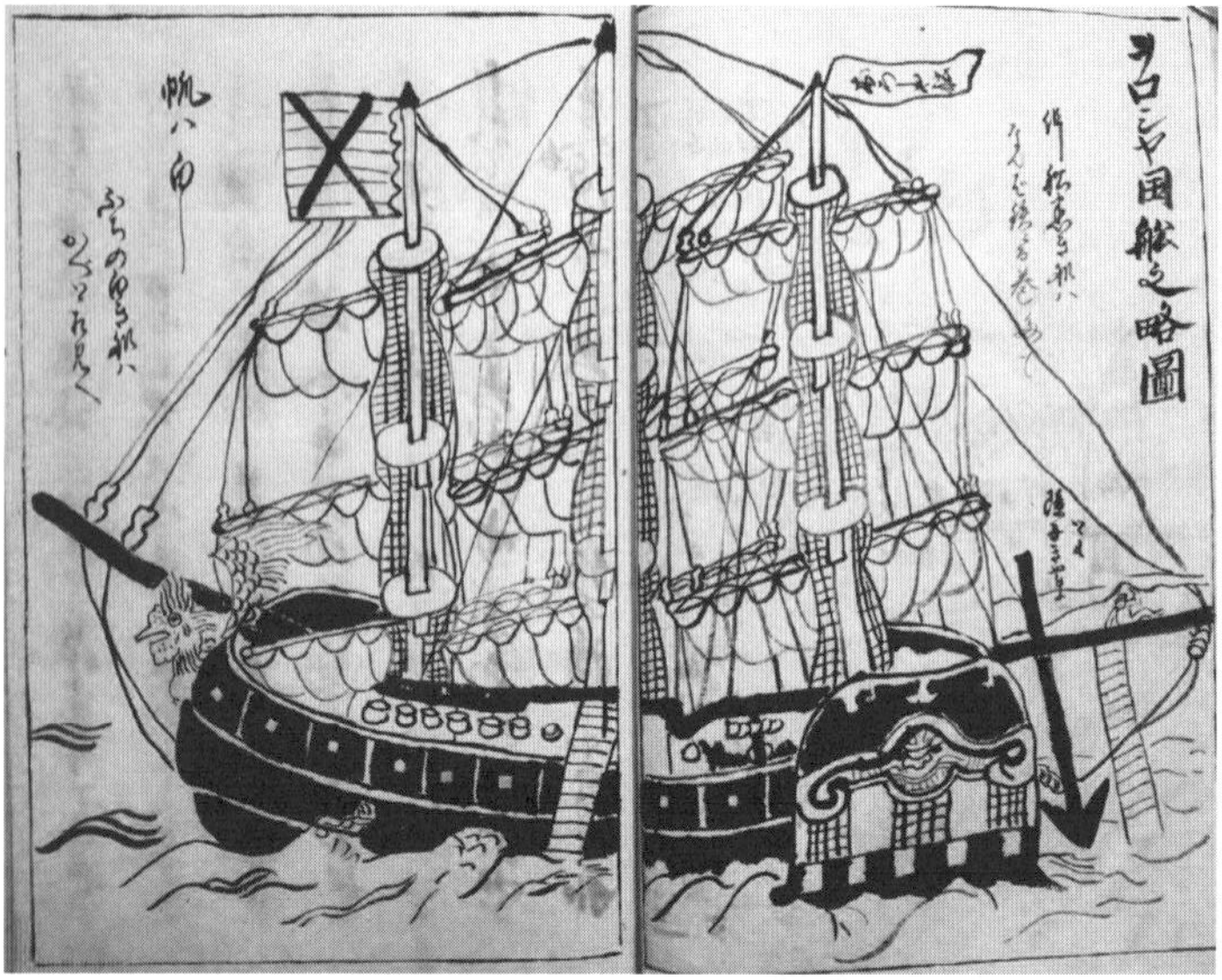

中田治左衛門が描いたロシア艦ディアナ号
(『天保山え異国船渡来事』池田市教育委員会所蔵より)

ている。九月一八日に天保山へディアナ号が来航したのであるから、治左衛門は異国船渡来の直後に情報を収集し始め、この史料をまとめたことになる。「中旬」は「下旬」の書き間違いといった可能性も否定できないが、それでも、治左衛門がすぐに情報収集に動いたことは間違いないであろう。

治左衛門は『天保山え異国船渡来事』に、「昔より長崎へは唐と日本との取《とり》継所《つぎどころ》ゆえ、万国よりも入来《にゅうらい》せし事も承り、大坂などへは思ひも寄らず」と書いている。長崎は幕府の公的な対外窓口として広く知られていたが、一方で、治左衛門にとって大阪湾に外国船が来ることなど、「思ひも寄ら」ないことであった。この記述もまた、治左衛門にとってディアナ号来航が衝撃的な事件であったことを示している。

治左衛門は同史料に「市仲（中）の者共、生《いき》たる心知《ここち》なし」であったと記している。治左衛門だけではなく、大阪周辺の人びとにとって、ディアナ号来航はまさに脅威だったであろう。大坂町奉行はこのような驚きおののく人びとに対し、大阪湾は遠浅であり、容易に外国人が上陸することはなく、「決て驚き騒ぎ申すまじき」と諭《さと》す町触《まちぶれ》を出している。一方で、同じ町触で異国船の見物を禁止していることから、人びとの好奇心もまた強かったことが推定できる（新修大阪市史編纂委員会 一九九〇）。不安や恐怖とともに、好奇心も入り交じりながら、大阪の人びとは天保山沖に浮かぶ外国船を見ていたのであろう。

しかし、治左衛門がディアナ号来航の情報収集に努めた動機は、外国船の出現に対する恐怖や、あるいは好奇心だけではない。実は治左衛門をはじめ今在家村に住む人びとにとって、大阪湾への外国船の来航は、生活そのものに密接に関わる事件だったのである。

ディアナ号来航に際し、九〇近い藩が兵を出したことを前節で確認した。この派兵は、中田治左衛門の領主にあたる麻田藩も例外ではない。麻田藩は天保山の先端に、ディアナ号と対峙するような場所へ出兵した。ここで重要な点は、天保山に派遣されたのは藩士だけではないという点である。「兵農分離」という言葉から、江戸時代における農民たちは戦争に無関係というイメージがあるかもしれないが、実際には村の人びとも、「御用人足《ごようにんそく》」として兵站《へいたん》を支える役が課せられた。人足を担う村人たちには、たとえば実際に戦地へおもむく藩士たちの従者《じゅうしゃ》としての役割が与えられたのである。

麻田藩が領域内の村々に人足の動員をかけたとき、庄屋である中田治左衛門は、今在家村からの人足の手配にたずさわったようである。「中田家文書」のなかには、ディアナ号来航に際する人足役の動員リストともいうべき『異国船渡来ニ付日役』という史料が残されている。この史料をめぐると、ディアナ号が天保山沖に停泊した九月一八日の夜に今在家村に廻文が届き、さっそく同村に一〇人の「急人足」が課せられたことがわかる。ただし、実際に同日の夜から現地に向かったのは、八人であった。また、「足軽」として二人が動員されている。単なる世話役にとどまらない、兵員の末端として徴発された者もいたのである。一九日の朝には、さらに四人の人足を追加するよう指示をする廻文が届いた。

これらの人足や足軽たちには賃銭が支給されたようである。上記の『異国船渡来ニ付日役』も、基本的には賃銭の配分を記載したものである。しかし、いくら賃銭が出るとはいっても、いつ武力衝突が起こるかもしれない戦陣の現場に駆り出されることは、今在家村の人びとにとって大きな負担になっていたことであろう。治左衛門は、『天保山え異国船渡来事』において、次のようにその率直な心情を述べている。

百姓ども駆《か》られ、雑者に取られ、百姓ども米秋取込《こめあきとりこみ》の最中に、誠に大迷惑仕《つかまつり》候《そうろう》、日数長く相勤難《あいつとめがた》く候故《ゆえ》、五日変《がわ》りにて相勤、其混雑《そのこんざつ》の申事は中々計り難く村の人びとにとって、季節は米の収穫期と重なっていた。そのため、ディアナ号来航で人足役として動員されるということは、「大迷惑」に他ならなかったのである。長い間人足役を勤めることはできず、五日交代で大体勤めていたという。実際、『異国船渡来ニ付日役』を見ても、五日を超えて人足を勤めた者は少ない。

外国船がたびたび来航し、その来航に際する人足動員の経験が蓄積されていた江戸湾と異なり、大阪湾では、出兵した多くの藩が兵站を支える人足の動員に苦労することになる（上田　二〇一三）。幕府としては、ディアナ号来航をうけて朝廷に大阪湾防備の強化を約束した以上、その防備のために人足を動員する体制の確立も、重要な政策課題となった。ディアナ号来航をひとつの契機として、大阪の村に住む人びとの日常もまた、大きく揺さぶられるようになったのである。

七　四つの層からみたクリミア戦争

本章では、クリミア戦争を軸に、それが極東海域のなかの、日本の、さらにそのなかの今在家村に与えた影響について、グローバル、リージョナル、ナショナル、ローカルの四層を往来しながら検討を進めてきた。

最後に二点、付言しておきたい。

まず、題目にもある「もうひとつの黒船来航」について。本章では、江戸湾へのペリー来航＝黒船来航を意識して、大阪湾へのディアナ号来航を「もうひとつの黒船来航」と位置づけた。しかし、実際にはペリー艦隊やディアナ号だけではなく、幕末には多くの外国船が日本各地に来航するようになる。その点からいえば、ディアナ号の大阪湾来航をペリー来航と並べて「もうひとつの」と限定する表現は正確ではない、という批判もあり得る。

ただし、ディアナ号の大阪湾来航が、ペリー艦隊を除く他の外国船来航と異なっている点として、①幕府が想定していなかった湾内に虚を突くかたちで進入してきたこと、②それ以後、大阪湾防備は朝幕関係におけるひとつの焦点となっていくこと、③以後の海防体制の構築が急速に実施され、それが村の人びとなど被支配者層の生活に大きな影響を与えたこと、といった点が指摘できる。これらの歴史的な重要性を勘案して、ディアナ号来航を「もうひとつの黒船来航」と位置づけた。

二点目として、クリミア戦争と江戸時代の大阪の村をつなげるという本章の試みについて、つなげ方が強引であるという批判も出るかもしれない。しかし、そもそもクリミア戦争がなければ、ディアナ号が大阪湾に進入することはなかったであろう。大阪湾内の水路情報は欧米諸国にほとんど知られておらず、座礁の危険を顧みず、遠浅の湾内に入るという選択肢は、戦争という状況になければプチャーチンもとらなかったであろう。交戦国であるイギリスやフランスの目を避けて、交渉を急がなければならないという事情があったからこそ、ディアナ号が大阪湾へと進入してきたのである。

そして、ディアナ号の大阪湾進入がなければ、中田治左衛門をはじめとして、大阪の人びとが防備に動員されることもなかった。クリミア戦争という、グローバルかつリージョナルな規模の戦争が、一見戦争とは無関係な今在家村に住む人びとにまで影響を及ぼしたということを、本章はとくに強調したい。これこそ、戦争とは一見関係のない場所に暮らす人びとの生活・日常さえも脅かすことがある、という戦争の一側面である。中田治左衛門というひとりの人物の目線から、こうした戦争の影響力・波及力の大きさを示すことができていれば、本章の試みもまずは「成功」といえるかもしれない。

【参考文献】

秋田茂・桃木至朗編（二〇〇八）『歴史学のフロンティア―地域から問い直す国民国家史観』大阪大学出版会
池田市史編纂委員会編（一九九九）『新修池田市史』二巻、池田市
岩田みゆき（二〇〇五）『黒船がやってきた―幕末の情報ネットワーク』吉川弘文館
上田長生（二〇一三）「幕末期の大阪湾警護と村々」『大塩研究』六八号、一八～四四頁
ファイジズ、オーランド（染谷徹訳、二〇一五）『クリミア戦争』（上）（下）白水社
後藤敦史（二〇一五）『開国期徳川幕府の政治と外交』有志舎
新修大阪市史編纂委員会編（一九九〇）『新修大阪市史』四巻、大阪市
麓慎一（二〇一四）『開国と条約締結』吉川弘文館
和田春樹（一九九一）『開国―日露国境交渉』日本放送出版協会
Stephan, John J.（1969）, The Crimean War in the Far East, *Modern Asian Studies* 3(3): 257–277

（付記）本章執筆にあたり、池田市史編纂室の細谷勘介氏、池田市立歴史民俗資料館の田中万里子氏より、史料閲覧等について多大な御協力を賜った。記して謝意を表したい。なお、本章は平成一七年度日本学術振興会科学研究費補助金（若手研究B）による研究成果の一部である。

第八章　財政軍事国家スウェーデンの複合政体と多国籍性
――コイエット家の事績を中心に――

古谷大輔

一　そこにスウェーデン人がいた――ゼーランディア城包囲戦

一七世紀の「華夷変態」と称される東アジアの国際秩序の変動のなかで、一六六一～六二年にオランダ東インド会社と、「国姓爺《こくせんや》」として知られる鄭成功《ていせいこう》（一六二四～六二）が率いる「反清復明」勢力との間で戦われた台湾でのゼーランディア城包囲戦は重要な意味をもつ。軍事史の観点から見れば、これは「軍事革命」と称された火砲を用いた戦術の変革がグローバルに展開して以降、ヨーロッパ勢力とアジア勢力の間で戦われたはじめての本格的な攻城戦だった。アジア史から見れば、北東アジアに新たな覇権を築いた清朝に対抗した明朝の有力遺臣である鄭氏一族が台湾に根拠地を

1662年のゼーランディア城の陥落（ヤン・ファン・バーデン作、1675年）

得て、この後に鄭氏台湾が成立した。ヨーロッパ史から見れば、イングランドやポルトガルとの東アジア貿易をめぐる競争を優位に進めてきたオランダ東インド会社は、東アジア貿易の根拠地として重視した台湾を失い、日本・中国・インドネシアを結ぶ東アジア貿易の再編を迫られた。

このゼーランディア城攻囲戦において鄭成功の率いる軍隊と戦ったオランダ領台湾の最後の行政長官がフレドリク・コイエット（?～一六八七）である。コイエットはオランダ東インド会社に入社後、東アジア貿易の実務とそこで得た人脈を通じて速やかに出世を重ねた。彼は、一六四七～四八年には長崎出島の第一六代商館長、一六五二～五三年には第二一代商館長を歴任した後、長崎出島での業績が評価され、一六五六年からは台湾の行政長官の職にあった。オランダ東インド会社の要職に就いたコイエットは、実のところストックホルム生まれのスウェーデン出身者である。彼はゼーランディア城失陥の責任を問われ、一六六二年にはバタヴィアで「死刑」を宣告されたが、スウェーデン王国の外交官としてヨーロッパ諸国と人脈のあった兄ペーテル・ユリウス・コイエット（一六一八〜六七）の働きかけもあり、スウェーデン王やオランダ総督らの助命嘆願を受けて、一六七五年にオランダからの出国禁止を条件としてアムステルダムへ帰還、故国の地を踏まぬまま一六八七年にアムステルダムで死去した。

確かにゼーランディア城はオランダ東インド会社の東アジア支配の拠点だったが、その守備は決してオランダ出身者だけで担われていた訳ではない点に注意を払う必要がある。城主として鄭成功と対峙したコイエットを筆頭に、要塞を守備した兵員のなかにもスウェーデン出身者が含まれた（Müllern 1963）。

なぜオランダ東インド会社はそのような形でスウェーデン出身者を求めたのか。この問いは、近世ヨーロッパの実態に即した国家のあり方を明らかにしようとする際、近代以降に一般化した領域性を前提とした国家観の有効性に疑問を投げ掛けるものである。そして、コイエットに代表されるゼーランディア城に集った領域性を前提としない人間への眼差しは、複合性と多国籍性を特徴とする近世ヨーロッパ国家の特質を明らかにするものとなるだろう。

二　近世ヨーロッパにおける複合的な政治秩序と財政軍事国家

コイエット兄弟が活躍した時代のスウェーデンは、バルト海周辺地域で頻発した戦争を通じて軍事的に優位な立場を維持し、スウェーデン王権を核とする広域政治圏を構築したことで知られている。

近代歴史学の国家形成論においては、近世国家は初期的な近代国家と見なされ、一定領域における権力の集中過程に検討の主眼が置かれてきた。ヴェーバーによる暴力装置の独占という国家の定義に加えて、国家の内発的な発展は国際関係のような外在的要因によって刺激されるというヒンツェによる主張は後年の国家形成論のなかでも影響力をもったため、歴史学者は国家形成を論ずる際に戦争への関心を抱いてきた。

戦争に刺激された国家形成への理解に呼応する形で、一九五〇年代以降には「軍事革命」論という議論が提示された。「軍事革命」は、近世スウェーデンを専門としたイギリスの歴史学者ロバーツが、一九五五年にベルファストにあるクィーンズ大学の教授就任記念講演の際にはじめて用いた概念である。この講演のなかで彼は、火器の使用に伴う新たな戦術の変革が近世ヨーロッパの戦争の性格に抜本的な変化をもたらした事実を「軍事革命」と称した。ほぼ同時期にヨーロッパの歴史学界で盛んに議論されていた「一七世紀の全般的危機」論争において、ヨーロッパ社会に与えた戦争の影響力がこの「軍事革命」論を前提として論じられたこともあり、「軍事革命」論は二〇世紀後半以降の歴史学界において広く共有される概念となった（Roberts 1967）。ロバーツ以降、「革命」の要因となった戦術・技術の内容や、その時期や範囲の設定などをめぐって様々な解釈が示されたが、近世ヨーロッパにおける戦争と国家形成の関係は、火器の使用による戦術変革とそのグローバルな展開、新たな戦術に対応する規律に基づいた軍隊編成の革新、革新された軍隊を長期的に維持する資源動員体制の確立の三点をおおよその共通項として議論されている（Rogers 1995）。

軍事史研究の分野において、徴兵制の原型となるような兵員徴募の仕組みを整え、三兵戦術として知られる新たな戦術を構築したことが明らかにされてきた近世スウェーデンは、こうした「軍事革命」論とそれに刺激された歴史社会学の研究史のなかで、初期的な近代国家経営のモデルを構築した事例として扱われてきた。「軍事革命」論の有効性は、主にグローバルな新戦術の展開とその影響については今日でも認められている（大久保　一九九七）。しかし他方で、戦争に絡む人的・物的資源の動員の範囲を今日で言う「スウェーデン」という領域に限定しながら議論することについては、一国史的な解釈として批判されるようにもなっている。

これは国民国家を叙述することを念頭に置いた近代歴史学に対する批判と関連している。ヴェーバー以来の国家形成論において共有されてきた国家の条件のひとつは、その領域性の設定にある。国民国家は、ある一定の領域を前提としながら、その内部に居住する人間集団に文化、言語、宗教、歴史的記憶など、何らかの共有される属性を想定することで成立する概念であるが、近年の歴史学研究においては、領域性の設定を前提とした国家形成を近世に前倒しして、その起源を問うような研究態度は鋭く批判されている。

近代歴史学への批判を特徴とする近年の近世ヨーロッパ研究は、同時代の独特な言語空間のなかに、中世以来の伝統を踏まえた政治社会や人文主義に培われた価値観を継承する政治思想のあり方などを探求する傾向にある。それらの成果を踏まえた国家形成論として、近年注目されている議論が複合的な政治秩序論である。

近世に見られた政治秩序は、中世以来、独特な国制と特権を育んできた地方政体を基本単位としたが、これらは戦争の講和条約や統治者の後継問題などを契機として同一の君主を得たという理由で寄り集まり、広域政治圏を構成した。この秩序に、全体を包括する法体系や国制のようなものは存在しない。そのため、従来の国家形成論で当然視されてきた領域性を基準にして政治や社会を整合的に理解できる存在ではない。従って、近年注目されているこうした複合的な政治秩序の存在を念頭に置くならば、領域性を前提に理解されてきた近世ヨーロッパにおける戦争のあり方も再考を迫られていると言える。

近年のスウェーデン史研究においても、こうした観点から近世史の再考が盛んである。スウェーデンにおいては一六世紀前半以来、ヴァーサ家より国王が選出されていたが、一六世紀後半以降にバルト海周辺地域で頻発した戦争の結果、このヴァーサ君主の保護下に各々異なる地域政体が複合し、「ヴァーサ君主国」とでも呼ぶべき広域政治圏が築かれていた。その全体を称する名前は「本国

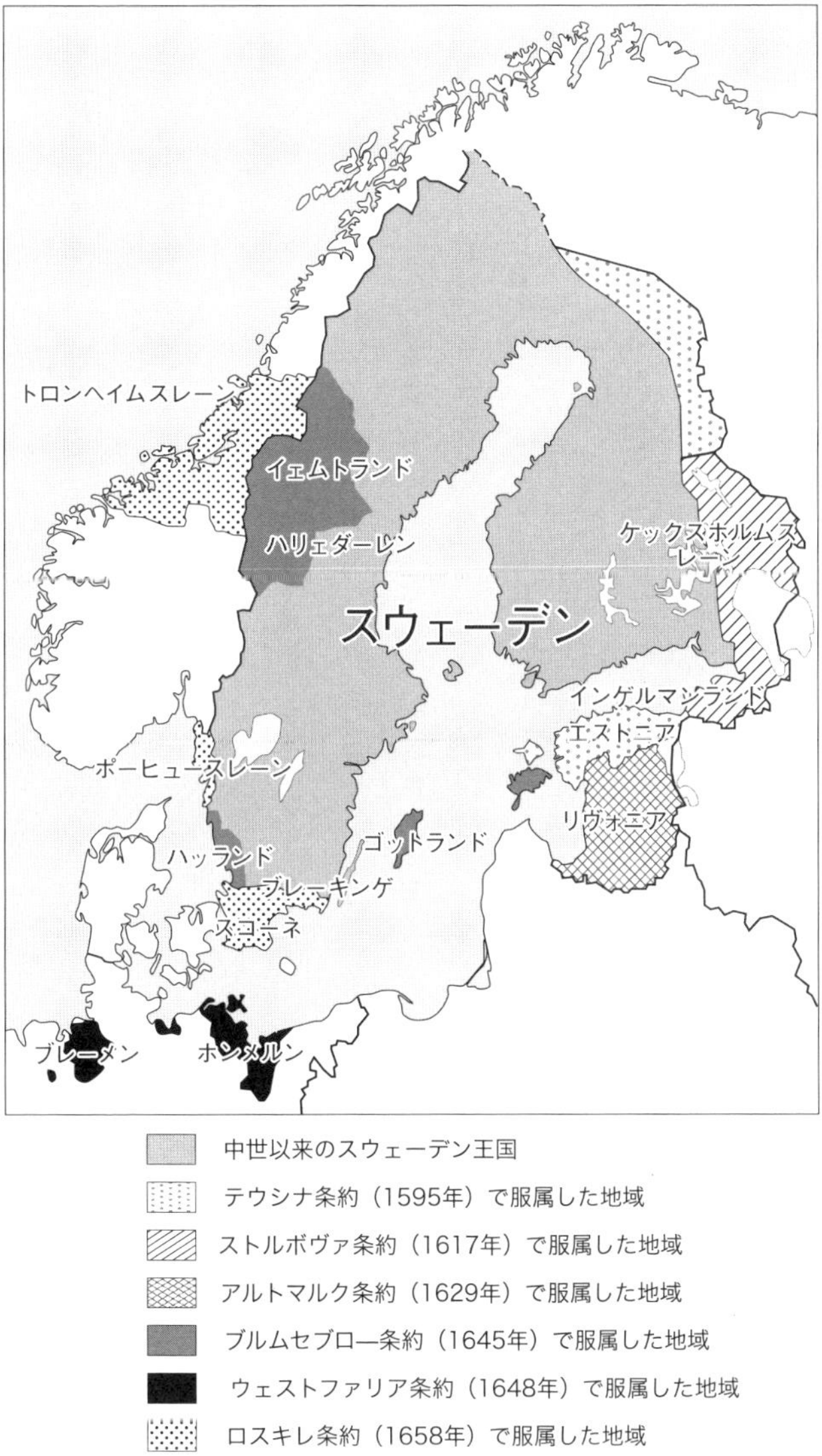
トロンヘイムスレーン
イェムトランド
ハリェダーレン
ケックスホルムスレーン
スウェーデン
インゲルマンランド
エストニア
ポーヒュースレーン
リヴォニア
ゴットランド
ハッランド
ブレーキンゲ
スコーネ
ブレーメン
ホンメルン
中世以来のスウェーデン王国
テウシナ条約（1595年）で服属した地域
ストルボヴァ条約（1617年）で服属した地域
アルトマルク条約（1629年）で服属した地域
ブルムセブロ—条約（1645年）で服属した地域
ウェストファリア条約（1648年）で服属した地域
ロスキレ条約（1658年）で服属した地域

「ヴァーサ君主国」の版図

と属領」しかなく、バルト海東岸のエストニアやリヴォニア、北ドイツのポンメルンなど、ヴァーサ君主の保護下に入った地域政体はスウェーデンとは異なる独自の政体を維持していた。それぞれの地域では各々の政体に生きた社会集団が、それぞれに来歴の異なる慣習や特権などに従った行動原理によって権力を主張しあったため、「ヴァーサ君主国」は、様々な性格をもった政体が「礫岩」のように寄り集まる複合的な権力体と呼ぶべき性格を有していた（古谷 二〇一五）。

近年の歴史学研究の成果として近世ヨーロッパにこのような権力の複合体が確認されていることを前提とした場合、一六世紀後半から一八世紀前半にかけて戦争が頻発したバルト海世界でスウェーデンが軍事的な優位を維持することができた背景はどのようなところに見出せるのだろうか。

本章では、この問題を明らかにするために財政軍事国家という枠組みをキー概念として用いることとしたい。財政軍事国家は、本来、一八世紀イングランドの財政研究からイングランド国家を自由放任の「小さな政府」ではなく強力な国家と指摘したブルーワが用いた概念である。その意味は、戦争を遂行するために人材・資金・物資の動員に専心した国家ということになろう。ブルーワの財政軍事国家論は、長期的な戦争政策を可能にした背景として、間接税を主体とした税収や集権的な徴税機構に加え、イングランド銀行の創設による公債制度の存在を指摘している（ブルーワ 二〇〇三）。

確かに近世スウェーデンを対象とした従来の国家形成史研究もまた、バルト海世界における長期的な戦争政策を展開した背景としてスウェーデンに限定された範囲で徴税・徴兵制度の存在を指摘していた。（Roberts 1979）しかし、近世スウェーデンは一八世紀イングランドのような公債市場が未成熟であったため、ブルーワの財政軍事国家という概念をそのまま適用するのは困難である。それでもリヴォニア戦争が勃発した一六世紀後半から大北方戦争が終結した一八世紀前半まで、およそ一五〇年近くに亘ってスウェーデンは積極的に戦争政策を展開し、「ヴァーサ君主国」と称すべき広域政治圏を築いたのである。

本章では、財政軍事国家という概念を、長期的な戦争遂行を目的に人材・資金・物資の動員を可能にした国家という意味で用いたい。公債市場の未成熟だった近世スウェーデンは、いかにして長期的な戦争遂行を実現できたのか。この問題を解く鍵は、近年の研究が明らかにしている領域性に捕らわれない複合的な政治秩序を背景として得られた技術・情報・資金のあり方に存在している。

三　財政軍事国家と外来家門——コイエット家の事績

一七世紀半ばにフレドリクとペーテル・ユリウスを輩出したコイエット家は、「ヴァーサ君主国」の時代にスウェーデンで活躍した家系の典型例である。スウェーデンが長期的に戦争政策を維持できた背景にある技術・情報・資金のあり方を明らかにするためにも、スウェーデンがバルト海世界に広域政治圏を築いた一六世紀後半から一八世紀前半におけるコイエット家の事績を振り返っておこう（"Coyet, släkt", Svenskt biografiskt lexikon）。

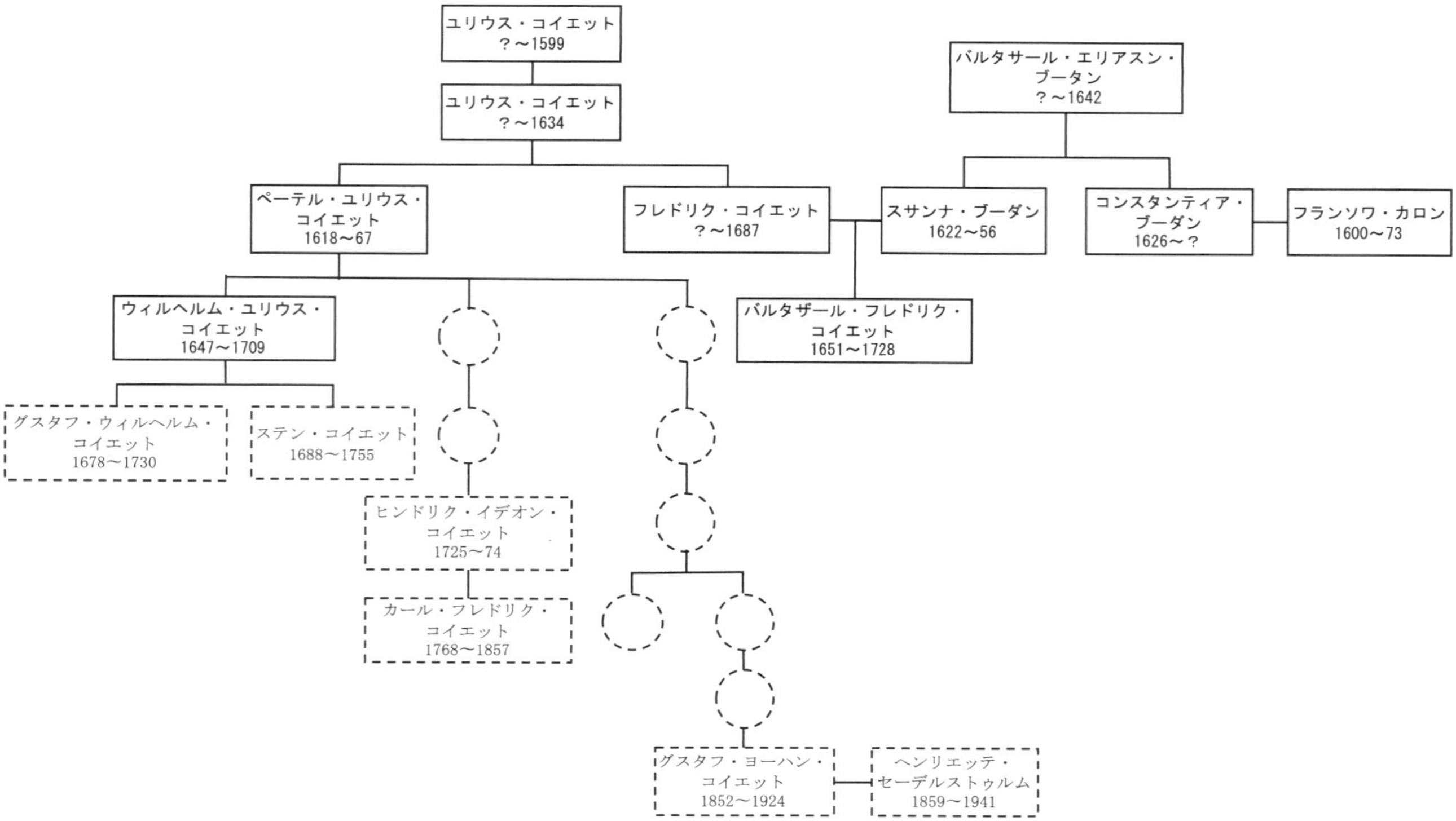

コイエット家系図
（実線囲みは本文中で紹介された人物、点線囲みは*Svenskt biografiskt lexikon*に紹介がある人物）

コイエット家は元来スウェーデンの家系ではなく、ブラバント出身の家系であり、一七世紀以降にスウェーデン王国の貴族として認められた家系である。コイエット家は、最後の台湾行政長官となったフレドリクとペーテル・ユリウスの世代で二つの家系に分かれ、前者は一七三六年に断絶している。また外交官として活躍したペーテル・ユリウスの家系は男爵位と永代所領を得たものの一七五五年に一時断絶し、その後、ペーテル・ユリウスの二男と三男の血統があらためて男爵位を得て、現在まで続いている。

ブラバントからスウェーデンへ移住した最初のコイエット家の当主はユリウス・コイエット（?～一五九九）だった。彼はブラバントで金細工師として生計を立てていたが、同時代のユグノーへの迫害を逃れて一五六九年にスウェーデンへ渡り、初期ヴァーサ朝の宮廷において宮廷宝飾師として活躍した。金属加工の専門的技術は息子のユリウス（?～一六三四）に継承された。彼は一六一七年には王室造幣局頭取を皮切りに、一六二四年には当時のヨーロッパでは一大銅鉱産出地だったファールーン銅山の鋳造局頭取にも就任、晩年は銅の鋳造に関する専門的知識を評価され、ロシアへ移住して現地の大砲鋳造官に迎え入れられてモスクワで客死した。

このユリウスが残した二人息子がフレドリクとペーテル・ユリウスである。オランダ東インド会社への入社後、長崎出島の商館長、台湾の行政長官と出世を重ねたフレドリクには、バタヴィアで生まれた一人息子がいた。バルタザール・フレドリク・コイエット（一六五一～一七二八）である。父フレドリクは一六七五年のオランダ帰還後も出国は許されず、一六八七年にアムステルダムで死去したが、バルタザールは一六七五年にはスウェーデンへ帰還して海軍大尉に任官され、当時デンマークとの間で勃発したスコーネ戦争（一六七五〜七九）に従軍した。スコーネ戦争が終結するとスウェーデン海軍を退役し、オランダ東インド会社へ入社、父と同様に栄達を重ね、バンダ諸島行政長官やバタヴィア行政長官を歴任したものの、子供には恵まれず、フレドリクの血統はバルタザールを最後に潰えた。

フレドリクの兄ペーテル・ユリウスは、近世スウェーデンの外交史上、とりわけスウェーデンによる英蘭関係の調停に尽力した外交官として名声を博した人物である。彼はライデン留学後の一六四七年にスウェーデン王国官房府に出仕、一六四九年に一代貴族の称号を得た後、一六五二年以降は外交も所掌事項とした商務顧問会議に出仕した。彼はクロムウェルに率いられた共和政期にイングランド大使として、さらに一六五七年以降はオランダ大使として着任し、フランスとの勢力均衡を念頭にプロテスタント諸国家の利害調整を図るスウェーデン外交の一翼を担ったが、一六六七年にブレダにて開催されていた第二次英蘭戦争の講和会議に調停役として出席していた最中に死去した。

ペーテル・ユリウスの長男ウィルヘルム・ユリウス・コイエット（一六四七〜一七〇九）も、父同様にスウェーデン王国の中央政界で活躍した人物である。若き日より彼も外交で活躍し、一六八二年にデンマーク大使に着任した後は宮廷長官まで務め、その功績からデンマークより獲得して日の浅いスコーネ地方の北東に位置するトロッレ・リュングビーに永代所領の所有を認められた。

スウェーデンが「ヴァーサ君主国」の中核を担った時代に活躍したコイエット家は、元来スウェーデンとは関係のない外来の家系だったにも関わらず、第一世代・第二世代にあってはブラバント由来の彫金・鋳造といった専門的技術をもって王国に貢献する一方、第三世代・第四世代にあっては爵位や所領を獲得することによってスウェーデン貴族化し、オランダ東インド会社やスウェーデン外交に自らの経験を還元するに至っていた。

四　財政軍事国家を支える多国籍性——技術・情報・資金

それでは、長期的な戦争政策を可能にした財政軍事国家としてのスウェーデンの姿を技術・情報・資金の各側面から整理してみよう。前節で詳述したようなブラバント出身の家系ながらスウェーデン貴族化したコイエット家は、財政軍事国家のなかでどのように位置づけられるだろうか。

バルト海周辺地域への「ヴァーサ君主国」の拡大は一六世紀後半に始まる。長らく国民主義的な歴史叙述においては、ルター派を国家教会として導入した宗教改革の進展によって、王国はスウェーデンにおいて信仰告白を共有しない他宗派、他宗教に対して非寛容だったことが強調されてきた。しかし、実際には中世後半以来、他地域の出身者が主としてストックホルムやウップサーラなどの都市部に居住し、宗教改革を推進した初期ヴァーサ朝の時代（一五二三～一六一一）にあっても、およそ一〇〇万人弱の人口のうち一五パーセント程度は、ドイツ系やオランダ系などの非スウェーデン出身者によって占められていたと推計されている。同時代の大陸ヨーロッパは宗教動乱の時期にあったが、スウェーデンにもまた宗教迫害の理由で大陸ヨーロッパから商人、職人、軍人など、多様な職能を有した人材が流入した。コイエット家は、元来ベルギーとオランダにまたがるブラバント地方で金細工を生業としてきた家系であり、一六世紀前半にカルヴァン派へ改宗したことが記録されている。フレドリクの祖父ユリウスもまたブラバントにおける宗教迫害からスウェーデンへ逃れた者の一人だった。

「ヴァーサ君主国」は、これら非スウェーデン地域出身者に対してスウェーデン教会が定める信仰告白を強要することはなく、スウェーデン王の保護を求めて様々な地域から集まった人材を、自らの社団的編成に取り込みつつ、君主国にとって必要な場面で活用していた。長期的な戦争政策の維持という観点に立てば、このような多国籍的な人材は、先端的な武器生産を可能にする技術をもたらす者、先端的な火砲戦術を可能にする情報をもたらす者、長期的な戦争遂行を可能にする資金をもたらす者の三者に分類することができよう。

先端的な武器生産を可能にする技術をもたらす者とは、鋳造師や鉱山師としての技術を請われ、スウェーデンに移住した者たちである。中央スウェーデンに位置するファールンの鉱山地帯は一三世紀後半以来、主として銅の産出地として知られていたが、一五世紀以降はドイツ系、一六世紀後半以降はワロン系の鉱山技師が多数移住することで開発が進められた。フレドリクの父ユリウスは、銅と硫黄が産出するファールンの鉱山開発とスウェーデン製の火砲製造を積極的に推進したグスタヴ二世アードルフにより、ファールン鉱山の鋳造局頭取に任命されていた。コイエット家が元来ブラバント南部のワロン系の出身であったことは偶然ではない。

すでに初期ヴァーサ朝の時代より鍛造技術に定評のあったワロン系の技師がスウェーデンへ招聘されていた。例えば、一五八〇年には大砲製造を目的とした鋳造所建設を条件にユーハン三世より南東スウェーデンに位置するフィンスポングへの定住権が認められていた。スウェーデンへのワロン系住民の移住は、ネーデルラントにおける八〇年戦争の展開とともに増加した。一七世紀前半にはカルヴァン派信者が多数避難していたセダンから、一七世紀の半ばには八〇年戦争後もスペイン統治下に置かれたリエージュから多数のワロン系住民がスウェーデンの鉱山地帯へと移住することとなり、その数は一〇〇〇から一二〇〇の家族に及んだと言われている（Killbom 1958）。フィンスポングの鋳造所は後述するワロン系の金融家ルイ・ド・イェール（一五八七〜一六五二）の資金援助のもとで拡張されたが、これらの人材が支えたファールン鉱山とフィンスポングの鋳造所は、圧倒的な火力によって実現されたスウェーデン軍の新戦術を技術の面から支える存在だった。

こうして生産された火砲を用いて戦果を挙げるためには、それを有効に活用できる戦術を指導できる人材が求められる。財政軍事国家としてのスウェーデンにとって、先端的な火砲戦術を可能にする情報をもたらした者とは軍人である。この時期のスウェーデンは陸軍、海軍の違いを問わず、先端的な火砲戦術の運用に関して情報と経験をもった人物を将校として任用した。フリートウッド家、タウベ家、ランゲル家、フォーブス家、スチュアート家、アミノフ家、ラヴァル家など、軍人貴族として著名な家系は、おおよそオランダ、フランス、イングランド、ドイツなどの出身である。こうした非スウェーデン系の軍人貴族の中でも、火砲運用に関する先端的な戦術の情報を伝達したという点で重要な役割を果たしたのが、ド・ラ・ガルディ家である。

ド・ラ・ガルディ家は、「ヴァーサ君主国」の複合的な政治編成において、エストニア総督やリヴォニア総督、王国宰相などを輩出した名門であるが、もともとはフランス出身のユグノー系貴族であった。スウェーデンは、グスタヴ二世アードルフ（一五九四～一六三二）の治世に恒常的な兵員徴募の制度と軍法を制定した上で、歩兵・騎兵・砲兵の三兵科を有機的に連携させた三兵戦術を実現し、その有効性を三〇年戦争で示したことで知られている。これらの軍制と戦術の改革はモデルがあった。スペインからの独立をネーデルラントが求めた八〇年戦争において、軍事に絡む行動・組織・経営の規律化を進めたオラニエ公マウリッツ（一五六七～一六二五）の改革である（Glete 2002）。

マウリッツの改革は、給与を支払われた兵員への訓練と軍法による規律の強化、指揮系統や武器規格の統一、機動性と火力を強化した部隊編成の実現など、多岐に及ぶ。後にエストニア総督やリヴォニア総督を歴任し、王国元帥となったヤーコブ・ド・ラ・ガルディ（一五八三～一六五二）は、一六〇六～〇九年にかけてナッサウ伯麾下のネーデルラント軍に志願兵として参加し、帰国後はナッサウ伯の軍制改革の内容を集成した『武器教練』を、王太子時代のグスタヴに進講するとともに、一六一〇～二〇年代の対ロシア、ポーランド＝リトアニア戦争の際には、自らその戦術の有効性を示すことになった（古谷　二〇一〇）。

火砲の製造と運用には、これらを調達するための資金が必要になる。財政軍事国家としてのスウェーデンにとって、長期的な戦争遂行を可能にする資金は商人によってもたらされる。この点においても、先端的な武器生産を可能にした技師と同様に、主としてネーデルラント出身の商人が重要な役割を果たしていた。例えば、上述したリエージュ出身の金融家イェールはフィンスポングの鋳造所を拡張してワロン系の鋳造師を移住させただけでなく、自らスウェーデン王国の財務取扱人として、スウェーデンが求めた資金をネーデルラント商人から借入金として獲得することに奔走したことも知られている（古谷　一九九八）。

スウェーデン王国の財政は、北海・バルト海の商業都市・港湾都市に配置された財務取扱人のネットワークを通じ、スウェーデン王国の国庫収入を担保として各地で起債された借入金によって賄われていた。例えば、三〇年戦争における財政では、スウェーデン本国やバルト海沿岸地域から獲得される現物資源を元手とした手形貸付の手法を通じて、短期的に運用可能な軍資金が得られていた。スウェーデンの財務顧問会議は、大陸とスウェーデンとの穀物貿易や銅貿易に従事していたオランダ系商人やスウェーデン系商人を、アムステルダムやハンブルクなどの都市における財務顧問会議の代理人として雇い、軍資金の獲得と送金にあたらせた。これらの商人が王国政府への貸付金を用意する代わりに、国庫に納められた銅、穀物、タールなどの取引を委託され、その収益で貸付金が償還された。この方法は、いまだ現物納を基本とする国庫収入から戦地で必要とされている現金を短期間で集めるという点で有効だった。一七世紀にスウェーデンが軍事的優位を築くことができた背景には、バルト海地域で獲得した現物資源を、アムステルダムを中心とする大陸市場において、戦地で必要とされた貨幣に換金し送金するシステムが存在していた（古谷 二〇〇七）。

五　財政軍事国家としての経験のヨーロッパへの還元——軍事と外交

以上のようにスウェーデンの戦争政策は、技術・情報・資金のそれぞれの側面において多国籍的な人材を積極的に活用することから実現されていた。

このような多国籍性を近代歴史学におけるスウェーデン史の叙述から見いだすことは難しい。その理由は、確かに近代歴史学が近世のスウェーデンを単一の国民国家として描いてきたことに求められる。しかし、前節で記したような人材に対してスウェーデン王国の爵位や所領が提供され、彼らの多くが「スウェーデン化」されたことから、結果的に「スウェーデン」の名前の下に彼らのもつ多国籍性が隠蔽されてしまったことにも注意を払いたい。

先端的な武器生産を可能にする技術をもたらした家系の一例であるコイエット家、先端的な火砲戦術を可能にする情報をもたらした家系を代表するド・ラ・ガルディ家、長期的な戦争遂行を可能にする資金をもたらしたド・イェール家など、近世ヨーロッパにおいてスウェーデン君主の信用を基礎づけた人材は、それぞれ「ヴァーサ君主国」に資する自らの職能に応じて爵位と所領を与えら

貴族院の紋章の間とコイエット家の紋章
（貴族院のホームページ https://www/riddarhuset.se/ より）

れ、スウェーデン王国の社団的編成に組み込まれていた。

多国籍的な人材の「スウェーデン化」を生み出した所領の供与については、長期的な観点に立った財政の一手法としても注目すべきである。上述したように、国庫に現物納される物資を元手とした手形貸付の手法は、短期的に運用可能な軍資金の獲得には有効だった。しかし、長期的に見れば、王国単体としての返済能力が乏しかったため、王国への信用を低下させる結果となった。とりわけ北方戦争（一六五五〜六〇年）が終結して以降、スウェーデンは大陸方面での戦争の機会が減り、一六三〇年代以来累積した借入金の返済義務だけが残った。

借入金の担保は国庫に税として納入さ

れる現物資源だった。実際には、これらの物資が徴収される土地のなかでも、王室が所有する領地が直接債権者へ提供されることが多くなった。借入金の償還策として実施された王領地の譲渡は国庫に納入される税収を大幅に減少させ、スウェーデン君主の信用を支えた軍事力の弱体化を招く結果となった（古谷　一九九八）。

グスタヴ二世アードルフ以来の軍事的成功によってヨーロッパ世界に名を知られることになったスウェーデン流の戦争の技法は、ロシアやプロイセンをはじめ、他のヨーロッパ諸国から模倣される対象となった。一六〇〇年に授爵し、スウェーデン王国の編成に組み込まれたコイエット家についても、例えば、鋳造師として活躍したフレドリクの父ユリウスは王国造幣局頭取の職を辞して、一六二九年にはロシアからの求めに応じて大砲鋳造官としてロシアに渡り、晩年をモスクワで過ごした。

実際のところ、そうした他国から求められた財政軍事国家としてのスウェーデンの経験は多国籍性をもって語られるべきものだが、他のヨーロッパ諸国が求めた財政軍事国家としてのスウェーデンの経験は、スウェーデン出身者と非スウェーデン出身者の違いを問わず、等しくスウェーデン王国の社団的編成に組み込まれた者からヨーロッパへ還元されることとなった。

近世ヨーロッパへ還元されたスウェーデンの経験は、軍事と外交の二つの側面に整理することができるだろう。一七世紀に限ってみれば、他国から求められたスウェーデン出身の人材は、実戦のなかで火砲の取扱いとスウェーデン流の戦術に精通した将校・守備兵・水兵が多かった。火砲戦術に対抗する手段として案出されたイタリア式築城術はこの時期のアメリカやアジアにも普及し、台湾のゼーランディア城に見られるように現地の交易拠点は要塞化されていた。こうした要塞の守備と攻略には、三〇年戦争などで実戦を経験したスウェーデン出身者の知見が求められた。

スウェーデンによる戦術面の革新については「軍事革命」論の影響下にあって陸戦における三兵戦術が注目されてきたが、バルト海全域に広がった「ヴァーサ君主国」の広域支配を実現する上では、ヴァーサ君主と服属関係を結んだヨーロッパ大陸諸地域との海上航路を確保する海軍力も重要だった。ヴァーサ朝時代には、海軍顧問会議を頂点としながら将校団とバルト海沿岸の農村部から徴募された水兵の組織化が進められる一方で、砲撃戦を想定した戦列艦に多島海の特徴をもったバルト海での軍事行動を重視したガレー船を戦闘艦として加える海軍が形成されていた（Glete 2009）。

例えば、オランダ東インド会社はそうした軍事の実務に専門的な知見と経験をもつ人材をスウェーデンに求めていた。近年の研究では、一七世紀半ば以降、オランダ東インド会社が東アジア・東南アジア方面へ派遣した商船団の構成員のうち一割弱は、スウェーデン王国の出身者であったことが明らかにされている。延べ人数で見れば、千人程度のスウェーデン出身者がアジアに来訪していたことになる（Huigen 2010）。

彼らのなかには、フレドリクのように商業的な実務に専門的知見を有する者もいれば、後年スウェーデン海軍提督にまで出世したバリエンシャーナ（一六一八～七六）のように軍事的な知見と経験を買われて雇用された者もいた。オランダ東インド会社側の責任者としてフレドリクらが戦ったゼーランディア城包囲戦はスウェーデン出身者がアジアで戦闘を経験した世界史上唯一の機会であるが、鄭成功軍の勝機は、実のところ、鄭成功軍へ逃亡した守備兵によるゼーランディア城攻略の助言によって見出されたとも言われている（Müllern 1963）。

オランダ東インド会社でのフレドリクの出世については、スウェーデン出身者としての彼の実務能力に対する評価に加えて、彼の私的な人脈にも注視する必要があろう。フレドリクの妻スサンナ（一六二一〜五六）は、オランダ東インド会社の東アジア貿易事業の方針を確立し、その実績を買われてフランス東インド会社の初代長官としてフランス王国へ招聘されたフランソワ・カロン（一六〇〇〜七三）の妻コンスタンティア（一六二六〜？）の姉であった。カロン家もまたコイエット家と同じくユグノーとしてネーデルラントに移住した家系であるが、両家はブラバント公国において参事会員を輩出したブーダン家の娘たちとの婚姻を通じて繋がっていた。

カロンは一六一九年以来、長期にわたって平戸と長崎のオランダ商館に滞在し、一六三九〜四一年にかけて第八代商館長を務め、その後はオランダ東インド会社の取締役、台湾の行政長官の要職を歴任し、さらにはフランスの財務長官コルベール（一六一九〜八三）の要請に応じて、一六六五年にフランス東インド会社長官に就任した人物である。カロンは、これらの経歴のなかで、生糸・絹織物・陶磁器・漆器・銅などの日本産品と銀・更紗・胡椒などとを取引する日本貿易の方針や、台湾における米・砂糖・インディゴなどの生産、硫黄の採掘など、カロン路線とでも呼ぶべきオランダ東インド会社の東アジア戦略を確立した。彼の義兄にあたるフレドリクはカロン路線の忠実な継承者として認められたからこそ重用され、台湾の行政長官にまで出世したのである（Wikén Bonde 2001）。

フレドリクはゼーランディア城失陥の責任を問われ一六六二年にはバタヴィアで「死刑」を宣告されたが、実際にはインドネシア東部のバンダ諸島へ送致され、一六七五年まで幽閉されていた。カロンがネーデルラントと対峙するフランスへ出奔して東インドでの経験と知識をフランスへ流出させた事実を反面教師としながら、オランダ東インド会社は、ネーデルラントからの出国禁止を条件にフレドリクのアムステルダム帰還を認めた。フレドリクの助命とヨーロッパへの帰還については、スウェーデン王国の駐オランダ大使を務めた兄のペーテル・ユリウスが奔走していた。彼自身は一六六七年に死去したため弟の帰還を実際に目にすることはできなかったが、外交官としての彼の偉業への報いとしてペーテル・ユリウスの遺志は若きスウェーデン王カール一一世（一六五五～九七）らに引き継がれ、ようやく一六七五年にフレドリクの帰還を実現させた。

外交官としてのペーテル・ユリウスの事績は、ウェストファリア体制下においてプロテスタント諸国の調停者として期待されたスウェーデン王国の国際的な役回りが、具体的にどのようなものだったかを浮き彫りにするものである。ペーテル・ユリウスがイングランド大使やネーデルラント大使を務めた一六五〇～六〇年代にかけて彼が関わった主な対外交渉としては、スウェーデンの北米植民地（ニューアア・スヴェリエ）をめぐるネーデルラントとの交渉、北方戦争（一六五五～六〇年）の関係諸国との交渉、ブレダにおける第二次英蘭戦争の調停が挙げられる。一六五〇年代にイングランドとネーデルラントとの間で英蘭戦争が起きていた時代に、ペーテル・ユリウスは、フランスに対抗するプロテスタント同盟の構築を念頭に置きながら、イングランドとネーデルラントの関係改善を図った（Roberts 1988）。

スウェーデンやフィンランド出身者による入植が進んだ北米のデラウエア川流域では、一六三八年にスウェーデン王クリスティーナ（一六二六～八九）によって「ニューア・スヴェリエ（新しきスウェーデン）」との名前を冠する植民地の樹立が宣言され、「ヴァーサ君主国」はアメリカ大陸の一地域をも複合する広域政治圏へと成長した。一般的にスウェーデンの北米植民地は、一六五〇年代の入植者間の内紛に乗じたネーデルラントの軍事侵攻を通じて、一六五五年にネーデルラントへ割譲されたと説明される。しかし「ニューア・スヴェリエ」へネーデルラントが侵攻した件について、スウェーデン王国政府がネーデルラントへ抗議することはなかった。その背景としては、同時期にヨーロッパ大陸で勃発した北方戦争を巡る対外関係を考慮に入れねばならない。

スウェーデンにおけるヴァーサ家の血統は一六五四年にクリスティーナが退位したことで途絶え、ドイツのプファルツ家出身のカール（一六二二～六〇）が国王として選出された。カールの登位については、一六世紀末以来、同じヴァーサ家から国王が選出されていたポーランドから批判が起きた。これを機会にスウェーデン王国はポーランド＝リトアニア共和国からの離脱を企図するリトアニアのプロテスタント勢力と結託し、一六五五年にスウェーデン＝リトアニア合同（ケダイネイ合同）を宣言して、ポーランド＝リトアニア共和国に派兵した。

スウェーデンとポーランドの対立に端を発した北方戦争の開戦当初、経済的利害を巡って対立していたイングランドとネーデルラントは、それぞれスウェーデン支持とポーランド支持に分かれていた。この際、イングランド共和国によるスウェーデン支持の決定はペーテル・ユリウスと共和国政府との交渉の結果である。

ペーテル・ユリウスはこの戦争の最中にネーデルラント大使へ転任したが、北米における植民地の失陥を黙認することでネーデルラントを懐柔することに奔走した。リトアニアがスウェーデン王の保護下に入ることはなかったが、ペーテル・ユリウスによる懐柔策の結果、「ヴァーサ君主国」の支配圏がスカンディナヴィア半島南方へ拡張された一六五八年のロスキレ条約の内容をネーデルラントも容認することとなった。

さらに北方戦争中の経験からイングランドとネーデルラントの双方に人脈を築いたペーテル・ユリウスは、調停者としてイングランドとネーデルラントとの関係改善に尽力することにもなった。第二次英蘭戦争が戦われていた一六六七年にフランスが南ネーデルラントへ軍事侵攻を開始すると、ブレダで開催された英蘭の講和会議に彼はスウェーデン王国の全権として出席した。彼はこの会議中に絶命したが、ブレダ条約によって英蘭の協力関係が実現され、その関係は一六六八年にはスウェーデン・イングランド・ネーデルラント間の同盟へ発展し、スウェーデンは調停者としての外交的役割を果たすこととなった。

六　財政軍事国家スウェーデンが提供した信用——軍事から学術へ

「ヴァーサ君主国」と呼ぶべき複合的な政治秩序は、エストニア、リヴォニア、ポンメルンなど、中世以来独自の政体を育んできた地域の住民が、スウェーデンによって提供される軍事力に自らの政体の保護を求めた結果として実現されたものである。地域政体の保護者としてのスウェーデン君主への信用は、多国籍的な人材活用に基づく長期的な戦争遂行の方法から導かれていた。同時代のヨーロッパ諸国が、そうしたスウェーデンの経験に裏付けられた戦争遂行の手法や調停者としての外交を求めていたことからも、その信用を窺い知ることができよう。

しかし逆に言えば、そうしたスウェーデンの信用はその有効性が示される限りで維持されるものだった。皮肉にも多国籍的な人材を「スウェーデン化」する手法の一つとして多用された領地の譲渡は国庫収入の減少を招き、財政危機の一因となった。スウェーデン自体の財力ではもはや軍事力を維持することができず、スウェーデンはフランスの支援を求めて一六七二年に同盟関係を築いた。この同盟によりスウェーデンはフランスからの援助金を得ることを約束され、一六七四年に勃発したオランダ侵略戦争でスウェーデンはフランス側に立って参戦した。これは、ネーデルラントやイングランドなど、プロテスタント諸国の信用を裏切る結果を招いた。

一般的にスウェーデン王権を核とする広域政治圏の瓦解は、一八世紀前半にロシアと戦った大北方戦争の敗北から説明される。しかし、デンマーク、ザクセン、プロイセン、ハノーファー、ブリテンなど、大北方戦争で反スウェーデン側に立った諸国の構成を見れば、この戦争の淵源は、財政問題の必要からスウェーデンがプロテスタント地域の保護者としての立場を捨てたことへの異議申し立てだったとも理解できる。そうだとするならば、広域支配権の動揺は、ヨーロッパからスウェーデンに求められた軍事と外交の経験を還元できず、その信用を失い始めた一六七〇年代に始まっていたと見るべきかも知れない。ウェストファリア体制におけるプロテスタント諸国家の調停者たるべく尽力したペーテル・ユリウスの死は、この時代に求められていたスウェーデンの信用の失墜を象徴するかのようである。

ただし信用とは必要に応じて変転するものである。東アジアにおいて「華夷変態」と呼ばれた動乱の一七世紀において、オランダ東インド会社はスウェーデンの軍事的経験に信用を見出し、フレドリクのような実務に長けた人材を求めた。しかし東アジアに相対的安定がもたらされた一八世紀には、それまでの軍事とは異なる観点から新たな専門的人材が求められるようになる（古谷　二〇一五）。

ヨーロッパの事情を見れば、いわゆる「大航海時代」に刺激された大陸間での自然資源の交換は人口の増加を刺激したが、一八世紀頃にはそれを維持するための経済開発が限界に達していたため、社会的に有用性をもつ資源の探索が求められるようになっていた。こうした時期に有用資源を世界に求めたヨーロッパ諸国やオランダ東インド会社のような特権商事会社は、例えばウップサーラ大学でリンネが体系化した博物学を有するスウェーデンに新たな信用を見出し、世界各地で資源を探索するプラントハンターとしてスウェーデン出身者を雇用するようになる。スウェーデンはやがて戦争の文脈を越えて、「知識の集約」という観点からヨーロッパとアジアの分岐というグローバルな歴史的展開に経験を提供することになるのである。

【参考文献】

大久保桂子（一九九七）「ヨーロッパ「軍事革命」論の射程」『思想』八八一号

古谷大輔（一九九八）「近世スウェーデン軍事国家の展開―グスタフ二世アドルフ期からカール一一世期にかけての軍事経営の変遷」『北欧史研究』一三号

古谷大輔（二〇〇七）「三十年戦争におけるスウェーデン王国の財政構造」『IDUN―北欧研究』一七号

古谷大輔（二〇一〇）「近世スウェーデンにおける軍事革命―初期ヴァーサ朝期からグスタヴ二世アードルフ期におけるスウェーデン軍制の展開」『大阪大学世界言語研究センター論集』三号

古谷大輔（二〇一五）「アジアとヨーロッパを繋ぐ媒介者たち―蘭学を刺激したヨーロッパ出身者たちの事情」『適塾』四八号

Brewer, John（1990）*The Sinews of Power: War, Money and the English State, 1688–1783*, Cambridge, Massachusetts: Harvard UP（大久保桂子訳『財政＝軍事国家の衝撃―戦争・カネ・イギリス国家 １６８８–１７８３』名古屋大学出版会、二〇〇三）

Glete, Jan（2002）*War and the State in Early Modern Europe: Spain, the Dutch Republic and Sweden as Fiscal-Military States*, London & New York: Routldge

Glete, Jan（2002）*Warfare at Sea, 1500–1650: Maritime Conflicts and the Transformation of Europe*, London & New York: Routldge

Glete, Jan（2009）*Swedish Naval Administration, 1521–1721*, Leiden & Boston: Brill

Huigen, Siegfried, de Jong, J.L.（2010）Kolfin, E. eds., *The Dutch Trading Companies as Knowledge Networks*, Leiden & Boston: Brill

Kilbom, Karl（1958）*Vallonerna: valloninvandringen, stormaktsväldet och den svenska järnhanteringen*, Stockholm: Tiden

Müllern, Gunnar（1963）*Förste Svensken i Japan*, Stockholm: Saxon & Lindström

Parker, Geoffrey（1996）*The Military Revolution, 1500–1800: Military Innovation and the Rise of the West*, Cambridge & New York: Cambridge UP（大久保桂子訳『長篠合戦の世界史―ヨーロッパ軍事革命の衝撃１５００～１８００年』同文館，一九九五）

Roberts, Michael（1967）*Essays in Swedish History*, London: Weldenfeld & Nicolson

Roberts, Michael（1979）*The Swedish Imperial Experience, 1560–1718*, Cambridge & New York: Cambridge UP

Roberts, Michael（1988）*Swedish Diplomats at Cromwell's Court*, London: Royal Historical Society

Rogers, Clifford, J., ed.（1995）*The Military Revolution Debate: Readings On The Military Transformation Of Early Modern Europe*, Boulder: Westview Press

Taylor, Jean G.（1984）*Social World of Batavia: European and Eurasian in Dutch Asia*, Madison: University of Wisconsin Press

Wikén Bonde, Ingrid（2001）"Fredrik Coyet som opperhoofd i Nagasaki", Bert Edström red., *Fjärrannära: kontak-*

ter mellan Sverige och Japan genom tiderna, Värnamo: Arena

第九章　ポルトガル人はなぜ種子島へ上陸したのか

伊川健二

一　日欧関係成立の世界史的意義

鉄砲伝来とその周辺事情を、具体的かつ俯瞰的に考察することが本章の主旨である。鉄砲伝来は、教科書などでも周知に属する歴史事象でありながら、学界では国内外関係研究者が、いまだかつてその具体像について統一見解を得るに至ったことのない複雑な問題である。たとえば、種子島への鉄砲伝来年次を一五四三年だとする見解がある一方、四二年説も存在する。高等学校教科書などでも近年は双方の説に依拠した記述がみられる。さらには四一年とする説もある。年次ばかりではなく、ポルトガル人たちの到達地点は種子島だったのか、それは漂着だったのか、鉄砲は初来時に本当に伝えられたのかなど、多くの議論がいまだに解決をみていない。今日に至るまで多くの学説が、右の各論点について、いくつかの可能性のうちひとつを選び取り、それらを組み合わせることで構成されているのであるが、こうした事件の具体像よりも、じつは従来の研究史が見落としている点にこそ問題の本質があるのではないだろうか。

一五一一年にポルトガルがマラッカを占領したことで、同国が日本を含む東アジアへ航路を延ばす条件が整ったとする説明がある。たしかに、この点が重要であったこと自体は否定すべくもなく、かりにポルトガルの航路がインド、ましてアフリカ以西に留まっていたとしたら、日本との結びつきは、かりに成立したとしても大幅に遅れていただろうことは想像に難くない。とはいえ、ポルトガルは、一五一七年に『東方諸国記』の著者として著名なトメ・ピレスを北京に派遣し、国交樹立交渉を試み失敗する。このことは、マラッカへの航路延長は、そこから日本へも延長しうる十分条件ではなかったことを意味している。

ポルトガルの対明国交交渉失敗は、明の海禁政策ゆえだと考えられる。この政策は法文解釈上は、住民の明の領域からの出国禁止令と理解されているが、現象を観察すれば外国人の入国禁止という側面を併せもつ。そのなかにあって、ポルトガル人たちが環シナ海域で継続的に活動しえた条件は何だったのだろうか。

ポルトガル人日本初来の具体像とともに、彼らがなぜ来日できたか、どのような条件の下でマラッカとの航路を維持しえたのかなどの諸問題は決して自明ではない。これらの問いに国内外の研究史は解答を用意していないばかりか、後者は問題にすらされてこなかった。マニラ・アカプルコ航路の成立をグローバル化の起源とする見方があるが、同様な意味で日本がポルトガルの航路と接続されたことの意義は決して小さくないはずである。その契機となった彼らの日本初来は、はたして偶発的な出来事だったのだろうか。これらの点について、グローバルヒストリーの方法論のうち、関係史の観点から考えてみたい。

二　多国間関係史という方法

教科書的な知識の限りでは一過性の偶発事件であり、内容も明確な印象の強い鉄砲伝来が、じつはミクロ・マクロの両面からより複雑な解釈が必要な要素を含んでいることをご理解いただけたのではないだろうか。それらの具体的な考察は次節以降に譲るとして、はじめに一六世紀を中心とする日本と外部地域の関係史（対外関係史という）を学習、研究する上で、方法論の観点からこの素材が有する意味について一瞥する。

筆者はかつて、中世日本の対外関係史が対象とする時代、地域、研究の検索方法、さらには課題などについて、二国間関係史と多国間関係史という用語を用いて解説をしたことがある（伊川　二〇一四）。本章に必要な範囲で要約すると次のとおりである。

対外関係史の研究史は、二国間関係史を中心に推移してきた。二国間関係史（「国」と呼ぶことが適切ではない地域との交渉を念頭におくならば「二地域間」関係史といいかえることもできる）とは、たとえば日明関係史、日朝、日琉、日欧などの諸関係史をいう。研究史が主としてこの枠組みで推移してきたことには理由があり、そのひとつとして一六世紀以前の対外関係史は、二国間関係史の枠組みで的確に把握しうる事象が多いことが指摘できる。日本から中国あるいは朝鮮半島（韓半島）への遣使、かの地から日本への遣使、商船や僧侶の往来などは、多くの場合、二国間の枠組みを逸脱するものではない。

もうひとつの、より単純な事情としては、初学者、あるいは経験を積んだ研究者にとってすら、二国間関係史は比較的対応しやすい方法だからではないかと推測する。それでも存在する二国間関係史における問題について、朝鮮使節を例に確認したい。

室町時代（朝鮮前期）に来日した、卞孝文《ピョンヒョムン》を正使とする使節団がある。一四四三年、一行は出発前に朝鮮国王と会見し、その様子は朝鮮王朝の公式記録たる『世宗実録』に描かれる。また、来日し足利義勝と対面すべく室町第へ向かう様子は、中原康富の日記である『康富記』にみえる。すなわち、彼らの一行は日朝双方の記録に登場する。そのことにより、日朝間での用語の相違や年次表記の違いを理解した上で、両者を結び付ける必要が生じる。たとえば、彼らの一行は、『世宗実録』では「日本通信使」、『康富記』ではただ「高麗人」と記されている。前者は、朝鮮王朝の立場から日本へ赴く使節を意味し、後者は、高麗王朝がすでに朝鮮王朝に交替した後も、日本では朝鮮半島の人と地域を「高麗」と呼んだことによる。そのほか、官職名、地名など、それぞれに異なる知識を収集、整理する必要がある。以上が（伊川　二〇一四）関係部分の概要である。

多国間関係史は、こうした二国間関係を基礎に、複数の関係もしくはそれらが融合した現場を扱うことになるため、さらに複雑となる。一六世紀以前にも、こうした枠組みが有効だと思われる事例がないではない。たとえば新羅商人張宝高が朝鮮半島南岸の莞島《ワンド》を拠点に中国から日本へかけて跳梁し、また、モンゴルの日本襲来に際しては、宋の人々のみならず、高麗の人々が動員されたことなどが該当するだろう。鉄砲伝来については、後期倭寇との関わりなどを中心として、すでに多国間の枠組みで論じた先行研究は少なくない。後期倭寇は、たとえば『籌海図編《ちゅうかい》』のような中国側史料に多くの情報が集中するが、フェルナン・メンデス・ピント『東洋遍歴記』などのヨーロッパ文献にも登場するほか、朝鮮王朝の正史である『中宗実録』に現われる「荒唐船」は、倭寇との関連が指摘され、華人の頭目として著名な王直の足跡はいくつかの日本史料でも確認できる。荒唐船は、一五四〇～五〇年代に日本への航海中に朝鮮半島へ漂着した中国船である。

このように、史料の所在やその解釈については、先行研究においてもすでに多国間関係が意識されており、とりわけ鉄砲伝来の一六世紀半ば以降は、こうした思考を必要とする事象が増加する。天正遣欧使節、豊臣秀吉の朝鮮侵略、日本型華夷秩序の形成と長崎貿易などは、いずれも多国間関係の発想なくしては総括しえない課題である。このように方法論の観点からみた場合、鉄砲伝来は、二国間関係を基本とした時代と、多国間関係の時代との移行期に発生した出来事であると位置づけることができる。

ところが、筆者がことさらに多国間関係史を強調する意図は、むしろその先にある。史料の収集、解釈というミクロの段階を超えて、多国間の枠組みで、かつ大局的な観点からどのように具体的情報の蓄積を位置づけるのかという点については、必ずしも多くの研究が回答していない。その一例が、本章第一節でも述べた、ポルトガル航路をマラッカまで延長せしめた拡張史と、その東漸を一時的にせよ阻んだ明の海禁政策との相克である。次節以降で鉄砲伝来の周辺事情を再検討する主旨は、まさにこの点にあり、この出来事が右の相克を解く重要な鍵となる。

三　ポルトガル人たちはいつ、どこへ上陸したのか?

冒頭に述べたとおり、鉄砲伝来はいまだ共通理解となる具体像を結ぶにはいたっていない。その背景には、性格を異にする多くの関係史料が現存し、かつそのなかに誰もが認める決定的な内容が存在しない現実がある。（伊川　二〇〇八〜九）では、管見のおよぶ限り、関係史料として議論されてきた二五件の原典テキストおよび出典、関連研究の概要をまとめており、伊川（二〇一三）では二五件の原典相互の影響関係を整理して相関図を作成、分類をした。ここでは、それらのうちポルトガルと日本の史料を一点ずつ紹介し、その内容の異同を確認しよう。

モルッカ諸島の統治責任者としてポルトガルから赴任した人物のひとりに、アントニオ・ガルヴァンがいる。彼は来日経験がないが、ポルトガルへ帰還後に記した『発見記』（『新旧諸国発見記』

などともいう。一五六三年初版）のうち、アンティル諸島およびインドにおける発見を記した章の一五四二年の項に問題の記述を見出すことができる。

一五四二年ディオゴ・デ・フレイタス暹羅国ドヾラ市に一船のカピタンとして在りしとき、その船より三人のポルトガル人一艘のジャンクに乗りて脱走し支那に向へり。その名をアントニオ・ダ・モッタ、フランシスコ・ゼイモト、アントニオ・ペイショットといふ。北方三十度余に位置するリャンポー市へ入港せんとて行きたるに、後ろより非常なる暴風雨襲来して彼等を陸より隔てたり。かくの如くにして数日、東の方三十二度の位置に一島を見たり。これ人のジャポンエスと称し古書のその財宝に就きて語り伝ふるシパンガスなるが如し。而して、この諸島黄金・銀その他の財宝を有す（傍線は伊川による。岡本　一九三六：一六一）。

この記事は、該当部分の全文であり、掲げたもののほかにも邦訳が重ねられている。本章の文脈においてとくに重要である三要素（年次・人名・到達地点）に傍線を施した。年次と人名については、基本的には右にあきらかである。一五四二年とある点は、鉄砲伝来を四三年とご記憶の方々は違和感を覚えるかもしれない。また、人名のうち「アントニオ・ペイショット」は、参考文献の記載にしたがっているが、初版本原文では「アントニオ・ペショット」とある。

地点について補足しよう。出発地のドドラは、アユタヤであると考えられている。当初の目的地であったリャンポーは、ジョアン・デ・バロス『アジア史』に寧波《にんぽう》であると書かれていることなどから、かつてはそのように信じられていたが、地形上の特徴などから近年は六横山（島）付近もしくは舟山本島に比定する説が提示されている。いずれにしても、現在の中国浙江省の島嶼部である。

その上で最大の問題は、「東の方三十二度」にある島がどこかである。

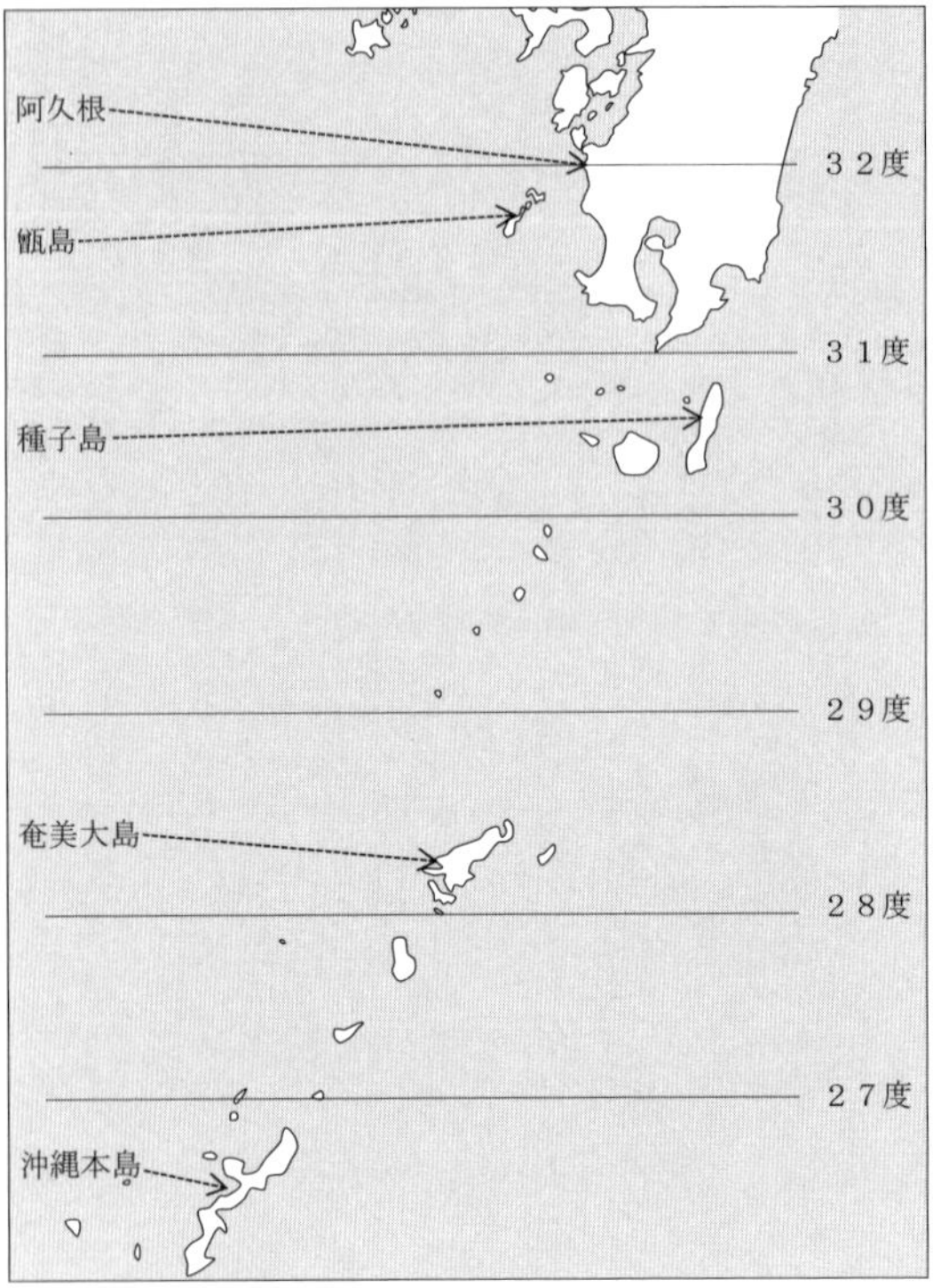

図1　九州・南西諸島周辺図

図1に明らかなように、「東の方三十二度」すなわち北緯三二度線は、現在の鹿児島県阿久根市を通過している。また、同地には阿久根砲とよばれる、一六世紀前半にポルトガルで作成された大砲が伝存していることから、阿久根に比定する説がある。種子島は三一度よりも南であり、西之表市役所では約三〇度四四分である。それでありながら、

この史料に登場する島を種子島や琉球とみなす考え方もある。この理由を日本側の史料と突き合わせてみることにしよう。

日本側の基本史料は、薩摩の僧文之玄昌《ぶんしげんしょう》による「鉄炮記」で、『南浦文集』上巻に収められている。文之自身は種子島に直接関わりのある人物ではないが、「鉄炮記」を種子島久時に代わって執筆した旨を注記している。成立は慶長一一年（一六〇六）であり、事件発生後約六〇年を経た段階のものであることから、内容の信憑性を疑問視する見方がある一方で、国友、堺、根来など国内主要産地における鉄砲伝説にも影響するばかりか、ジョアン・ロドリーゲス・ツーヅ『日本教会史』もこの情報を参照している可能性があるなど、同時代においてすでに大きな影響力があった文章でもある。本章に直結する部分を中心に原文を抜粋した。

○鉄炮記〈代種子島久時公〉

隅州之南有一島。去州一十八里。名曰種子。我祖世々居焉。古来相伝。島名種子者。此島雖小。其居民庶而且富。譬如播種之下一種子而生々無窮。是故名焉。先是天文癸卯秋八月二十五丁酉。我西村小浦有一大船。不知自何国来。船客百余人。其形不類。其語不通。見者以為奇怪矣。其中有大明儒生一人名五峯者。今不詳其姓字。時西村主宰有織部丞者。頗解文字。偶遇五峯以杖書於沙上云。船中之客不知何国人也。何其形之異哉。五峯即書云。此是西南蛮種之賈胡也。（中略）至於二十七日巳（己）亥。入船於赤尾木津。丁斯之時。津有忠首座者。（中略）偶遇五峯。以文字通言語。五峯亦以為。知己之在異邦也。所謂同声相応。同気相求者也。賈胡之長有二人。一曰牟良叔舎《ムラシュクシャ》。一曰喜利志多佗孟太《キリシタダマウタ》。手携一物。長二三尺。其為体也。中通外直。而以重為質。其中雖常通。其底要密塞。其傍有一穴。通火之路也。形象無物之可比倫也。其為用也。（傍線は伊川による。岡本　一九三六：一八七～九）

『発見記』同様に年次・人名・到達地点の三要素に傍線を施した。年次は「天文癸卯秋八月二十五丁酉」とある。「天文癸卯」は天文一二年（一五四三）である。「西村小浦」は、より正確には「西ノ村小浦」と送り仮名がふられている。この文章がそもそも種子島に関する記述から始まっていること、種子島久時の立場で作成された旨が明記されていることから、種子島内の地名と確定した上で地図を眺めると（後掲図2）、島最南端の門倉岬の付近に「西之《にしの》」という地名を見出すことができる。そこへ到着した「一大船」に乗っていた人々のなかに「ムラシュクシャ」および「キリシタダマウタ」と称する商人（賈胡）がおり、長さ二～三尺で外見は真っ直ぐで、中は空洞になっているもの、すなわち鉄砲をもっていたと伝えている。「ムラシュクシャ」は「フランシスコ」、「キリシタダマウタ」は「クリストヴァン・ダ・モッタ」というポルトガル名に比定される。右がいわゆる一五四三年の「鉄砲伝来種子島」の原典であることは、あきらかであろう。有名な鉄砲製造開始に当たっての苦労談がこれに続く。

近年の学界の議論のなかでは以上二点に加え、スペイン史料の『ビーリャロボス艦隊報告』を検討するのが定跡であるが、ここでは議論を単純化するために省略する。『発見記』と「鉄炮記」の二点を比較するだけでも、両者は微妙に類似するが完全には一致しないことがわかる。年次について『発見記』は一五四二年、「鉄炮記」は四三年、到達地点は前者が北緯三二度の島、後者は種子島南部、人物は前者では「アントニオ・ダ・モッタ、フランシスコ・ゼイモト、アントニオ・ペイショット」の三名、後者は「フランシスコ」および「クリストヴァン・ダ・モッタ」と記している。

両者が近似し、かつ完全には一致しない出来事を伝えていることから、類似点に着目して両者がともに同一事件に言及しているとみる見方と、相違点を強調しほぼ同時期におこった別々の事件を伝えたとする見方が成立しうる。筆者は後者の立場をとるが、現在は前者の考えの方が通説の位置にある。前者の立場からは、『発見記』にいう北緯三二度は、測量技術の限界により正確な値ではなく、もしくは日本を象徴する数値に過ぎないため、実際の到達地は種子島であったと主張される。そしてこの系統の議論を最初に展開した人物こそ、先述のジョアン・ロドリーゲス・ツーヅにほかならない。一六二〇年頃に成立したとされる『日本教会史』第一巻第四章では次のように語られている（ロドリーゲス・ツーヅ　一九六七：一八五～六参照）。

彼はまず『発見記』の引用を明記して、一五四二年に件の三名が「シナ」へ向かったところ暴風雨に遭遇したとする。先述の『発見記』にいう「リャンポー」は「シナ」の一部であるから、ここまでは『発見記』の記述との間に齟齬はない。ところが暴風雨に遭遇し到着した先は種子島であり、彼らはそこへ鉄砲を伝え、彼らの名前がその島に伝えられていると続けられている点は、書名こそ明記されていないものの「鉄炮記」を連想させる。

ロドリーゲス・ツーヅがどのような根拠に基づいて両者を結びつけたのかは定かではないものの、ポルトガル人の日本来航が頻繁ではない一五四〇年代前半に、九州近海に現れた人々について日葡両国に史料があり、しかも「フランシスコ」「ダ・モッタ」という人名の一部が一致していることに鑑みればそれを故なしとはしない。

しかしながら、両者の相違点は、そのような類似点を強調することで黙殺しうる程に微細なものであろうか。そもそもポルトガル人が日本へ鉄砲を伝えた件は「鉄炮記」にのみ書かれているのであって、『発見記』には言及がない。それどころか、『発見記』では彼らが北緯三二度の島へ上陸したか否かすら明確ではない。『発見記』にとって、鉄砲伝来は必ずしも特記すべきことがらではないかもしれないが、上陸の有無はその土地に関する権益に関係しうるため、もし四二年の航海の際に上陸がおこなわれたとすれば、それが記されていないのは不自然というほかない。人名の一致を強調する見解もあるが、「フランシスコ」は非常に多用される名である上、「ダ・モッタ」の姓が共通するとはいえ、名を異にしていることに重きをおけば同族であっても同一人物ではなかった可能性が高い。論ずべき点はほかにもあるが、おおよそ以上により私見では『発見記』と「鉄炮記」は別個の出来事について記したものと理解する。

それでは、ふたつの史料が語る出来事をどのように整理すべきだろうか。両者が同一事件を描き出していると仮定するならば、相違点がなぜ生じているか、それらをどう整合的に説明するかなどについて複雑な議論が必要となるが、別件だとすると理解は単純である。『発見記』が語るように、一五四二年にポルトガル人たちを乗せた船はリャンポーを目指すが暴風雨に逢い、漂流するなか北緯三二度の地点に島をみる。上陸はしなかったとみられ、その後の足跡も定かではない。北緯三二度の島とは、その数値に忠実に探るならば、甑島《こしきじま》ではないだろうか。阿久根はたしかに三二度ではあるが、漂流中の航海士たちの目に阿久根のある九州本土が島と映ったか否かと考えると、九州本土よりは甑島の蓋然性が高い。『発見記』の用例を繙くと、ミンダナオ島規模のものを「島」と呼んでいる例もないではないが、一辺一五キロ程の甑島と同規模のものを呼んでいる場合が多い。

　翌年、彼らと同一集団であるか否かは不明ながら、ふたたびポルトガル人たちを乗せた船が種子島へ到着し、火縄銃を伝授した。したがって、少なくとも確証がある形でポルトガル人が日本へ第一歩を記したのは種子島にほかならず、これを本章のタイトルとした。「なぜ」の部分は次節へ譲るとして、もう少し彼らの足跡の具体像にせまりたい。

　その意味で問題となるのは、右の整理よりもむしろ彼らの種子島到着が漂流の結果であったのか、意図的に種子島もしくはその周辺の島をめざしていたのかである。種子島到着と漂流が結びつけられたのは、ジョアン・ロドリーゲス・ツーヅ以降であって、「鉄炮記」は一大船が西ノ村へ現れたところから説き起こされている。彼らの到着地は種子島氏が拠点を置く赤尾木（現在の西之表）ではなく、西ノ村への到着である点をどのように理解するかが鍵となる。現地の伝説をひもとくと、じつは外国船の種子島への到着はこれがはじめてではない。

『懐中島記』によれば、享禄・天文の頃に唐船一六艘が赤尾木沖に停泊して石火矢を放ったとある。この記録は、種子島家の家老上妻《こうづま》隆直によって元禄二年（一六八九）頃にまとめられた、種子島の地理、歴史の概説書である。唐船来航の日付は天文三年（一五三四）正月一五日だとも伝えられている（鹿児島県　一九九五：一三〇）。天文八年（一五三九）一一月には国上村湊へ唐船が漂着し、乗組員全員が死亡した。家老が救助できなかった責を負って切腹したとあるため、襲撃ではないとみられる（鹿児島県　一九九五：一二五）。『種子島家譜』巻二、恵時《しげとき》の項では、天文九年（一五四〇）六月二六日に、唐船が茎永の竹崎浦へ漂来したと記されている。竹崎は現在種子島宇宙センターがある付近であり、西之とも比較的近い。これらの伝承のすべてを史的事実として認識するか否かの判断には、なお慎重な精査を要するが、「鉄炮記」に先行する時期に、いくつかの船団の来航が伝えられている点は興味深い。このような点を合わせて考えるならば、西ノ村自体へ選択的に着岸したか否かはおくとして、種子島の位置は華人水先案内人などが把握していた可

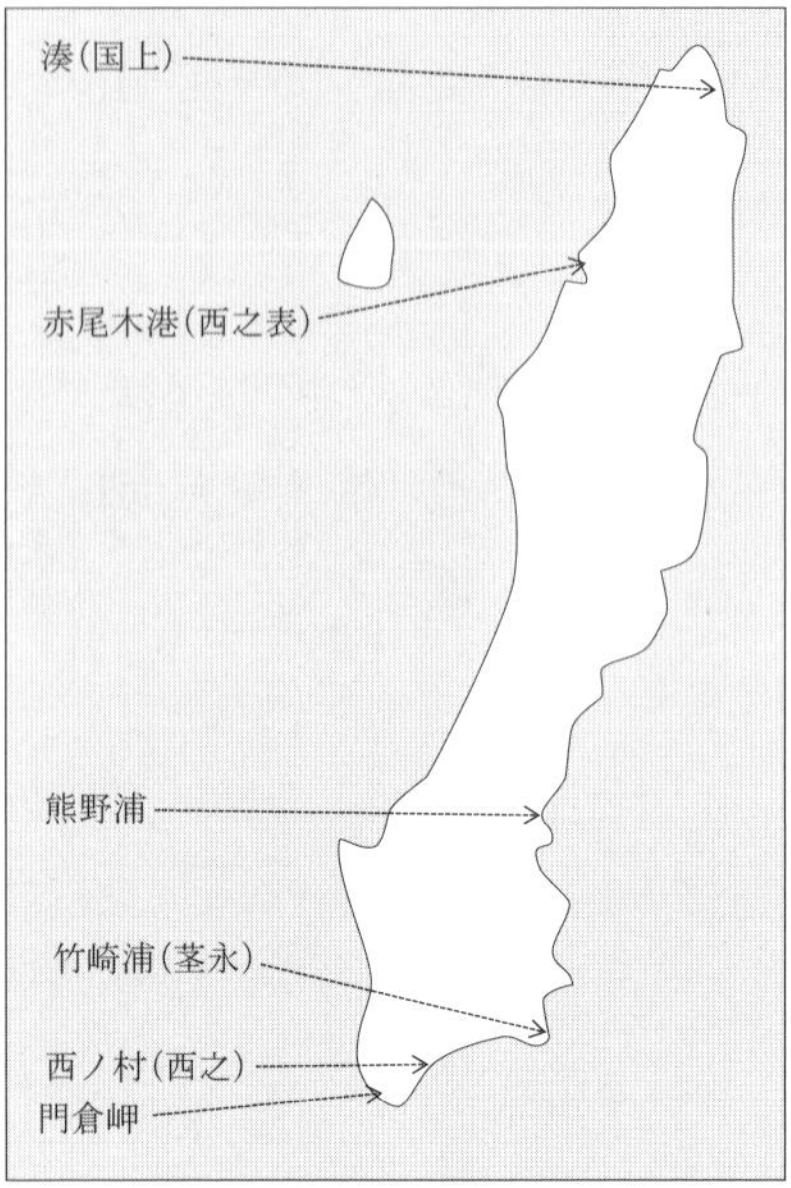

図2　種子島

能性を想定してもよいように思われる。以上微細に立ち入った考察となったが、具体的事実の裏付けのない大局的歴史像は空論に過ぎないとの考えのもと、あえて紙幅を割いた。ポルトガル人の日本初来をこのようなものと確定させた上で、それが巨視的にはどのような意味をもつだろうか。

四　グローバルヒストリーのなかの一六世紀日本

ここで再び、本章冒頭で触れた問題に立ち返るとしよう。

ポルトガル人のジパングに対する関心は甚だ乏しかった。さればポルトガル人は一五一一年にマラッカを征服し、その二年後にはシナに達して、直接間接に日本に関する情報に接し、或は琉球人に混じって多分日本人にも接しながら、一衣帯水の日本に到達するまでに、さらに三十年の年月が流れたのである（松田　一九九二：一〇）。

日欧交渉史の偉大なる先達たる松田毅一の、この論点については賛同するわけにはいかない。マラッカ攻略後、ポルトガルはほどなく中国に達したものの、日本への航路が伸びなかった理由を、彼らの日本への無関心にのみ求める　方で、明との国交樹立交渉失敗などの事情については一顧だにしていないからである。これは松田ひとりの責に帰せられるべきではなく、ヨーロッパ拡張史から東アジア地域をみた場合の常識を反映しているとみるべきであろう。

しかしながら、当時の東アジア地域は、行こうと思えばどこにでも行ける自由が保証される空間などではなかった。明は、歴代王朝のなかでも厳格とされる海禁政策を維持しており、周辺諸国もそれに追随していたからである。海禁とは檀上寛の定義によると、「民衆の出海を禁止ないし規制する国家の措置（檀上　二〇〇六：三）」であるが、他方でそれと同時に明の規定に沿った朝貢使節を除く外国人の入国を禁止していたことも、現象面からは確認される。エンリコ・エンリケスは一五四六年一一月一二日にゴアで書かれた書簡のなかで、シナとよばれる州にある大きな王国の人々は、侵略されないよう外国人の立ち入りを警戒していると記す。また、日本からの最後の遣明使節に随行した柳井郷直《やないさとなお》は、天文一六年（一五四七）六月一日に明側の窓口がある定海において入国を拒否されたことを書き留めている（『大明譜』）。それは地方官によれば、十年一貢という朝貢使節の派遣間隔を十年間空けなくてはならないとする明の規定に抵触するためだと説明される。フランシスコ・ザビエルも類例である。彼は、日本滞在ののち中国布教を志し、カントン（広州）からの入国を希望するも、許可を得ることができないまま、サンチャン（上川）島で生涯を閉じた。このように、明の海禁政策は第一義的には住民の出国禁止の規定でありながら、同時に外国人の入国をも規制していたことがわかる。それでは、明をとりまく周辺諸国の状況はどのようなものであっただろうか。

朝鮮王朝は、日本に対しては倭寇対策の一環として、日本国王名義のほかにも多く使節を受け入れる一方で、荒唐船に対しては、時として一戦を交えることも辞さない態度で送還している。また、ルイス・フロイス『日本史』第一部第一一六章に引用されている一五七八年のアントニノ・プレスティーノの報告は、朝鮮半島へ漂着したポルトガル人たちが殺害され、小船が奪い取られたと伝えている。同報告は、それを住民たちの野蛮性ゆえと説明しているが、おそらくは明と共通する対外姿勢に起因する処置であろう。

琉球王国についてみてみよう。一五世紀を中心に東南アジア諸地域へ交易船を派遣し、明へさかんに朝貢使節を派遣するのみならず、朝鮮、日本ともしばしば交易をしている。その点では間違いなく交易立国といえるこの王国は、海禁に対してどのような姿勢をとっていただろうか。

スペイン艦隊の商務員であるガルシア・デ・エスカランテ・アルバラードは、シャムへ来た琉球（レキオ）人について興味深い内容を伝えている。彼らの国王は、移民を出さないために未婚者、子供、富裕者の出国を禁止している。また、船長は、生きていても死んでしまっても同行者を帰国させるよう義務付けられており、死者は塩漬けにしてでも故国へ戻される（岸野　一九八九：二一六）。このように、多くの国々へ派船している琉球もまた、住民の出国を厳重に管理していたことがわかる。それと同時に琉球に来航した外国船に対しても厳格な姿勢をとっていたと思われる。王府は一五二二年に倭寇の襲来を恐れて那覇南岸に軍を集結させ、一五五七年には浙江で敗退した倭寇を撃退し、被虜人を送還している。さらに、エスカランテ報告には、交易目的で訪れたポルトガル商人たちに上陸が許されず、書面での意思疎通により交易をしたことがみえる（岸野　一九八九：二一七）。以上のように、明王朝のみならず、朝鮮、琉球ともに外国人の入国を厳格に規制していることがわかる。それでは日本はどうだろうか。

一六世紀前半の日本へ上陸もしくは近海に現れた外国船は、先述の種子島の伝説を含めると一七件に及ぶ（伊川　二〇一一：六二〜三）。それらのうち、天文三年（一五三四）に赤尾木を襲撃した異国の艦隊に対しては、慈遠寺僧日尊が祈禱をした結果、白鳩二羽が飛んでいき、艦隊の火薬庫に線香を落として撃沈したという伝説であり、これを除外するならば、異国船に攻撃を加えた、もしくは上陸を拒否した事例はない。これがいかに特異な環境であるかは、明、朝鮮、そして琉球の事例と比較すれば明らかであるが、日本のみを凝視する姿勢では歴史的に位置づける問題意識は生じるべくもない。「鉄炮記」に登場するポルトガル人たちも、駆逐されてはいない。

マラッカと日本を接続する条件のひとつはこれで確認できたことになるが、たとえばフランシスコ・ザビエルが「中国に寄港してそこで商取引をしようとしたり、食糧を補給しようと思ってはいけません」（河野　一九九四：一五五）と後進へ警告しつつも、自らはサンチャン（上川）とチンチェオ（漳州）へ寄港していることからも逆説的にみてとることができるように、マラッカ・日本間の長距離を直航することは不可能に近かった。すなわち、中継地が必要で、かつそれが中国に置かれていたらしいことも右の例からも確認できるのであるが、なぜ、海禁の明王朝統治下の中国において中継地を築きえたのだろうか。ザビエルが中国布教のためにカントン入りを念願しつつサンチャンでその生涯を終えたことは先述のとおりであるが、その時のサンチャンに関する彼の報告は、この点を考える上で大変示唆的である。

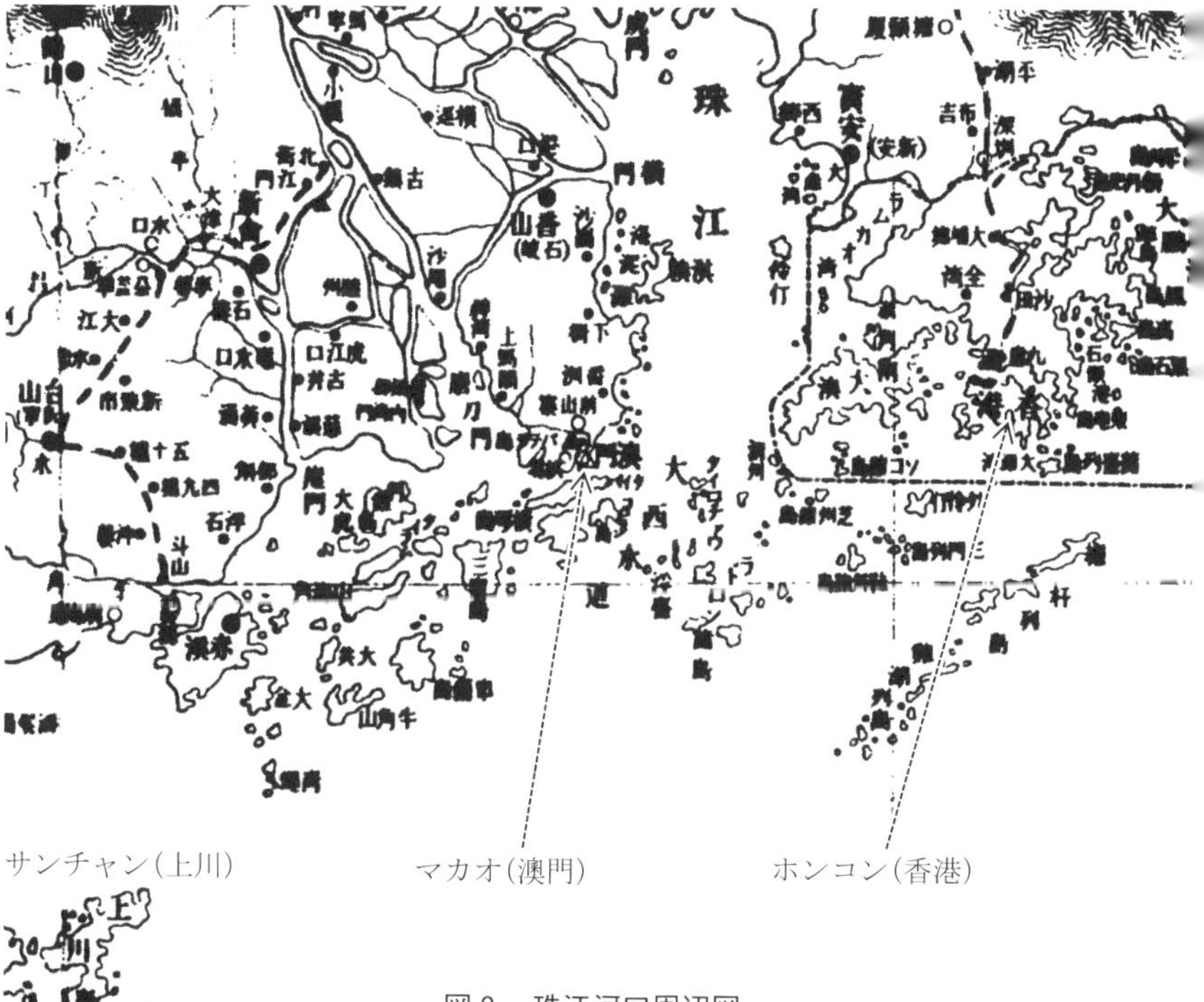

図3　珠江河口周辺図
(凌雲書房編集部編『中國分省地圖』凌雲書房、1981年、62～3頁より)

一五五二年一〇月二二日付の書簡において、ザビエルは、サンチャンはカントン（現在の広州。図3にはないが、珠江を遡った地点）から三〇レグア（約一六八キロ）の地点にあり、カントン商人はポルトガル商人と取引をするために頻繁に到来すると報告している。しかしながら、ザビエルがカントンへの同行を依頼すると、総督に発覚すれば生命や財産が危機に瀕するとして引き受ける者はいなかったと付け加える。ここから注目すべきいくつかの点を読み取ることができる。ひとつには、

図4　上川島三洲港（2013年6月28日撮影）

カントン商人が交易目的で訪れていることから、ポルトガル人が継続的に滞在していること、もうひとつは、カントンとの行き来が頻繁であることから、サンチャンにポルトガル人が滞在していることはカントンでも広く知られており、おそらくは地方官が把握していた可能性が高いことである。それでいながら、サンチャンでは滞在が黙認されても、カントンでは処罰されるという違いが浮き彫りとなる。これは、前者が島であるのに対し、後者は拠点都市であることに起因し、先述の柳井たちの嶴山《おうさん》滞在も類例だと思われる。

やや想像をたくましくするならば、ポルトガル人たちが初来の地に種子島を選択した背景には中国における右のような状況が影響したと考えられる。一五三〇～四〇年代に散見する来日外国船のうち、とりわけ初期には種子島、平戸、江ノ島など島嶼へたどり着いたものが目立つ。それと同程度に周防、豊後神宮寺、阿久根など九州を含めていわば本土への来航もあるのだが、中国同様に本土の立ち入りは日本でも厳重に規制されていると予見した結果、種子島を含む島嶼部での接近を試みたと考えることはできないだろうか。そしてサンチャン同様に継続的な拠点の構築を意図していたとすれば、軍事技術の移植を試みたとしても不自然ではあるまい。現在の地図からはかえってよみとりにくくなっているが、当時奄美大島は琉球の版図であり、トカラ列島は拠点化するには小さすぎるとするならば、種子島は屋久島と並んで日本の最南端であったといえる。ポルトガル人が種子島へ上陸した事情は以上のように考えられ、一見偶発的事故である鉄砲伝来も、そう考えるならば、むしろ必然だと思われてくる。

五　ポルトガル人はなぜ種子島へ上陸したのか

ポルトガルの航路がマラッカへ到達したことは、対日関係に限定しても特筆すべき事項であることは疑いない。しかしながら、日欧交渉史のなかでしばしば語られるように、その航路が日本へ延長されるのは時間の問題とでもいいたげな議論は一面的というほかない。また、中国史で議論される海禁秩序は、この点を考える上で看過できない主題である。とはいえ、法的にはそれに抵触しつつ、外部地域へと漕ぎ出す華人は多く、現実には彼らと交易する外国人もおり、拠点も形成された。

さらには、一六世紀前半の日本には少なからぬ外国船が到来していることは先行研究がしばしば指摘してきたことであるが、事例の列挙だけではその特質を理解したことにはならない。

これまで諸分野の研究が蓄積してきたこれらの論点を相対化し、それでは、日欧関係の成立を中心としたこの時期の海域環境をどのように説明するかを本章の課題とした。ポルトガル人を中心としたヨーロッパがマラッカへ到達し、さらには東アジア情勢について貴重な証言を残すことになった。彼らと、東南アジアにすでに拠点を形成していた華僑や、交易に訪れていた琉球人が接触するが、彼らの故国は朝貢を意図しないヨーロッパ人を受け入れられる環境にはなかった。しかしながら、中国の島嶼部であれば継続的な滞在が黙認されることが経験的に理解されるようになる。そして、日本への航路情報が彼らのもとへ舞い込むと、中国同様に島嶼部であれば接触は可能と判断し、航海を試みる。そして種子島へ到着する。最後には、日本は外国船が本土へ上陸しても駆逐されることはないことが知られるにいたり、豊後府内、山川、福田、さらには長崎などの本土へも来航するようになる。

鉄砲伝来は、以後約百年にわたる南蛮貿易の時代、もしくはキリシタンの世紀といわれる時代の幕開けである。また、グローバル化の起源とされる時代の一コマであるともいえる。これまで単発的・突発的な出来事として様々な説明が重ねられてきたが、多国間関係の視覚を導入することで、それらとは違う歴史のうねりの中での日欧邂逅が像を結ぶ。

【参考文献】

伊川健二（二〇〇八～九）「鉄砲伝来の史料と論点（上・下）」『銃砲史研究』三六一～二号
伊川健二（二〇一一）「環シナ海域と中近世の日本」『日本史研究』五八二号
伊川健二（二〇一三）「鉄砲伝来伝説の系譜」宇田川武久編『日本銃砲の歴史と技術』雄山閣
伊川健二（二〇一四）「外国との関わりを考える」秋山哲雄・田中大喜・野口華世編『日本中世史入門』勉誠出版
岡本良知（一九三六）『一六世紀日欧交通史の研究』弘文荘
鹿児島県教育委員会編（一九九五）『海の道』徳田屋書店
岸野久（一九八九）『西欧人の日本発見』吉川弘文館
河野純徳訳（一九九四）『聖フランシスコ・ザビエル書簡』三、平凡社
檀上寛（二〇〇六）『元明時代の海禁と沿海地域社会に関する総合的研究』平成一五～一七年度科学研究費補助金（基盤研究（C）研究成果報告書：15520437）
松田毅一（一九九二）『日本・ポルトガル交渉小史』在京ポルトガル大使館文化部
ジョアン・ロドリーゲス・ツーヅ（佐野泰彦ら訳、一九六七）『ジョアン・ロドリーゲス日本教会史』岩波書店

第十章　「戦後五〇年」と「戦後七〇年」

――抗元戦争後の大越（ベトナム）における国際秩序・国家理念・政治体制――

桃木至朗

一　抗元戦争と大越陳朝の変容

大越陳朝（ベトナム。一二二六～一四〇〇年）は一三世紀後半に、モンゴル帝国の出兵に対する三度の抵抗戦争を経験した。それ自体が南宋平定やインド洋制覇などグローバルな戦略と関連した、「世界戦争」の一環として実施されたモンゴル（元朝）の大越侵攻と、それに対する壮絶な抵抗戦争は、大越陳朝とそれを取り巻く世界（チャンパー、ラオスなど周辺地域も含む）を大きく変容させた。そして、中国に逃れた親元派の亡命政権は元末まで存在し続けるものの、一二八〇年代の戦争終結からおおよそ五〇年後、国際環境の変化を背景に、大越では「脱戦後」というべき動きが顕在化する。抵抗戦争を担った軍事リーダーの最後の数人が政界から姿を消すのと前後して、文人官僚主導による政権構造や国際関係の再編、そしておそらく歴史や神話の書き換えと創造が行われる。「戦後七〇年」にあたる一三五〇年代にもはやとどめがたい動きとなったその流れの中でおこった変化は、一五世紀以降のさまざまな変動を乗り越えて、ベトナム国家・社会・文化の「伝統」の基盤となってゆく。この章では、大越陳朝のモンゴルとの戦争の戦後処理の概要を紹介したのち、「戦後レジーム」とそこからの脱却について、国家理念や世界像と、実際の秩序・体制の両面から考えてみたい。それは、歴史における「時間」と「世代」の問題に関心を向けさせるものでもあろう。

二　世界戦争としてのクビライの大越侵攻

「外部からの侵略と戦い抜いた歴史」を誇るベトナムにおいて、前近代のもっとも輝かしい戦いとされてきたのが、陳朝のモンゴルとの戦い（抗元戦争）である。これについては、第二次大戦前後に日本の東南アジア史学のパイオニアとして活躍した山本達郎（一九五〇、一九七五）、独立後のハノイの史学界を支えてきた学者の一人ハー・ヴァン・タンと後輩のファム・ティ・タム（Hà Văn Tấn - Phạm Thị Tâm 1975）などで、戦争とその前後の外交の過程が詳しく考証されている。また、周辺諸国の抵抗の連動性については片倉穣《みのる》（一九九二）が論じ、クビライの南海支配政策については向正樹の研究（向　二〇一三など）が進められている。これらによって、三回にわたる抵抗戦争の概略をおさえておこう。

第一回の戦いは、南宋攻略の右翼部隊として雲南に侵攻し大理王国を滅ぼしたクビライ軍団のうち、部将ウリャンガタイが一二五七年末（旧暦）に大越に侵攻、首都の昇竜（タンロン。現在のハノイ）を占領後撤退したものである。大越側では戦後、二代太宗から三代聖宗への譲位がおこなわれ、新帝である聖宗（皇帝一二五八～七八年、上皇一二七八～九〇年）が南宋との冊封関係[1]を継承する一方で、上皇となった太宗（皇帝一二二六？～五八年、上皇一二五八～七七年）が世子と称して元に朝貢、冊封も受けるという両面外交を開始した。

南宋平定（一二七六年）以後のクビライ（世祖）は、福建の蒲寿庚などの水上勢力を利用しながら東南アジア～インド洋海域の制覇を狙い、占城（中部ベトナムのチャンパー）、馬八児（東南インドのマーバル）・倶藍（西南インドのクーラム）などを拠点にしようとして、さかんに船団を派遣する。しかし一二八一年にこの大作戦の実施機関となる「行《こう》中書省」の占城への設置命令を強行したのに対し占城が反抗、一二八二年末（旧暦）に福建から送られた元の討伐部隊は苦戦におちいった。

そこで大越との第二回の戦争がおこる。クビライは大越に占城征討への協力と元軍の大越領内通過を要求するが、大越が応じないので八男のトゴンを主将として湖南～広西ルートで一二八四年末（旧暦）に大越を攻撃、占城から北方に移動した部隊にも南からこれに呼応させた。大越の首都昇竜はまもなく陥落したが、興道大王陳国峻《こくしゅん》（チャン・フンダオ）を主将とする大越のゲリラ戦に苦しみ、元軍は一二八五年の旧暦五月に撤退に追い込まれる。副将の西夏王族李恒や占城部隊の主将の

元寇を撃破したバックダン河の古戦場（上）と
大越の主将チャン・フンダオを祀ったデン（廟）

ソゲトゥは戦死、ただし聖宗の弟の昭国王益稷《えきしょく》など元に降った多数の王族・官僚が中国に連行される。

第三回の戦争は、一二八七年旧暦一一月から八八年旧暦三月にかけておこなわれた。クビライはトゴンに再度の出征を命じ（このとき三回目の日本遠征を準備していた水軍が転用され、日本は侵攻を免れたとされる）、広西・雲南からの陸軍と広東からの水軍の三部隊が侵攻、またも昇竜を占領したが、後続の補給部隊が撃破されて食糧が尽きたために撤退を決定。帰路に白藤江（バックダン河）で陳国峻らの大越軍に大敗し副将のウマルが殺される。クビライはその後も再出兵を意図していたが、一二九四年にかれが死ぬと元の朝廷は遠征計画を放棄した。

三　戦後の陳朝

大越の国際関係（桃木　二〇一一a）

陳朝は戦後すぐ元への朝貢を再開し元末まで外交関係が継続する。しかし元は亡命した益稷を安南国王に封じ、陳朝の王（実際は歴代上皇）には冊封をおこなわない。益稷は名目的に、安南遠征の責任機関だった湖南の行中書省（湖広行省）の長官を兼ね、顎州（今の武漢）に駐屯した。かれが一三二九年に死ぬと子の端午が三五年に安南国王を襲封したが、元の宮廷ではほとんど注目されることがなかったようだ。

同じく元に抵抗した占城とは協力し、一三〇五年には四代仁宗（皇帝一二七八～九三年、上皇一二九三～一三〇八年）が占城を訪問、翌年かれの娘の玄珍公主がチャンパー王ジャヤシンハヴァルマン二世に嫁入りしたが、王の死後に関係が決裂、一三一二年には陳朝の五代英宗が遠征して占城王を捕らえる。一三一八年にも出兵して占城王をジャワに走らせ代わりの王を立てるなど、チャンパーに対する攻勢が強まった。

また一三～一四世紀は、インドシナ半島北部でラオ人を含むタイ系諸民族の勢力が拡大し、北タイのラーンナー（チェンマイ）、ラオスのラーンサーン（ルアンパバーン）や雲南のシップソンパンナーなどの盆地国家群があいついで建設された時期として知られる。これに対抗して陳朝は、第三回抗元戦争のあとの一二九〇年代には、四代仁宗上皇の哀牢遠征など、西北山地～チュオンソン山脈方面への勢力拡大にも尽力している。

国内体制（桃木 二〇一一b、二〇一一c）

抗元戦争と、戦争の前後に高揚した国家意識は、大越の国内支配体制や国家イデオロギーにも変化をもたらした。朝廷の正規軍だけでなく、地方に屋敷・田庄（荘園）をもつ皇族（宗室）が私兵を率いて戦う方式の成功により、王朝初期からの宗室の支配力がいよいよ強まり、一二四〇年代以来の官僚制整備の動きは後退した可能性がある。とくに太宗の兄の子である陳国峻（?～一三〇〇年）の一門や、宰相の昭明大王光啓（一二四一～九四年）、昭文大王日燏《にちいつ》（一二五五?～一三三〇年）など聖宗の弟たちの一門が大きな力を振るった（図1参照）。とりわけ著名な国峻の場合、父の柳は太宗の兄でありながら帝位に就けず太宗と対立したが、国峻と息子の興譲大王国穎《こくそう》、孫の文恵王光朝の三代にわたり、姉妹が皇后になる一方で皇帝の姉妹を自分の妻としている。一二九九年には柳夫妻に始まる一門の歴代棟梁夫妻の諱《いみな》が避諱《ひき》（文書中で皇帝などの本名に含まれる漢字の使用を禁止して、似た意味の別の字などに変えさせること）の対象とされている。以下は陳朝宗室の位置づけについてよく引かれる史料である。

（史料1）『大越史記全書』紹隆四（一二六一）年条の「史臣呉士連曰く」

陳家の制度では、王侯はみな地方の屋敷に居住し、朝廷にお目見えする際は京に赴くが、事が済めば帰邸した、国峻が万劫に住み、守度が獲郷《かくきょう》に住み、国瑱《こくちん》が至霊に住んだようなことは、みなその例である。元豊七年に元が入寇した際には王侯もまた家の子郎党、郷兵土豪を率いて勤王軍としたり、また大定年間の変事［芸宗らによる楊日礼打倒］に［王侯が］村人・庄民を率いて祭り騒ぎで迎えたのも、京師を助ける勢力をさかんにしていたおかげである（陳家之制、王侯皆居郷第、朝観赴京、事畢還第、如国峻於万劫、守度於獲郷、国瑱於至霊是也。且如元豊丁巳胡虜入寇、王侯亦率家僮・郷兵土豪、為勤王之師、大定之変、又率村庄人為竜袋之迎、亦壮維城之勢也）。

（史料2）『大越史記全書』紹隆一一（一二六八）年条

帝〈聖宗－引用者注〉はかつて宗室に言った「天下というのはご先祖様の天下であってご先祖様の業を受

＊兄弟姉妹の順序は確実ではないものが含まれる。
＊太字は上皇・皇太后になった人物を示す（追贈は除く）。
＊点線は親子関係を示す。
＊皇帝以外の称号は、原則として生前の主要なもののみ記入した。

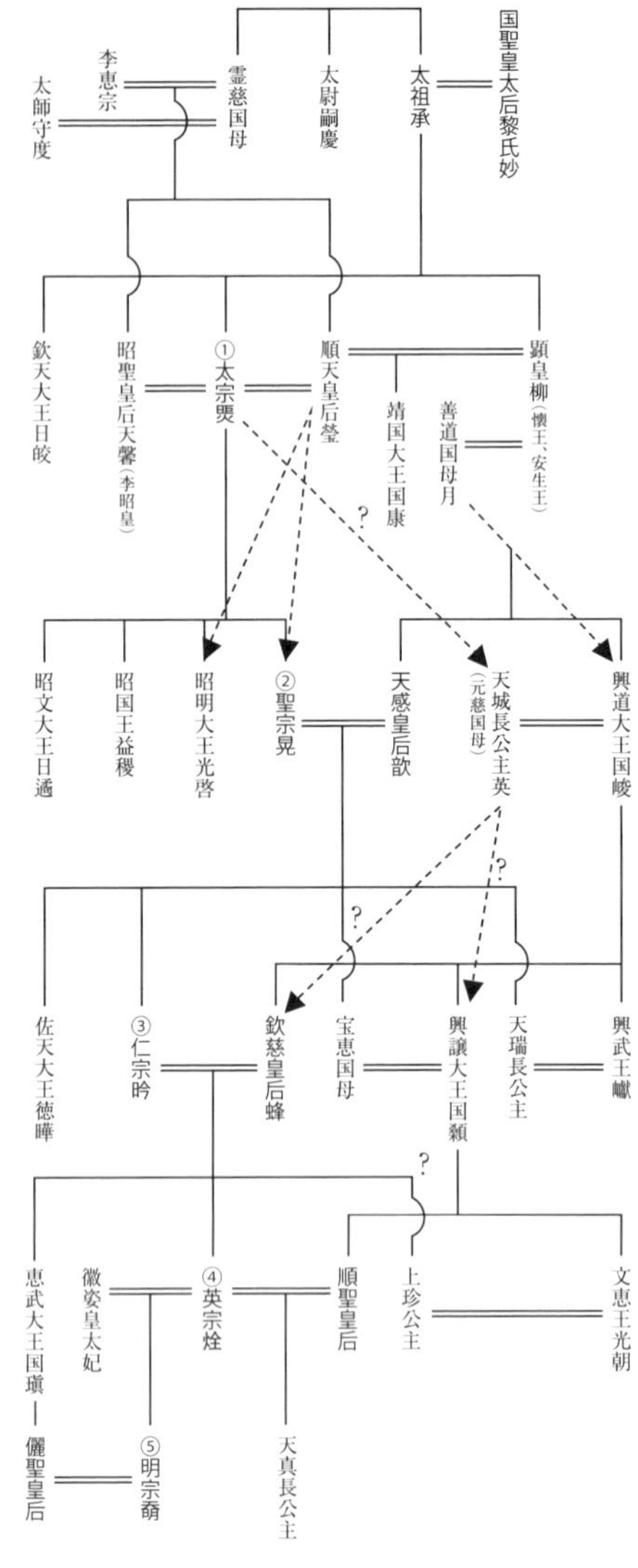

図１－１　陳朝略系図Ａ
（桃木　2011：273から転載）

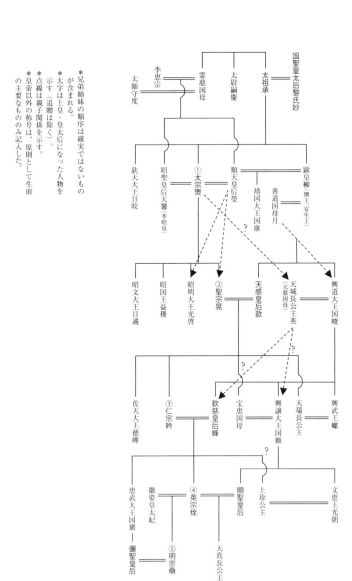

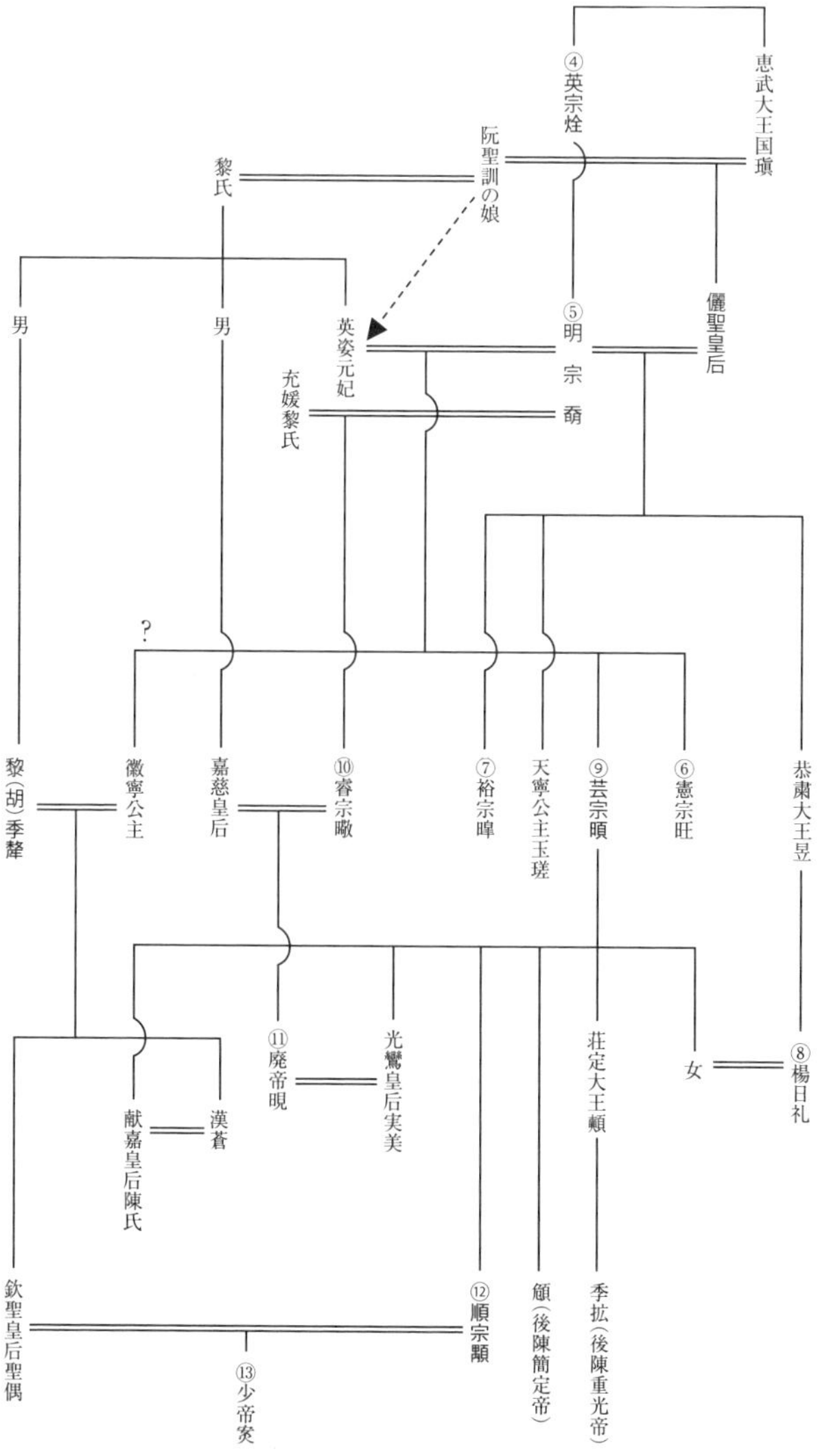

図1-2　陳朝略系図B

(桃木　2011：274を一部修正、凡例はAに同じ)

けつぐ者は、宗室の兄弟たちとともに富貴を享受すべきである。外には天下をもって至尊の一人を奉じているが、内では骨肉同胞である諸君と憂いがあればともに憂え、楽しみがあればともに楽しむのだ。諸君がこのことばを子孫に伝え、永く忘れさせなければ、宗室の万年の福というものだ（帝嘗曰宗室、天下者祖宗之天下、承祖宗之業者、当与宗室兄弟同享富貴。雖外以天下奉一人之尊、而内則与卿等骨肉同胞、憂則共憂、楽則共楽、卿等当以此語伝之子孫、使久勿忘、則宗室万年之福也）。

父方平行イトコ婚を繰り返した皇帝と陳国峻一門以外でも、陳朝では宗室同士の結婚が一般的で、別の父系集団が外戚として権力を握ることが困難だった。李朝までは父系同族集団のまとまりも不明瞭だったが、陳氏は陳国峻一門、陳光啓一門など複数の明瞭な支派の集合体としての父系集団をなしている。それはおそらく族内婚などにより人工的に形成されたものと考えられ、夫婦別財が維持されていること、皇帝と皇后や上皇と皇太后は制度上で最高主権を共有していることなど、東南アジアや古代日本に共通の非父系制・非家父長制的な性格も残存していた。いずれにせよ、こうした父系集団の形成と並行して、前の李朝（一〇〇九〜一二二六年）まで不安定だった父系による帝位継承の仕組みが定着してゆく。すなわち太宗（少なくとも二〇年間は親政をおこなっていた）の譲位後に、史料3に説明されるように皇帝が生存中に息子に譲位し、後者を監督する方式が定例化する。

（史料3）　胡澄『南翁夢録』芸王始末条

陳家の旧例によれば、男子があって長じれば、すぐに王位を継承させ、父は北宮に退去して、王父と尊称し、ともにまつりごとをおこなう。その実はただ神器を伝えて、王なきあとに慌てなくてよいように後事を定めておくだけのことで、まつりごとの決定はみな父がおこない、その点で跡を継いだ王というのは皇太子とことなるところがない（陳家旧例。有子既長、即使承正位、而父退去北宮、以王父尊称、而同聴政。其実但伝名器、以定後事、備倉卒爾。事皆取決于父、嗣王無異于世子也）。

陳朝皇帝・上皇一覧（表）に見られるとおり、前の上皇が死ぬと間もなく皇帝が譲位して上皇になるのだが、上皇在世中は原則として皇太子が立たず、上皇が不在になると皇太子が立てられる。注目すべきことに、一三三〇年代までの碑文では各皇帝の代数を、皇帝・上皇それぞれの在位期間を区別せずに「第〇帝」と数えている。近世以降の歴史記述の枠組みをつくっている『大越史記全書』によれば五代皇帝であるはずの明宗が碑文で「第六帝」と表現されるように、代数の数え方は『大越史記全書』が建国時の皇帝とする太宗（初代としては不自然な廟号である）から数えていない。同書では太宗の父だが実権はなく（実権を握っていたのは一族の陳守度で、かれの策謀により幼少の太宗が即位したものとされる）、建国直後に上皇にまつりあげられたとされる「太祖」陳承が、第一帝としてカウントされていたのだろう。『安南志略』でも陳承を「一世」の国王とする。これはもともと、マジャパヒトや近世のシャム・カンボジアなどにも見られる「ナンバー1とノンバ

表1　陳朝皇帝・上皇一覧（桃木　二〇一一：二七五から転載）

廟号・諱	生没年	皇帝在位年	上皇在位年	前の皇帝との続柄（生母）	正妻（その皇太后称号）
太祖承	?-一二三四	—	一二二六-一二三四	（陳李〔元祖〕の子）	黎氏妙（国聖皇太后）
①太宗煚	一二一八-一二七七	一二二五-一二五八	一二五八-一二七七	太祖次男（国聖皇太后黎氏）	昭聖皇后李天馨、順天皇后李瑩
②聖宗晃	一二四〇-一二九〇	一二五八-一二七八	一二七八-一二九〇	太宗次男〔嫡長子〕（順天皇后）	天感皇后歆（元聖天感皇太后）
③仁宗昑	一二五八-一三〇八	一二七八-一二九三	一二九三-一三〇八	聖宗長男（天感皇后）	欽慈皇后蜂（欽慈保聖皇太后）〔没後は宣慈皇太后〕
④英宗烇	一二七六-一三二〇	一二九三-一三一四	一三一四-一三二〇	仁宗長男（欽慈皇后）	順聖皇后（順聖保慈皇太后）
⑤明宗奣	一三〇〇-一三五七	一三一四-一三二九	一三二九-一三五七	英宗四男（保義王陳平仲の娘徽姿皇太妃）	儷聖皇后（憲慈皇太后）
⑥憲宗旺	一三一九-一三四一	一三二九-一三四一	—	明宗次男？（胡季犛の叔母充媛黎氏）	〔恵粛王大年の長女顕貞宸妃〕
⑦裕宗暭	一三三六-一三六九	一三四一-一三六九	—	明宗一〇男（儷聖皇后）	恵粛王の四女儀聖皇后（徽慈佐聖皇太后）
⑧楊日礼	?-一三七〇	一三六九-一三七〇	—	明宗長男恭粛大王昱の庶子？	明宗の三男〔後の芸宗〕の娘
⑨芸宗暊	一三二一-一三九四	一三七〇-一三七三	一三七三-一三九四	明宗三男（憲慈太后と同母異父姉妹で胡季犛の叔母の英姿元妃）	〔恵懿夫人〕
⑩睿宗曔	一三三七-一三七七	一三七三-一三七七	—	明宗一一男（憲宗と同母）	胡季犛の従妹嘉慈皇后
⑪廃帝晛	一三六一-一三八八	一三七七-一三八八	—	睿宗長男（嘉慈皇后）	芸宗の娘光鸞皇后実美
⑫順宗顒	一三七八-一三九九	一三八八-一三九八	一三九八-一三九九	芸宗末子（生母不明）	胡季犛の長女欽聖皇后聖偶（欽聖皇太后）
⑬少帝㝠	一三九六-一四〇〇	一三九八-一四〇〇	—	順宗長男（欽聖皇后？）	—

－2の区別のある二人の王」が共同統治する仕組みがあって（陳朝で「第〇帝」と数えているのはナンバー1の方）、陳朝の場合も太宗の上位後にそれが定例化した。しかし前の李朝も含め東南アジアでは母子の共同統治など女性の参画があり得たのに対し、陳朝では父子の共同統治に限られたため、中国的な枠組みにしたがう官僚もしくは史書が「上皇－皇帝」「皇帝－皇太子」の区別を持ち込んだのではないかと推測される（桃木　二〇一一b：二八一～三、二八五）。

国家イデオロギー

一二七二年に黎文休が上進した『大越史記』（現存せず）[2]は、最初の大越の史書として知られ、秦の滅亡後に広東～北部ベトナムで自立し一時は漢に対抗して皇帝を称した南越の趙佗《ちょうた》から、李朝末までの「中国と別の帝国としての大越の歴史」を、「編年体で編者のコメントつきの通史」の形式によって描いていたらしい。同書は、黎朝期（一四二八～一五二七年、一五三二～一七八九年）の一四七九年に成立し現在でもベトナム王朝史のもっとも基本的な史料とされる呉士連『大越史記全書』の、李朝までの部分に吸収されたと言われる。ただし、上記の陳朝樹立の経緯における陳守度の主導的役割が以下の『大越史略』『安南志略』には見えない点などからもうかがわれる通り、呉士連はおそらく黎文休の記述をかなり改変している。文休の記述はむしろ、一二八五年に元に降った黎崱《れいしょく》が中国で著した『安南志略』、撰者不明で明の侵攻時に持ち去られて中国側だけで伝わった『大越史略』（黎文休の『大越史記』そのものないしその節略本か）などと共通する紀年や歴史像をもっていたと考えられる。

陳国峻の「将士に檄す」（第三回抗元戦争の際に発せられたものか）では、元との戦いを漢と匈奴の戦いになぞらえている。宗室の地方居住と漢の郡国制の共通点など、陳朝は漢代中国のモデルをかなり意識していた可能性があるが、この問題はまだ研究がほとんどない。

また陳朝は、李朝期に皇帝権正当化などに使われた神々に、抗元戦争後の一二八五年、一二八八年、占城征討後の一三一三年などにあらためて位階と神号を与えており、一三二九年の序をもつ李済川『粤甸《えつでん》幽霊集録』にその記録が集成されている。[3] 仏教界に対しては、陳仁宗が一二九三年の出家後、自らこれを指導しており、近世にはこれが「仁宗が創始した禅宗の竹林派」と認識される。[4]

四　陳朝国家の脱戦後レジーム

上皇権力の空洞化と宗室独占支配の終わり（桃木　二〇一一b、二〇一一c）

以上のような陳朝を取り巻く状況や構造――それはしばしば、中国的枠組みで表現されてはいても東南アジア的な内容をもつものだった――が、戦後四〇年を迎えるころから大きく変化する。もはや元の再出兵が考えられなくなる一方、国内では戦争を知る世代が退場してゆく。

宗室のパワーという点では、一三二五年に興道大王国峻の孫の文恵王光朝が男子を残さずに死んだこと、一三二八年に跡目争いから、権臣陳克終らによって皇后の父の恵武大王国瑱（英宗の弟）[5]

が死に追い込まれたこと、一三三〇年に抗元戦世代の最後の有力宗室男性だった昭文大王日遹が没したことなどが、重要なターニングポイントになったと思われる。上皇制の方も、意外なかたちで困難に逢着する。明宗（皇帝一三一四〜二九年、上皇一三二九〜五七年）の庶子憲宗（皇帝在位一三二九－四一年）が早世し、次に立った明宗の嫡子裕宗（皇帝一三四一〜六八年）に男子がなかったため、明宗夫妻の没後には、上皇が立てられない事態が出来する。明宗の正妻である憲慈皇太后は、一三六九年に没するまで明宗に代わって皇太后権を行使したと考えられるが、それにしても戦後ほぼ七〇年に当たる一三五七年に明宗が没したことで、陳朝は後戻りの出来ない坂を下り始めたように見える。裕宗没後に皇帝に立てられた明宗の長子の庶子日礼は他の宗室と対立して倒され、明宗の三男芸宗（皇帝一三七〇〜七三年、上皇一三七三〜九四年）が上皇制を復活させたが、そのときには憲宗・芸宗らの生母の一族から出た黎（胡）季犛《きり》が実権を握り、芸宗没後の一四〇〇年に帝位を簒奪してしまう。

陳氏一族の専権の陰りと反比例して、異姓の官僚・士人層が中央政界の実権を握るようになる。抗元戦争の功績によって抜擢され副宰相として力を振るった陳（杜）克終（?〜一三三〇年）や、英宗・明宗のお気に入りの文臣段如諧（?〜一三三五年）に続き、一三〇四年の「試天下士人」に合格した莫挺之・阮忠彦（一二八九〜?年）、同時期に頭角を現した張漢超（?〜一三五四年）らの、ほとんど抗元戦争を知らない世代の儒教的な文人官僚が力を伸ばし、しだいに皇帝や有力宗室の庇護下から自立したのである。裕宗期（とくに明宗上皇没後）には、黎伯括、范師孟らの儒臣が実権を握って、仏教批判の一方で衣服楽章などの制度を（おそらく唐風から宋風に）改めようとするが、一方で一三四〇年代に始まる奴婢の反抗（小農階層の前進と人口圧力、一四世紀の世界的な天候不順などが背景と見られる）や一三六〇年代に始まる占城の猛攻撃などで、陳朝体制は危機に陥る。陳朝末期の胡季犛や一五世紀の黎朝による、明のモデルにしたがい集権的官僚国家建設に向けた改革の前提となったのは、こうした諸状況であった。

歴史と神話の書き換えや創造（桃木　二〇一一a、二〇一一b）

金石文を見ると、「陳朝第〇帝」という表現が憲宗代まで姿を消し、同時に皇帝の代数は陳承（太祖）からでなくその子の陳煚《けい》（太宗）から数えるようになる。一三三七年に阮忠彦が国史院監修国史に任ぜられ、一三四一年には同じく張漢超と阮忠彦に「皇朝大典」（制度・儀礼の記録集か）を編定させているので、ほぼ戦後五〇年にあたるこの時期に、中国的な基準で見て「より普通な」方向に、皇帝の呼び方と代数の数え方が改められたのではないかと思われる。李氏からの帝位簒奪が陳承でなく陳煚によるものとされ、また『大越史記全書』は『大越史略』と紀年がずれている部分が散見するが、それもこの時に李朝までの紀年を一部修正したものである可能性が否定できない。それがおそらく、黎朝初期の潘孚先による『大越史記続編』（陳朝から明の支配の終わりまでを扱う）を経て、呉士連『大越史記全書』に流れ込んだという推測は、無理ではなかろう。

こうした形式面の変更の一方で、一四世紀半ばから、国内外の危機的状況（元との関係は希薄化したが、一三六八年以降は新しいグローバルな秩序を作ろうとする明の巨大な圧力に直面する）を背景に、『大越史略』では名前だけだった「雄王」の伝説がインドシナ諸民族に広く分布する「竜の精と鳥の精の結婚と百卵＝百人の息子の誕生」など説話や、中国の伝奇小説などを取り込んでふくらまされ、現存『大越史記全書』の冒頭にも記述されている「中国古代の神農氏の血を引く鴻厖《こうぼう》氏による、中華世界の南半を支配する文郎国（雄王一八代の統治）による建国」という建国説話が成立したらしい（陳朝末の官僚胡宗鷟《そうぞく》らにより枠組みが作られたものか）。史料4には『大越史記全書』より原型に忠実かと思われる説話集『嶺南摭怪《せっかい》』を紹介しておく。

（史料4）『嶺南摭怪』鴻厖伝（一四世紀に原型？　一四九二年に完成したベトナムの伝説集）

……炎帝神農氏（中華文明を創始した伝説上の「三皇五帝」のひとり）の三世の孫「帝明」が「帝宜」を生んだ。その後南巡して五嶺（長江流域と華南をへだてる山脈）に至り、仙女と交わって禄続を生んだ。禄続は容貌端正で聡明だったので、帝明はこれに帝位を嗣がせようとしたが、禄続は兄に帝位を譲るべきだと主張して父の命をきかなかったので、帝明は帝宜を立てて北方を治めさせ、禄続を封じて涇陽王として南方を治めさせた。涇陽王は水中に入ることができ、洞庭君の娘の龍女をめとって貉龍君《らくりゅうくん》を生み、これに国を治めさせた。このち北方の神農氏は黄帝［これも五帝のひとり］に敗れて滅亡した……貉龍君は帝宜の後継者「帝来」の娘である嫗姫《おうき》と結婚し、一胞を生んだ。そこから百卵が生まれそれぞれが男子となって自然に育った……貉龍君は水にもぐってしまい取り残された母子は北方に帰ろうとしたが、黄帝に阻まれて帰れなかった。嫗姫が泣いて訴えたところ夫の龍君が現れたが、「私は龍種で水族の長だ。おまえは仙属で地上の人だ。水火は相克するので、永久に一緒にいることはできないのだ」と言い、五十人の息子を連れて水府に戻った。嫗姫は五十人の息子とともに峯州（ハノイ西北方）に残り、長男を雄王として文郎国を立てた。その領域は東は海、西は巴蜀（四川省）、北は洞庭湖、南は占城（チャンパー）と接する……（原文略）

他方で陳朝末期には、大越の支配領域を走る「竜脈」を語り、その最大の「穴」が昇竜にあり帝王の気を有しているという、それは中国人の力では鎮圧できなかった、というストーリーをもち、唐末の高駢《こうべん》に仮託された風水書が出現する（桃木　二〇一一a）など、現実の国土とその支配権への関心も強まる。范師孟も国土意識や文郎国の歴史をふまえた詩を残す（Wolters 1979, 1980; 1982; 1988）。

五　近世ベトナムにおける「伝統」の範型

北部ベトナムの完全内地化をはかり膨大な兵力を送り込んだ明朝との、一〇年におよぶ壮絶なゲリラ戦を黎利の集団が戦い抜いて「独立」を達成したとき、母方で陳氏の血を引き黎利のブレーンをつとめた文人阮廌《げんち》（グエン・チャーイ）は、おそらく上のような神話や歴史を前提として、一四二八年正月（旧暦）に発した独立宣言「平呉大誥《たいこう》」に、史料5の文言を盛り込んだ。

（史料5）「平呉大誥」（『大越史記全書』順天元年正月条）

おもうにわが大越の国はまことに［中国的な意味での］文明国であるが、山川の領域が［中国と違った］独自のものであるうえに、南北［大越と中国］の風俗もまた異なっている。趙［南越国］・丁［部領］・李・陳が国をはじめてから、わが国は［中国の］漢・唐・宋・元と、それぞれが天下の一方に君臨する関係を保ってきた（惟我大越之国、実為文献之邦、山川之封域既殊、南北之風俗亦異。自趙丁李陳之肇造、我国与漢唐宋元而各帝一方）。

黎朝初期の政権は、ゲリラ戦を支えたタインホア・ゲアンの山間出身の武人集団に支配されており、阮廌が構想したような儒教と官僚制による統治は、これまた独立戦争後五〇年近い時間が流れ完全に世代が交代した聖宗の洪徳年間（一四七〇－九七年）にならないと本格的には実現しない（八尾 二〇〇九）。ようやく実現した官僚制国家も一六世紀の内戦で壊れ、武人の支配権が一八世紀まで続く。にもかかわらず、『大越史記全書』の歴史記述や文郎国の神話などの枠組みは、一六世紀以降のベトナムの規範でありつづけた（現在も！）。それは、抗元戦争後の体制からの「脱戦後レジームの動き」と「新しいグローバルな危機」の相乗作用のなかで形成されたものと考えられるのである。

（1）一〇世紀に中国の支配下から自立した北部ベトナムの大越は、国内や東南アジア諸国向けに皇帝を称する一方、宋代以降の中国にはこれを隠して朝貢を続け、一一七四年以後の歴代皇帝は安南国王の封号をえていた。
（2）陳荊和（一九八四）に同書についての解説がある。
（3）Taylor（1986）に同書の歴史的位置が考察されている。
（4）中国禅の高僧伝の形式を流用した李朝末までの高僧伝『禅苑集英』も一四世紀前半までに編まれている。その考証は（Cuong Tu Nguyen 1997）
（5）もと杜姓で、戦功により陳姓を与えられた。

〈参考文献〉

片倉穣（一九九二）「蒙古の膨張とアジアの抵抗」荒野・石井・村井（編）『アジアの中の日本史Ⅳ　地域とエトノス』東京大学出版会、八一〜一〇九頁
陳荊和（一九八四）「大越史記全書の撰集と伝本」陳荊和編校『校合本大越史記全書（上）』東洋文化研究所付属東洋学文献センター、一〜四七頁
向正樹（二〇一三）「モンゴル・シーパワーの構造と変遷―前線組織からみた元朝期の対外関係」秋田茂・桃木至朗（編）『グローバルヒストリーと帝国』大阪大学出版会、七一〜一〇六頁
桃木至朗（二〇〇一）「「ベトナム」の確立」石澤良昭（編）『岩波講座東南アジア史2　東南アジア古代国家の形成』岩波書店、一七一〜一九六頁
桃木至朗（二〇一一a）「10-15世紀の対外関係と国家意識」『中世大越国家の成立と変容』大阪大学出版会、一五七〜一九四頁

桃木至朗（二〇一一b）「一族の事業としての陳朝」『中世大越国家の成立と変容』二七一〜三二五頁
桃木至朗（二〇一一c）「陳朝の地方支配」『中世大越国家の成立と変容』三二六〜三六四頁
八尾隆生（二〇〇九）『黎初ヴェトナムの政治と社会』広島大学出版会
山本達郎（一九五〇）『安南史研究Ⅰ―元明両朝の安南征略』山川出版社
山本達郎（編）（一九七五）『ベトナム中国関係史』山川出版社
Cuong Tu Nguyen（1997）*Zen in Medieval Vietnam*, Honolulu: University of Hawaii Press
Hà Văn Tấn - Phạm Thị Tâm.（1975）*Cuộc kháng chiến chống xâm lược Nguyên Mông thế kỷ 13*（in lần thứ 4）. Hà Nội: Nhà Xuất bản Khoa học Xã hội［ハー・ヴァン・タン、ファム・ティ・タム『13世紀のモンゴル＝元の侵略に対する抗戦』第4版、ハノイ：社会科学出版社　初版一九六八年］
Taylor, Keith W.（1986）Notes on the Viet dien u linh tap, *The Vietnam Forum* 8: 26–59
Wolters, Oliver W.（1979, 1980）Assertions of Cultural Well-being in Fourteenth Century Vietnam, *Journal of Southeast Asian Studies* X(2): 435–450; XI(1): 74–90.［→revised in Wolters 1988］
Wolters, Oliver W.（1982）Phạm Sư Mạnh's Poems Written While Patrolling the Vietnamese Northern Border in the middle of the Fourteenth Century, *Journal of Southeast Asian Studies* XIII（1）: 107–119.［→*The Vietnam forum* 4, 1984, pp.45–69］
Wolters, O. W.（1988）*Two Essays on Dai Viet in the Fourteenth Century*, New Haven: Yale Center for International and Area Studies（The Lac-Viet Series no.9）

第十一章　モンゴル帝国の東アジア経略と日中交流

中村　翼

一　西嶋定生「東アジア世界」論の視座

日本のとくに前近代史に関して「一国史」を克服する試みといえば、西嶋定生の東アジア世界論がまずは想起されよう（西嶋　一九七三など）。これに対しては、国境をまたぐ人々・地域に着目する立場から、東アジアが日中朝越という国家の集合とされており、自己完結的で固定的な枠組みとみなされているとの批判がある（村井　二〇一四など）。的確な指摘だが、国家間の政治・外交関係が持つ文化伝播における役割を重視すべきとした西嶋の問題提起とは、すれ違いがないではない。そもそも西嶋は、東アジア世界を「つながり」を生みだし、またそのあり方を規定する場として構想している。このこと自体は、グローバルヒストリーの視座をもって日本史を考究する上で、もっと注目されてよい。

これに関わって、東部ユーラシアの国際関係に着目する近年の研究（山内　二〇一一など）は示唆に富む。これらの論者は、東アジア世界論の「視野の狭さ」をしばしば批判するために誤解されがちだが、すくなくともその核心は、東アジアよりも広大な東部ユーラシアというステージを設定したことにあるのではない（いうまでもないことだが研究対象の広さは、視野の広さを必ずしも意味しない）。むしろ冊封体制という単一の秩序をもって東アジアにおける文化交流を説明する西嶋説の無理や「窮屈さ」を克服しつつ、人々の交流を規定する国際秩序・国際関係に動態的かつ柔軟に迫ろうとする点こそ評価し、継承すべきと考える。

以上の認識にもとづき、以下では、東アジア海域世界という地域を生成する人々の交流と、東アジアの国際関係がいかなる関係性をもっていたのかについて、とくに九～一四世紀の日本史との関わりを意識しながら整理してみたい。

二　モンゴル時代以前の東アジア海域世界と日中交流

東アジア海域世界の形成

唐の都長安を大混乱に陥れた安史の乱（七五五～七六三年）以後、東アジア（東部ユーラシア）

の国際政治は、唐・ウイグル・チベットの鼎立関係を基軸に展開していく。このような東アジア情勢の変動に関する情報が伝えられるなか、日本の朝廷は九世紀以降、次第に東アジアの国際関係から距離を置くようになる（山内　二〇〇三）。八世紀には二〇年弱に一度の頻度で派遣された遣唐使も、承和五（八三八）年を最後とする。かかる状況下、日本の政治秩序は律令体制を脱し、貴族化（門閥化）・分権化の様相を露わにしていく。脱「中国」化とも評価しうるこの動きは、当該期の日本社会の変容に対する受動的な対応ないし現状追認という色彩が強いが、それとて東アジア情勢と連動したものなのである。

もっとも周知のように、遣唐使が派遣されなくなった後においても、日本と東アジアを結ぶ交流が途絶えたわけではない。九世紀には、本国での飢饉や動乱などを逃れて唐（山東半島や長江以北の沿海地域が中心）に渡った新羅人や、彼らと結んだ唐人が貿易商人（海商）として日本に来航するようになる。これ以降、遣唐使のような外交使節にかわって海商の主導による国境をまたぐ経済・文化の交流がみえはじめ、東アジア海域世界と呼ぶべき地域が形成されはじめるのである。

とはいえ、九～一〇世紀の東アジア海域世界の地域としての成熟度をどの程度評価すべきかは、今後の研究に負うべき部分が大きい。一方、中国江南地域の社会経済が飛躍的な発展をみせはじめる時期といえば、北宋統治下の一一世紀が注目されており、東アジア海域交流においても、この時期の重要性は認めてよいだろう。九六〇年に中国の中原地域で興った宋（北宋）は、九八〇年頃までには呉越をはじめとする中国沿海地域の諸勢力を併合し、一〇〇〇年頃、明州（現、寧波）の市舶司（海商の出入国管理や関税徴収などを行う機関）を中核に、東アジア海域に向けての貿易管理体制を確立する（榎本　二〇〇七：第一部第一章）。くわえて一〇〇四年には、長らく戦争状態にあった北宋‐契丹（遼）間で盟約が締結され（澶淵《せんえん》の盟）、華中を支配する北宋が華北を支配する契丹に毎年、絹や銀を贈ることが定められた。一見すると北宋が一方的に不利益を蒙ったようだが、上田信が指摘するように、これを背景に契丹が北宋から得た銀で北宋の物産を購入したこともあって、結果的には北宋の経済的基盤であった華中の発展が促されたようである。なお、契丹‐北宋で認められる東アジアの南北を結ぶ政治・経済のシステムは、やがて金‐南宋間に受け継がれ一三世紀初頭までは続くことになる（上田　二〇〇五：四四～四六）。

朝鮮半島では、一〇世紀前半に半島を統一した高麗が、一一世紀前半までを通じて王権の強化と国家体制の集権化を実現していく。その一環といえようが、北宋における貿易管理体制の構築と時期をほぼ同じくして、王都開京の外港となった礼成江河口域を窓口に、海商に対する管理体制が整備されたようである（榎本　二〇一〇）。『高麗史』による限り、一〇一二年以降、宋海商が高麗にほぼ連年来航しており、現時点ではこれを一一世紀における東アジア海域交流の活性化という文脈でとらえておきたい。

一一世紀は、日本における貿易史上の画期でもある（中村　二〇一五）。これ以降、天皇家・朝廷は貿易管理の現場からは基本的には撤退していくが、大宰府が博多湾を拠点に海商との関係性を密にしていくなか、貿易管理体制はかえって安定化していく。これに関わって重要なのが、一〇世紀

硫黄島（鹿児島県三島村・2012年８月15日・著者撮影）

末頃から日本朝廷による地方統治体制が変容を遂げていくことである。当該期、平安京にて国政を担う上級貴族は、中下級貴族からなる受領（国司長官）の主導で運営される国衙に地方統治を委ねつつ、人事権をテコに受領層を統制することで、全国への支配を強化・安定化させていく。西海道諸国（九州地方）を管轄した大宰府に対しても例外ではない。大宰府長官の受領化は一〇世紀末には徴証があり、一一世紀には明確になる。そのなかで大宰府機構は、諸国の国衙と同様、長官主導のもとで再編・強化され、一一世紀中頃には府官（大宰府の役人）層の成長と譜代化も顕著になる。

貿易との関わりでいえば、同じ頃に大宰府が九州各地に対する徴税および物資集荷の能力を強化していることに注意したい。その結果であろうが、渡邊誠がいうように、一〇世紀末頃より、硫黄島・奄美群島を主要な供給源とする硫黄やヤコウガイなどが日本独自の輸出品として史料上にみられるようになる（渡邊 二〇一二：第六章）。なお、硫黄輸出の拡大の背景には、北宋が契丹・西夏との対抗上、火器の大量配備を必要としたとの事情もあり、南宋期にも同様の状況は続いていく（山内 二〇〇八）。澶淵の盟による南北分立のシステムの確立が北宋経済を刺激したこととあわせ、軍事的緊張を伴いつつ維持されていた一一～一三世紀前半における東アジアの国際関係が、日宋貿易の促進要因になりえたことに注意したい。またこのことは同時に、日本が自意識としては東アジア情勢から距離をとっていたとはいえ、状況次第で東アジア情勢に巻き込まれる客観的な条件が日本には備わっていたことを意味しよう。

かつて西嶋定生は一〇世紀以降、東アジア世界は、政治的関係から経済的関係へと移行したとした。しかし、九世紀中頃は東アジアにおける国際秩序の再編の起点であり、それと連動した各地における統治体制の構築・変容をうけるかたちで東アジア海域世界は出現した。そして、かかる動きがひとまずの安定期を迎えた一一世紀、東アジアにおける王権－海商の共生関係を前提に、東アジア海域世界は地域としての成熟をとげていくのである。

日宋貿易の展開

一一世紀以降、大宰府の九州支配の強化（集荷能力の向上）や、海商の出身地である北宋（とくに東南沿海地域）の経済発展をうけ、日宋貿易は拡大していく。その結果であろうが、史料上、この頃より宋人海商の日本における長期滞在や、日本人女性との通婚、日本生まれの二世海商の存在が目立つようになる。また日本に来着した海商は九世紀以来、大宰府が管理した外交使節向けの迎賓館に由来する鴻臚館《こうろかん》（現、福岡市中央区）に滞在する決まりであったが、一一世紀後半以降は、同じく博多湾に面し、鴻臚館より三キロほど東にある博多へとその滞在地を移したようである。ここに国際貿易港・博多が誕生したことになるが、考古学の成果によれば、一二世紀前半までの博多では、宋人と日本人で居住地に棲み分け（大宰府による宋人隔離の結果か、自然発生的なものかはわからない）があり、博多浜の西側三〇〇メートル四方程度の区域が宋人の居住地だったらしい。

11世紀の東アジア

　ただし、一二世紀後半になると、宋人居住区が拡大する一方、日本人との混住も進み、日本人・宋人の居住域の差異は解消されていったようである（大庭　二〇〇六）。なぜ、一二世紀後半にそうした変化が起こったのだろうか。博多ないし全国から出土する貿易陶磁の量から判断するに、日宋貿易は一一～一三世紀を通じて拡大傾向にあり、それが一つの要因となろう。貿易拡大の背景としては、東アジア情勢の変化が挙げられる。一一二七年、北方の金に押されるかたちで臨安（現、杭州）を行在所とした宋（南宋）は、一二世紀半ばにいたってようやく安定期を迎える。宋の南遷は、東アジア海域交流の促進要因ともなったであろう。南遷に伴って進んだ臨安周辺を含む両浙地域の乱開発による森林資源の枯渇は、結果的に日本産木材の需要増大をもたらし、日宋貿易拡大の原動力となっていたからである（岡　一九九八）。また、一三世紀半ばの南宋では、南遷以来、国威が西北方面には及ばなくなり、高麗・日本だけが南宋を慕い、通商しているとの認識があった（『開慶四明続志』巻二）。モンゴルとの戦争が差し迫った頃であり、割り引いて考える必要もあろうが、宋にとっての日本の重要性が南遷後に相対的に高まったことは確かであろう。

しかし、それだけでは、博多における宋人居住区の拡大はともかく、日本人との混住化を説くには十分ではない。その謎を解く鍵となるのは、日本における荘園制の形成である。とくに一二世紀中葉、国政を掌握した鳥羽院の下では、それまで地方統治の枢要を担っていた受領の行政権を牽制するかたちで（小原　二〇一一：五〇）、各地に寺社・権門（中央の有力な公家・武家・寺社を指す研究概念として、以下では「寺社・権門」の語を使用する）の荘園が広範に認定されていった。そのなかで大宰府が有していた西海道一円に対する管轄権・徴税権も同様に掣肘を受けることになり、一一世紀とは異なり、大宰府は博多を拠点とする海商のパトロンとしてはその卓越した地位を次第に保てなくなっていく。海商の居住地が博多を中心にしつつもそれ以前に比して拡散するのも、こうして海商の保護者・顧客が大宰府のみならず寺社・権門を加えるかたちで多様化したことによっていよう。これと関連して、寺社・権門が自ら組織した海商に土地を与えたり、海商が博多以外で日本人の妻を娶る場合があったことも知られている。

荘園制の形成は単に中央－地方を結ぶネットワークの複線化・多元化をもたらしただけにとどまらない。寺社・権門各々が自らの権益を積極的に確保しようとするなかで都鄙の距離が縮まり、中央と地方とを結ぶ物流が刺激される結果を生み出したのである。一二世紀後半からとりわけ一三世紀以降、それ以前は博多に限って集中的にみられた「宋風」の生活文化（宋式喫茶の習慣や結桶の使用、禅宗の信仰など）が、全国に波及していく（榎本　二〇一〇、二〇一五など）。このような現象も、基本的には以上の流れの延長線上にあるのだろう。またこうした「宋風」文化の拡大は、日宋貿易のさらなる拡大にもつながったはずである。

三　モンゴル帝国の東アジア経略と日本

モンゴル帝国の東アジア経略

九世紀半ばのウイグル帝国崩壊以降、ながらく政治的には分裂状態だったモンゴル高原は、一三世紀に至ってテムジン（一二〇六年にチンギス・カンとして大モンゴル国のカン〔汗＝王〕に即位）によって統一される。その後、急速に勢力を拡大した大モンゴル国（以下、モンゴル）は一二二七年に西夏、一二三四年に金を滅ぼし、南宋と淮河を挟んで対峙するに至る。モンゴル－南宋間はその後、一二四〇年代を通じて小康状態を維持するが、モンケ（在位、一二五一～五九年）がカアン（可汗＝皇帝）に即位した頃より、モンゴルは南宋包囲網の構築を進めていく。長期戦を想定したクビライが進言したであろう東方三王家を主力とする高麗遠征と、クビライとウリャンカダイが率いる大理・雲南遠征がそれである。しかし、クビライは大理を落とすと自身の本拠であった華北へと早々に帰還してしまう。そのために一二五六年には短期決戦を目指すモンケ自らが四川方面より南宋に進軍する方針がとられ、モンケに忠実なウリャンカダイも一二五七年に大越への侵攻を開始。翌年には大越を服属させ、一二五九年には広西方面へと兵を進めている。しかし、その途中、モンゴルの南宋包囲網が狭められるなか、モンケは陣中で急逝してしまう。

これをうけてモンケの地位はアリク・ブケに継承されたが、クビライはそれを認めず、一二六〇年に自らカアンを名乗り、一二六四年にはアリク・ブケを降伏に追い込む。かくて、クビライは名実ともにモンゴルのカアンとなる。しかし、自身の即位の事情もあいまって、巨大になりすぎたモンゴル諸勢力を統御し、自身のもとにつなぎとめることは、彼にとって切実な課題となっていた(1)。

杉山正明によれば、かかる課題に対し、クビライが着目したのが南宋統治下の江南の富であった（杉山　一九九五：一四六〜一四九）。このことは、南宋の姿勢いかんに関わらず、クビライにとって南宋が自身の政権基盤を安定化させるためには支配せねばならない相手となったことを意味しよう。これにより、モンゴル（クビライ）－南宋間の敵対は不可避となり、クビライは、東アジアの諸勢力を自陣営とそれに敵対する南宋陣営に色分けし、両属を認めない姿勢を鮮明化したようにみえる。実際、高麗や大越はモンゴルに服属した後もしばしば南宋と通交しており、クビライはそれを知ると両者を譴責している。モンゴル以前は、複数国への朝貢が黙認されることが常であったことからすれば、貢納・軍事協力の義務などを含む具体的な服属関係とあわせて、帰属の一元化を要求するクビライの姿勢は、複数の中心が存在したそれまでの東アジアの国際秩序を、急速に改変させる契機となった。

モンゴル帝国の日本招諭

クビライによる自陣・敵陣の峻別は、東シナ海を越えて日本にも及んだ。一二六八年、クビライによる日本招諭の使者がはじめて日本に到着する。この時のモンゴル国書の内容は、「兵を用うるに至るは、夫れ孰《たれ》か好む所ならん」という有名な文句はあるものの、その内容は穏健であり、両国の善隣友好の樹立を求めたものであったとされる。ただしモンゴルにとって、日本招諭は東アジアにおける南宋包囲戦の一環であり、その基本姿勢は、一二六九年に高麗経由で日本に伝えられたモンゴル中書省の牒《ちょう》もふまえて論じるべきであろう。張東翼によって写が発見されたこの牒状によれば、一二七〇年春までに日本が使者を送らない場合は、軍艦により首都を制圧するとある（張 二〇〇八）。モンゴルからのメッセージが一貫して服属か、さもなくば敵対の意志ありとみなすというものであったことが知られよう。事実、一二七〇年にクビライは日本遠征のための基地を高麗に設けることを計画していた（ただし、趙良弼《ちょうりょうひつ》の提案をうけて先送りとされた）。

一方、モンゴルに対する日本の姿勢については、九世紀後半以来の東アジア情勢に対する「積極的孤立主義」の延長でとらえる向きもあるだろう。しかし、一〇世紀にはともかく一一世紀以降の日本の外交姿勢をみる限り、その評価は過大といわざるをえない。すくなくとも議論の先送りによって嵐が過ぎさるのを待つという当初の対応からは、それまで東アジア情勢からの「孤立」が結果的に維持できていたことによる危機意識の欠如を読み取るべきであろう(2)。もっとも従来の相手であれば、これで不介入の姿勢を察してもらえた可能性は高い。しかし、東アジアの情勢はすでに変化しており、貿易を通じて武器原料たる硫黄を南宋に供給していた日本は、モンゴルの敵対勢力として認定される。その帰結が、一二七四年と一二八一年の文永・弘安の役である。

二度の遠征の後、モンゴル（一二七一年以降、クビライは大モンゴル国をもって「大元」と称したから、以下、「元」とする）は幾度か日本に外交的な接触を図っている。しかし、日本は元に対し、使節を派遣することはなかった。日本は侵攻を退けた側なのだから当然と考える向きもあろうが、転じて南シナ海域をみれば、そこでは元との戦争の後、侵攻対象となった国家・地域と元との間で外交・通商面での紐帯強化がなされる場合も多かった（杉山　一九九五）。両者の違いは、何に由来しているのであろうか。

　元との戦争を経て、南宋は一二七六年、杭州を明け渡すかたちで事実上、滅亡した。これ以後、元は世界最大を誇っていた南宋水軍を手中に収め、これを南シナ海域への進出に利用する。ただし、通商の交換条件として実質的な服属関係を要求したクビライの方針は、南シナ海域の諸国（以下、南海諸国）には受け入れがたいものだったようで、しばしば武力衝突を含む緊張関係を惹起した（桃木　二〇一一：第三章一四三〜一四八）。そのこともあり、元の南海諸国への遠征は潜在的にはともかく、実質的にはクビライ時代（〜一二九四年）に限られ、

元末の東アジア海域

それ以降のカアンの下では、元と南海諸国の関係も通商を主体とするものへと次第に落ち着いていき、南海諸国による元への使節派遣も散見するようになる。もとより、それらは元との関係を背景に周辺国を牽制したり、権力基盤に乏しい国王が自身の権威を補強するためなど、使節を派遣する側の外交・内政上の事情を反映している場合が多く、一部の国との間を除けば継続的な使者の往来は実現しなかった(向 二〇一三)。しかし、元との外交は南海諸国にとって戦略上、選択肢の一つではありえたわけである。

日本はどうであろうか。弘安の役後もクビライは度々、日本への侵攻を計画している。しかしクビライ没後は、日本招諭のための使者派遣こそ継続されたが、服属か戦争かという二者択一を元が強いることはなかった。こうした姿勢の変化は、南海諸国に対するのと同様である。しかし、日本では元との外交関係を結ぶ必要性が意識された形跡はない。また、武臣政権下にあった高麗では、国王がクビライへの服属を選択することで親政を回復させたが、日本の朝廷が独自に元に通じ、武家を排除するという選択は管見の限り、考慮さえされていない。すくなくとも日本国の為政者の意識としては、日本とはあくまでも東アジアの国際情勢から孤立した日本列島(厳密には、そのうちの一部の地域)内で完結した国家であったのだろう。そして、元も一三〇〇年をやや過ぎる頃には、日本招諭の方針を放棄する。『元史』の日本国伝が、一二九九年の日本招諭に関する記事に続けて「而るに日本人、竟《つい》に至らず」と記したところで終わっているのは、示唆的である(榎本 二〇〇七:第二部第一章)。かくして元にとって日本は「不臣之国」として定着することになる。

日元貿易の展開と特質

モンゴル（元）の覇権が東アジアを覆うなかで、東アジア海域交流はいかなる影響を受けたのであろうか。この問題にアプローチするため、以下ではとくに日本が「不臣之国」に定位されたことが持つ意味を考えてみたい。それは、日宋交流と日元交流の連続面・断絶面をとらえることでもあるだろう。

日宋貿易は一一世紀以降、大局的には拡大傾向にあったとみられるが、榎本渉が指摘するように、宋元交替（一二七六年）によって慶元（現、寧波）が元の統治下に入るとしばらくの間は、日元間の敵対関係を反映し、貿易は極度の低迷に陥った。日元貿易が本格的に復活するのはクビライ没後の一二九〇年代後半と考えられ（榎本　二〇〇六）、鎌倉期（〜一三三三年）の日元貿易は、それ以前に勝るとも劣らない活況を呈したとされている。

とはいえ、日元貿易の隆盛が、南宋よりも一般的に積極的といわれる元の交易への姿勢の反映といえるかは難しい。実際、アジアの海域交流の基幹である南海交易に対してならともかく、支線に過ぎない日元貿易を元の政治権力が積極的に主導した形跡は、現時点では認められない。また日元交流の活発さの指標として、入元した日本僧がその数において入宋僧を大きく上回っていることが強調されることもあるが、これも宋元交替を原因と考える必要はないだろう。入元僧の増大は、日本国内における禅宗の一層の興隆および留学を評価するシステムの定着という日本国内の事情に負うところが大きい。日元貿易の隆盛は、基本的には日宋貿易のそれを引き継いだものだといえよう。

しかし、このことは日元貿易が日宋貿易と同じ環境下でなされたことを意味しない。この点と関わってしばしば言及されるのが、一二八一年九月に鎌倉幕府の意向で九州を対象に発令された「他国より始めて来り入る異国人等」の排斥命令である（『鎌倉遺文』一四四五六号）。通説では、これによって中国人海商が博多で長期滞在できなくなり、日元貿易期の海商は短いサイクルで日元間を往復せざるをえなかったとされている（村井　二〇一三b：第二部第三章）。しかし、この命令は弘安の役（同年五〜七月）直後の一時的な方針を示したものとみるべきで、それ以降の恒常的な中国人海商の排斥（長期滞在の禁止）を導くことはできない（中村　二〇一三）。とはいえ、一四世紀には、日宋貿易を主導していた博多の中国系海商の姿が不明瞭になる一方、彼らとは出自の異なる商人の痕跡が確認できるようになることも確かである。後者が前者に完全に取って代わったわけではなかろうが、宋元交替後約二〇年の長期にわたる貿易の途絶・低迷が、日宋貿易を担ってきた海商に少なからぬ打撃を与えた可能性は大いにあろう。かくして日宋貿易以来の担い手の優位性が後退するなかで、日元貿易が復活したことで、新規参入者を含めたかたちで前代以上に熾烈な競争が海商間で展開されていたのではなかろうか。一般に日元貿易期は、鎌倉幕府の関係者をはじめとする日本側の政治権力と海商の距離が縮まった時代とされているが、それには以上のような事情があったと思われる（中村　二〇一三）。[3]

くわえて看過できないのが、日元貿易が抱える構造的な不安定性である。榎本によれば、日本招諭を断念した後であっても、元は日本との貿易を拒まなかったが、日本から来る貿易船に対する警備強化は実施していた。「不臣之国」に対する警戒は当然ともいえるが、一方でこの措置は、元の市舶司の役人と「倭商」との間に緊張関係を惹起したようで、実際にこれ以降、「倭商」による暴動事件も一度ならず起こっており、これが原因となって一般に貿易が復活したとされる一二九〇年代後半以降であっても、日元貿易は一時的であれ、しばしば「倭商」の締め出しというかたちで中断されたのである（榎本　二〇〇七：第二部第一章）。元の警戒が倭商の不満を高め、それによる暴動がさらなる警戒を招くという悪循環のなかにあっては、日本から貿易船を発遣する際に伴うリスクは、日宋貿易期に比して増大せざるをえない。近年の研究では、国家間の戦争と民間の貿易とを次元の異なる問題としたり、戦争にもかかわらず交流は盛んだったとして、それらを現代との違いとして強調する叙述が目立つが、そのことを過度に強調することもまた問題である。

四　元末明初の倭寇と「不臣之国」日本

元末明初の「倭寇」の実像

元覇権下の東アジアにおいて日本が「不臣之国」として定位されたことは、日元交流に多大な影響を与えたのみにとどまらず、元代以降の東アジアの国際秩序を大きく規定することになったように思われる。これに関してまずもって注目すべきは、倭寇であろう。

倭寇とは誰か。この問いに関して研究の到達点を提示しているのは、村井章介であろう。村井は倭寇について、朝鮮・中国の官憲による統制の標語であり、平時には東アジア海域を舞台に国境をまたいで活動する人々が、戦乱・飢饉などをうけて海賊行為に及んだのだと指摘する。また倭寇の活動は、朝鮮・中国の沿海地域において、とくに一四世紀後半に本格化したが、その構成員は一枚岩ではなく、地域によって中核となる人々の出自は様々であったという（村井　二〇一三a：第二部第一章）。このことをふまえて、なお問うてみたいのは、なぜ多様な出自の人々から構成される彼らに、「日本」とは完全には同義ではないにせよ、それを十分に想起させる「倭」が冠されたのかということである。

中国沿海地域における「倭寇」は元代に遡るが、とりわけ大明帝国（以下、明）はその取締を徹底した。明は、海上勢力を広く組織していた蘇州の張士誠や台州の方国珍などの群雄を打倒して華中・華南を統一し、ついに一三六八年、元のカアンをモンゴル高原へと追いやった。こうした成立時の事情により、明は北方への警戒を欠かさなかったが、それとともに問題としたのが、張士誠・方国珍の残党をはじめとする沿海地域の反明勢力であった。明は、彼らを農耕に従事させたり、水軍に編成することで取り込もうとしたが、一三六八年、方国珍の残党を主体とする反乱が勃発することになる（蘭秀山の乱）。藤田明良によれば、明は程なくこれを鎮圧したが、その残党が朝鮮半島西岸や済州島で潜伏を続けるなど、反明勢力は中国東南沿海部を越えたネットワークを有しており、問題解決は容易ではなかった。そのなかにあって明は、これら反明勢力が「倭」と結託していると認識していたのであった（藤田　一九九七）。「倭」が問題視されるゆえんであるが、以下ではまずそのような認識の根拠となる実態が存在したのかについて、一応確認しておこう。そのためには、元末に遡って東アジア海域における人々の動きをとらえる必要がある。

元代の税糧輸送が、大運河を基幹とした宋代・明代とは異なり、海運を主としたこともあって、中国沿海地域における海賊は、元代を通じて政権の悩みの種であった。ただし『元史』順帝本紀によれば、「倭人」が頻繁に沿海地域を「寇」するようになったのは、一三五八年以降のことらしい。これらの「倭人」は、太倉から黄海を越えて山東半島に至る元の税糧輸送ルートを狙って、高麗経由で渤海海峡に出現したものとみられるが、それには次のような前提がある。

第一に、一三五〇年頃より、朝鮮半島南東部に対する「倭寇」の襲撃が本格化したことである。彼らの活動範囲は、当初においては一三世紀までの日麗交流のルート（博多ー対馬・壱岐ー金海）と概ね一致しており、その中心勢力も、朝鮮時代に「三島の倭人」と呼ばれた対馬・壱岐・松浦半島などを拠点とする集団とほぼ重なると考えてよいだろう。第二に、元麗間をつなぐ朝鮮半島西岸から黄海を経て山東半島に至る海上ルート（森平　二〇一三：第七章）の存在である。これが倭寇の活動圏と接続すれば、山東半島進出も説明できそうだが、難所を多く擁する朝鮮半島西岸地域は、「三島の倭人」にとって本来は容易に進出できる海域ではなかったと思われる。

そこで想起すべき第三の前提が、一三五〇年頃からの度重なる天災・飢饉などを背景に、中国江南地域の各地で反元勢力の蜂起が相次ぎ、沿海地域の人々が南シナ海や東シナ海を越えて移動する事態が起きていたことである。榎本渉は、倭寇によって虜とされ、手引きをさせられた元人がいたことを指摘するが（榎本　二〇〇七：第二部第二章二〇〇）、被虜元人には、元を逃れる移民・難民、さらには密航仲介業者が含まれていたはずである。実際、日本僧の龍山徳見は小舟と船員を雇って太倉から高麗経由で博多に到っている（榎本　二〇〇七：第二部第二章一八四〜一八五）。こうした人々を取り込みつつ、「倭人」は、元の税糧輸送ルートや元麗航路の知識を次第に蓄積していったのではなかろうか。

倭寇のターゲットが元の税糧輸送ルートであるならば、渤海湾から南下して中国東南沿海地域に至ったとしても不思議ではない。事実、一三六九年には蘇州が「倭寇」の襲撃を受けており、さらにそれは一三七〇年には温州・台州・明州（慶

太倉（劉家港）の天妃宮

（天妃は媽祖《まそ》とも呼ばれる航海神で、福建地方から、元明代に東アジア海域世界の各地に広まった。江蘇省蘇州市、榎本渉氏提供）

元より改名）にも及んだ。蘇州は張士誠、台州は方国珍の本拠地でもある。蘭秀山の乱の直後でもあり、これらの事件は倭寇と反明勢力の結託を明に意識させるのに十分であっただろう。事実、両者の交流および構成員の重複は、当然ありえるものといわねばなるまい。

「不臣之国」と「倭寇」

ただし、以上を認めた上であっても、明が問題とした中国東南沿海地域の反明勢力全体において「三島の倭人」の占める割合が高かったとは到底考えられない。にも関わらず、「倭」がことさらに問題となり、統制の標語とされたのはなぜなのか。「倭」に込められたネガティブイメージの源泉を突き止める必要がある。

その一つ目のキイになるのは、先に日元貿易の構造的な不安定要素として言及した、元代に頻発した「倭商」の暴動であろう。とりわけ一三〇九年には、市舶司の役人の不正に怒った倭商の暴動が発端となって慶元城内が大火災に見舞われる事態となった。すくなくともそれ以降、朝化に従わない日本から連年来航する倭商は、不満があるとすぐに暴動を起こす危険因子と認識されている（榎本　二〇〇七：第二部第一章一五六～一五七）。慶元の役人について、倭商との穏便な取引を実現したことを称える文献が当該期に散見するのも、倭商に対する警戒の裏返しである。

倭商への警戒は、元末に及んで一層深刻になったようである。慶元の役人であるオルジェイトの行状（一三四五年以前の成立。行状は故人の生前の事跡を記した文章）によれば[4]、一三三五年頃に慶元で「倭寇」による海賊事件が勃発した。もっとも榎本によれば、この事件は実際には貿易上のトラブルをきっかけとする倭商の暴動であり、後世の倭寇事件とは性格を異とする。ただ、それを認めた上でなお注目したいのは、中国東南沿海部において海賊の活動がこの頃、活発化していたという事情こそあれ、この一件が程なく「倭寇」事件と記憶されて行状に記され、「倭」に海賊としてのイメージが重ねられたことである。そしてこの事件の後、慶元では倭船の入港禁止が決定されたが、それは「倭人未だ服さざれば、宜しく中国に至らしむべから」ずとの中央での政策提言を受けてのものだった。倭商の暴動が、日本の「不臣」により、実態以上の警戒を惹起していることが知られよう。

くわえて海賊としての「倭」という認識が、元人に特有のものではなかったことにも注意したい。このうまでもなく、高麗が一三世紀以来、「倭」による掠奪をたびたび経験していたからである。このことが、「倭」に対するネガティブイメージを考える第二のキイとなろう。高麗は弘安の役以後、元に対し、「不臣之国」である日本との境界を威圧・防衛する国を自任しており、こうした論理は元も共有していた（森平　二〇一三：終章）。そうした国際環境下で一三五〇年以降、「三島の倭人」による朝鮮半島東南部における海賊行為が本格化したわけだが、それ以前の小規模な掠奪事件も含め、「倭寇」に関する情報は、通常、高麗より元に報告されていたはずである。そのことも、倭商の暴動と相まって、元の中央そして中国東南沿海地域における「倭」に対する警戒を高める大きな要因となっていたのではなかろうか。明初における「倭」に対する過剰ともいうべき警戒の要因として、

元覇権下の東アジアにおいて日本が「不臣之国」として定位されたことは、決定的な意味を持っていたのである。(5)

五　日本と東アジアの「つながり」を考える

ここまで九〜一四世紀における東アジアの国際情勢の変遷と、それと連動しつつ展開した日中交流との関係性を考察してきた。東アジアが政治的関係から経済的関係へと移行したのではなく、国際情勢・国際政治と経済的・文化的な関係とが密接に関わりながら、ともに変化をとげていることが看取されよう。なかでも目を引くのは、モンゴル（元）の拡大に伴う東アジアの国際秩序の変容であり、元覇権下の東アジアにおいて日本が「不臣之国」として定位されたことが日中交流に及ぼした影響の大きさである。すなわち、日本は元の敵性勢力として東アジアで政治的に孤立したのであり、そのことが日元貿易に構造的な不安定をもたらし、さらには「倭」および日本に対する警戒と不信感を生み出す要因ともなった。

ただしそれと同時に、戦争を経てなお元との外交・通商関係を構築した東南アジアの国家・地域があったことを想起するなら、「不臣之国」としての立場が日元間の戦争によって宿命付けられていたわけではないことにも、注意をしておくべきだろう。すなわち、日本を東アジア情勢から「孤立」した国家であるとみなす中世日本の支配者層の自意識が、日本と東アジアとの「つながり」を阻む要因として無視できない重みをもっていたのである。この点を含め、日本－東アジアの関係性を規定するメカニズムについては論じ残した点、見通しを提示するに留まる部分も多い。それらについては今後の課題としたい。

（1）以上の過程は（杉山 一九九五、一九九六）によっている。
（2）その裏返しが、モンゴルの第一次日本侵攻後に幕府がとった冒険的な対応であり、いずれの場合でも、事態の軟着陸を図る外交的努力の痕跡を認めることは困難である。
（3）もっとも、博多で宋人・日本人の混住化が進んだ一二世紀後半以降、宋人・日本人のエスニシティ上の差異は縮小し、日本への土着化も進んだようである（中村 二〇一三）。
（4）この史料を日本の学界にはじめて紹介したのは榎本渉であり、この事件に関する本稿での事実認識は、（榎本 二〇〇七：第二部第一章一四〇～一四五）に拠っている。
（5）もとより以上の私見は、明や朝鮮王朝が集権的な国家体制を構築していくなかで海上勢力の封じ込めを積極的に進めたのに比して、日本からの統制が十分でなかったことが、日本周辺海域における倭寇の跋扈をもたらしたことを否定するものではない。しかし、それさえも明の成立が東アジアに及ぼす軍事的なインパクトをめぐる日本の地政学的位置および権力者の自意識と関係しており、それらは元覇権下における日本の「不臣」をもたらしたものと通じるであろう。

【引用文献一覧】

（文庫版が刊行された著作、あるいは著者没後にまとめられた単行本に収載された論文に限り、初出年代を併記した）

上田　信（二〇〇五）『中国の歴史9　海と帝国』講談社
榎本　渉（二〇〇六）「初期日元貿易と人的交流」『宋代史研究会研究報告第8集　宋代の長江下流』汲古書院
榎本　渉（二〇〇七）『東アジア海域と日中交流』吉川弘文館
榎本　渉（二〇一〇）「東シナ海の宋海商」『日本の対外関係3　通交・通商圏の拡大』吉川弘文館
榎本　渉（二〇一五）「宋元交替と日本」『岩波講座日本歴史　中世2』岩波書店
大庭康時（二〇〇六）「博多の都市空間と中国人居住区」『港町の世界史2　港町のトポグラフィ』青木書店
岡　元司（一九九八）「南宋期浙東海港都市の停滞と森林環境」『宋代沿海地域社会史研究』汲古書院、二〇一二
小原嘉記（二〇一一）「中世初期の地方支配と国衙官人編成」『日本史研究』五八二号
杉山正明（一九九五）『クビライの挑戦』講談社学術文庫、二〇一〇
杉山正明（一九九六）『モンゴル帝国の興亡』（下）講談社現代新書
張　東翼（二〇〇八）「一二六九年「大蒙古国」中書省の牒と日本側の対応」『史学雑誌』一一四編八号
中村　翼（二〇一三）「日元貿易期の海商と鎌倉・室町幕府」『ヒストリア』二三五号
中村　翼（二〇一五）「平安中期における貿易管理体制の変容」『待兼山論叢』（文化動態論編）四九号
西嶋定生（一九七三）「東アジア世界の形成と展開」『西嶋定生東アジア史論集3　東アジア世界と冊封体制』岩波書店、二〇〇二

藤田明良（一九九七）「「蘭秀山の乱」と東アジアの海域世界」『歴史学研究』六九八号
向　正樹（二〇一三）「モンゴル・シーパワーの構造と変遷」『グローバルヒストリーと帝国』大阪大学出版会
村井章介（二〇一三a）『日本中世の異文化接触』東京大学出版会
村井章介（二〇一三b）『日本中世境界史論』岩波書店
村井章介（二〇一四）『境界史の構想』敬文社
桃木至朗（二〇一一）『中世大越国家の成立と変容』大阪大学出版会
森平雅彦（二〇一三）『モンゴル覇権下の高麗』名古屋大学出版会
山内晋次（二〇〇三）『奈良平安期の日本とアジア』吉川弘文館
山内晋次（二〇〇八）『日宋貿易と硫黄の道』山川出版社
山内晋次（二〇一一）「「東アジア史」再考」『歴史評論』七三三号
渡邊　誠（二〇一二）『平安時代貿易管理制度史の研究』思文閣出版

第十二章　「白村江の戦い」再考

市　大樹

一　白村江の戦いに関するイメージ

白村江《はくそんこう》の戦い（六六三年）は、日本古代の対外戦争として極めて著名である。試みに、現在最も高いシェアを誇る高等学校の日本史教科書である『詳説日本史B』（山川出版社、二〇一五年版）をみてみよう。第2章「律令国家の形成」の第2節「律令国家への道」の小項目「律令国家への道」の第一パラグラフで、次のように叙述されている。

朝鮮半島では、唐と新羅《しらぎ》が結んで六六〇年に百済《くだら》を、六六八年には高句麗《こうくり》を滅ぼした。孝徳天皇の没後飛鳥で即位した斉明《さいめい》天皇（皇極天皇の重祚《ちょうそ》）のもとで、倭は唐・新羅に対し根強い抵抗を示す旧百済勢力による百済復興を支援するため大軍を派遣したが、六六三年に白村江の戦いで唐・新羅連合軍に大敗した。この後、新羅が朝鮮半島の支配権を確立し、六七六年に半島を統一した。白村江の敗戦を受けて防衛政策が進められ、六六四年には対馬《つしま》・壱岐《いき》・筑紫《つくし》に防人《さきもり》と烽火《とぶひ》がおかれた。また、百済からの亡命貴族の指導下に、九州の要地を守る水城《みずき》や大野城《おおのじょう》・基肄城《きいじょう》が築かれ、対馬から大和にかけて古代朝鮮式山城《やまじろ》が築か

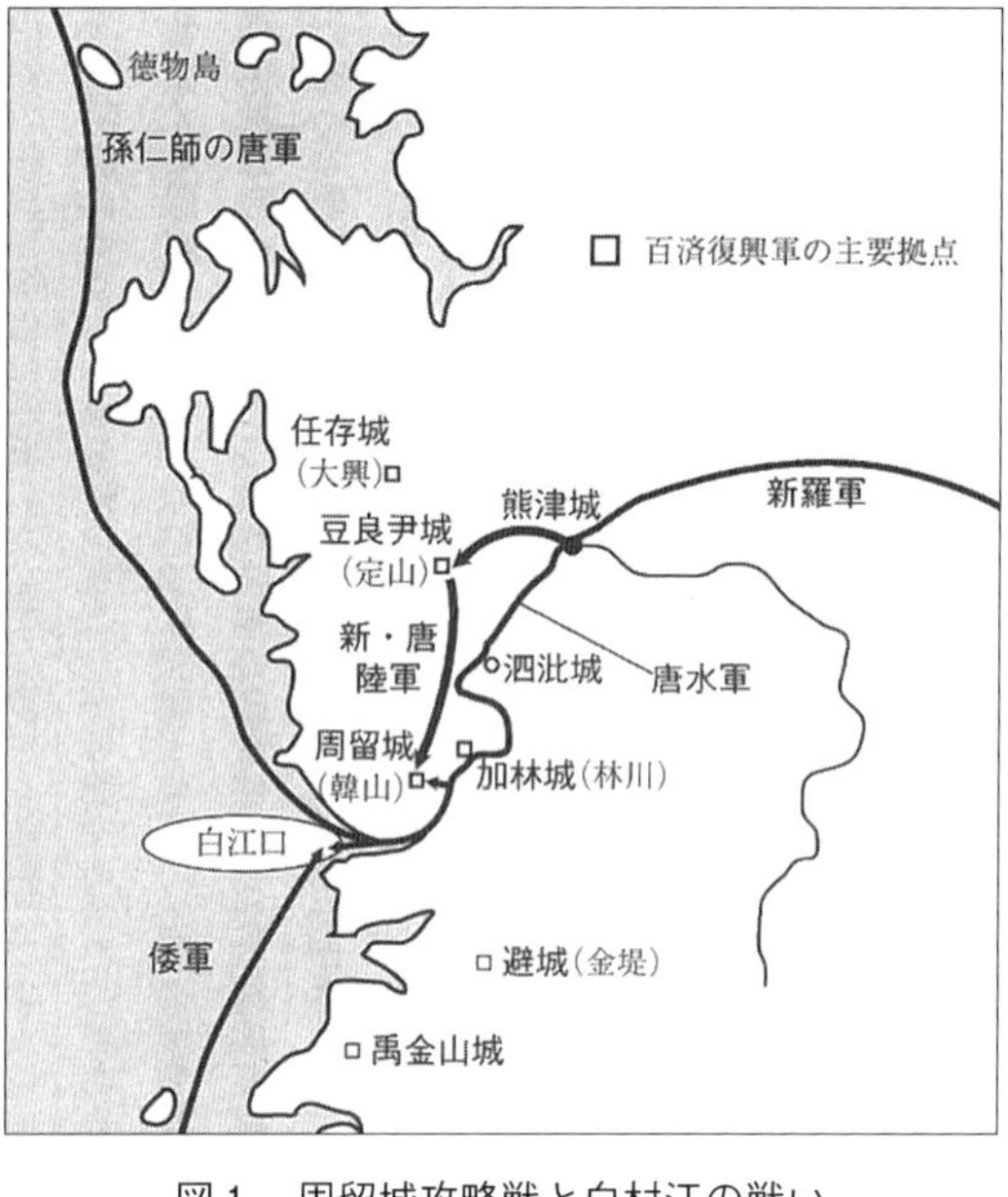

図１　周留城攻略戦と白村江の戦い
（盧泰敦『古代朝鮮三国統一戦争史』（岩波書店、2012年）153頁の図27を転載）

れた。国内政策でも、六六四年には氏上《うじのかみ》を定め、豪族領有民を確認するなど豪族層の編成が進められた。中大兄皇子《なかのおおえのみこ》は六六七年に都を近江大津宮《おうみおおつのみや》に移し、翌年即位して天智天皇となり、六七〇年には最初の戸籍である庚午年籍《こうごねんじゃく》を作成した（一部形式にともなう改変等を施した。以下同じ）。

続く第二パラグラフから第四パラグラフでは、壬申の乱（六七二年）を経て天武天皇が飛鳥浄御原宮《あすかきよみはらのみや》で即位し、中央集権的国家体制の形成が進んだこと、持統天皇の時代には飛鳥浄御原令が施行され、藤原京への遷都も実施されたことなどが記されている。

このように白村江の戦いとは、壬申の乱とならんで、日本律令国家の形成をもたらす重要な戦争として位置づけられている。それでは、その実像はどうであったのか。白村江の戦いは最も狭い意味にとれば、六六三年八月二七・二八日に勃発した、わずか二日間の戦いにすぎない。日本の官撰歴史書である『日本書紀』は、次のように戦闘シーンを描いている

戊戌（八月一七日）、賊将、州柔《つぬ》に至りて其の王城を繞《かこ》む。大唐の軍将、戦船一百七十艘を率いて、白村江に陣列す。戊申（二七日）、日本の船師の初《ま》ず至る者と、大唐の船師と合戦す。日本利ならずして退く。大唐陣を堅めて守る。己酉（二八日）、日本の諸将と百済王と、気象を観ずして、相謂いて曰わく、「我等先を争わば、彼まさに自ずからに退くべし」と。更に日本の伍乱《つらみだ》

れたる中軍の卒を率いて、進みて大唐の陣を堅くせる軍を打つ。大唐、便ち左右より船を夾みて繞み戦う。須臾《とき》の際に、官軍敗続す。水に赴きて溺れ死ぬる者衆《おお》し。艫舳《へとも》廻旋《めぐら》すこと得ず。朴市田来津《えちのたくつ》、天に仰ぎて誓い、歯を切《くいしば》りて嗔《いか》り、数十人を殺しつ。焉《ここ》に戦死す。是時、百済王《くだらのこきし》豊璋《ほうしょう》、数人と船に乗りて高麗《こま》に逃げ去りぬ（書き下しによった。以下同じ）。

これによると、八月一七日、賊将が州柔に到着して、百済復興軍の本拠地である周留《する》城を取り囲んだ。一方、周留城への海からの玄関口となる白村江（錦江の河口部）には、大唐軍将の劉仁軌《りゅうじんき》らが戦船一七〇艘を率いて布陣した。その一〇日後、日本（倭国）水軍の先発隊が白村江に到着し、唐軍と合戦に及んだ。しかし唐軍の守りは堅く、日本軍は退却を余儀なくされた。翌日、日本の諸将（廬原君臣《いおはらのきみおみ》ら）と百済王（豊璋）は、気象（風向きや潮の流れなど）を顧みず、強行突破策をはかることにした。しかし唐軍によって挟み撃ちになり、瞬く間に次々と敗れていった。溺死する者も多く、船も自由に旋回できなかった。日本軍の朴市田来津（豊璋を日本から百済に送り届けて行動に共にした人物）が奮戦するも、ついに戦死してしまった。そして、百済復興軍のシンボルであった百済王豊璋は、数人と船に乗って高麗（高句麗）へ逃げ去ってしまった。

一方、唐の歴史をまとめた『旧唐書《くとうじょ》』に目を転じると、唐軍を率いた劉仁軌《りゅうじんき》の伝記の一節に、「仁軌は、白江の口において倭兵に遇い、四戦に捷《か》ち、其の舟四百艘を焚《や》けり。煙焔《えんえん》は天に漲《みなぎ》り、海水みな赤く、賊衆大潰せり」とあり、唐軍が日本の舟四〇〇艘を焼き払って大勝利を収めたことが、簡潔ながらも具体的に記述されている。

これらの記事をみると、白村江の戦いは日唐戦争の趣きが強かったことがわかる。直接戦火を交えた唐との関係が強烈に印象づけられるが、それは当時の人々にとってだけではない。現代を生きる私たちもまた同様であり、あるいはそれ以上かもしれない。

もちろん、教科書記述などを通じて、日本が戦った相手に新羅も含まれていたこと、そもそも日本が朝鮮半島に派兵したのは百済を救援するためであったことを、私たちは知っている（はずである）。それにもかかわらず、なぜ巨大帝国である唐を相手に日本は無謀な戦いを挑んだのか、という疑問を私たちは容易に払拭することができない。

それはあたかも、アジア太平洋戦争において、なぜ日本は大国であるアメリカを相手に無謀な戦争をおこしたのか、という問いかけに通じるものがある。むしろ、アジア太平洋戦争を念頭に置いて、白村江の戦いを理解しようとしてきたようにすら思われる。アジア太平洋戦争での敗戦後、戦勝国であるアメリカの圧倒的な影響のもと、日本は新たな国づくりに取り組み、「奇跡」ともいえるような復活を遂げてきた。同じように、白村江における敗戦後の日本も、唐の進んだ律令を本格的に摂取し、律令国家体制へと移行していく、と考えられがちである。壊滅的な敗戦を経て、戦勝国の優れた制度や文化などを摂取し、新生国家を作り上げる、という図式は大変わかりやすい。

しかしながら、アジア太平洋戦争とその後の状況について、アメリカとの関係のみで説明できないように、白村江の戦いもまた唐との関係のみでは説明できない。このことはすでに自明といってよいが、唐との関係を主軸に理解する傾向は依然として根強い。少し前の研究になるが、東洋史の視点を加味して日本史の諸問題に鋭く迫り、数々の成果をあげてきた瀧川政次郎は、隋代も含めて「日唐百年の抗争」という観点から、冷戦期・熱戦期・対峙期という時代区分を設定して、七世紀の日本史をダイナミックに捉えようとした（瀧川 一九七三）。現在の研究では、「日唐百年の抗争」といった表現は管見の限り目にしないが、隋および唐が誕生したインパクトを強く受け止めている状況に変わりはない。それは確かに正しい歴史認識と思われるが、中国との関係にばかり目を奪われると、見過ごされてしまうものが出てくる恐れもある。

もうひとつ忘れてならないことは、白村江の戦いは、朝鮮半島における長い動乱の一齣にすぎないという点である。日本史にとって白村江の戦いが大きな意味をもったことは間違いないが、朝鮮史にとって必ずしもそうであるとは限らない。日本史の理解を深めていく上でも、長年にわたる朝鮮半島の動乱という文脈のなかに白村江の戦いを位置づける視点も必要となろう。さらに近年では、日本史研究者の間でも、東アジア世界の枠組みを越えた「東部ユーラシア」などの視点に立った研究も始まっている（吉川 二〇〇四、山内 二〇一一、廣瀬 二〇一四など）。こうした広域的視座に立てば、白村江の戦いもまた違ってみえてくる可能性がある。

以上のような問題関心のもと、グローバルヒストリーで重視されている関係史の観点から、近年の注目すべき研究に導かれながら、白村江の戦いについて再考してみたい。

二　倭国の朝鮮半島への派兵

まず、当時「倭国」と呼ばれた日本が、朝鮮半島に大軍を送った経緯を確認しておこう（池内　一九六〇、森　一九九八など）。その直接のきっかけは百済滅亡（六六〇年）にあるので、これ以後の経緯を簡単に振り返っておく。なお、依拠した主な史料は、『日本書紀』、『旧唐書』、そして朝鮮三国（新羅・高句麗・百済）の歴史を記した『三国史記《さんごくしき》』である。

六六〇年三月、蘇定方《そていほう》が神丘道行軍大総管《しんきゆうどうこうぐんだいそうかん》となって、一三万もの唐軍が百済に向かって進発した。五月には武烈王（金春秋）・金庾信《きんゆしん》が率いる新羅軍も出軍した。唐軍は海上から、新羅軍は陸上から百済に攻撃を加え、七月一八日に百済の義慈王は降伏した。九月三日、唐の蘇定方は、義慈王のほか、太子孝、王子泰・隆・演、大臣・将士八八七人、百姓一二八〇七人を連行し、唐へ凱旋帰国した。ここに百済は滅亡したのである。

百済の王都であった泗沘《しひ》城には、唐の郎将である劉仁願が駐屯し、唐軍一万余り、新羅軍七〇〇〇人が残留することになった。そして、百済の故地に熊津《ゆうしん》・馬韓・東明・金蓮・徳安の五督府を設置し、それぞれ州・県を治めさせた。このうち熊津都督には唐の王文度を任命して派遣したが、なぜか着任直後の九月二八日に死去してしまう（翌年、劉仁軌が唐本国から派遣され、王文度の兵を統率することになる）。他の都督は旧百済人を採用したようであり、州の刺史・県の県令も旧白済人を採用する方針をとった。その結果、五方《ごほう》の制と呼ばれる百済の地方統治は、実質的に温存されることになった。

唐・新羅軍は百済の全土を制圧できていないこともあって、六六〇年八月二日以後、百済遺民の蜂起が各地で相次いでおきた。九月には百済の情勢が倭国に伝えられている。一〇月、百済復興運動のリーダーの一人である鬼室福信《きしつふくしん》は、倭国に使者を派遣して、百済救援のための軍隊の派遣、および百済王族である豊璋の送還を要請してきた。豊璋は義慈王の子で、六四二年もしくは六四三年に倭国に「質」としてやってきた人物である。すでに倭国に滞在して二〇年近くになるが、百済王族であったため、復興運動のシンボルとして担ぎ出されたのである。

この鬼室福信の要請を受けて、早速、斉明天皇は百済の救援を決定した。一二月二四日、斉明天皇は難波宮（難波長柄豊碕宮《なにわながらとよさきのみや》）に行幸し、諸々の軍器を準備させている。また、年内に駿河国に命じて造船に着手させた。この倭国側の極めて敏速な対応に驚かされるが、派兵の理由は「百済の為《ため》に、将に新羅を伐《う》たむ」というものであった。

翌六六一年、斉明天皇は高齢（一説に六七歳）をおして九州まで遠征するが、七月二四日に朝倉《あさくらの》橘広庭宮《たちばなのひろにわのみや》で死去してしまう。称制した中大兄皇子（のちの天智天皇）は、娜大津《なのおおつ》（博多）に近い長津宮に移って陣頭指揮をとり、八月には第一次派兵が始まった。すなわち、前将軍として安曇《あずみの》比羅夫連《ひらぶのむらじ》・河辺百枝臣《かわへのももえのおみ》が、後将軍として阿倍引田比邏夫臣《あべのひけたのひらぶのおみ》・物部連熊《もののべのむらじくま》・守君大石《もりのきみおおいわ》が、「百済を救わし」めるために派遣された。

翌九月には、豊璋は百済への帰還を果たした。その際、中大兄皇子は豊璋に織冠《しょくかん》を授与し、多臣《おおのおみ》蔣敷《こもしき》の妹を娶らせている。織冠は倭国における最上級の冠位とはいえ、その授与は豊璋を臣下として位置づけたことを意味する。百済を倭国の属国にする意図があったことは明らかである。このうち秦造田来津は、白村江の戦いで壮絶な最期を遂げた朴市田来津その人に他ならない。この約五〇〇〇の兵からなる護衛軍は、豊璋の帰還後も行動をともにしたのである。もちろん、豊璋の動きを監視する役割も担ったことであろう。

この第一次派兵軍の主たる目的が百済救援にあったことは、各種史料の伝えるところであるが、一方で『日本書紀』には「日本の高麗を救う軍将等」、「高麗、救を国家（倭国）に乞えり。仍《よ》りて軍将を遣わして、疏留《する》城（周留城）に拠らしむ」などの記述もみえる。これらは相矛盾するものではなく、先述の「百済の為に、将に新羅を伐たむ」とあわせ、百済救援＝高句麗救援＝新羅征伐、という倭国側の意識を読み取るべきであろう。唐を征伐するという意識は、少なくとも史料上に確認することはできない。

なお、ここで高句麗のことが出てくるのは、六六一年正月に唐軍が高句麗に侵攻を開始し、七月には新羅軍もそれに応じたことが関係する。そもそも唐は、六四四年以来何度も高句麗遠征を実施しているが、いずれも失敗に終わっている。唐の前王朝である隋も高句麗遠征を数度おこなうも失敗し、これが隋の滅亡をもたらした。そこで唐は、先に高句麗の背後にある百済を滅亡させることに方針転換したのである。唐は思惑どおり六六〇年に百済を滅亡させると、まだ百済の故地を十分に制圧していないにもかかわらず、高句麗遠征に再度着手する。しかし今回の遠征も失敗に終わることになった。

このような高句麗情勢とも連動して、百済復興軍は唐・新羅軍に対して優位に戦いを進めた。それを受けて、六六二年一二月に、百済復興軍は州柔（周留城）から避《へ》城への遷居を実施している。しかし、その際に意見対立が生じた。豊璋と鬼室福信は、州柔は農地から遠く兵が飢えてしまうという理由で、農業に適した避城への移動を主張した。平時体制への移行を志向したといえる。これに対して朴市田来津は、避城は敵軍に近いこと、飢えることよりも滅びるかどうかが先決問題であること、州柔は山城として堅固であるため敵軍がたやすく攻撃できないことなどを指摘し、避城への移動に反対した。平時体制への移行は時期尚早という認識である。結局、豊璋らの案が採用されて避城へ遷居するが、その二ヵ月後には新羅からの攻撃を受け、州柔への退去を余儀なくされる。

こうして百済復興軍の形勢が悪化する最中の六六三年三月、倭国による第二次派兵がおこなわれる。すなわち、前将軍として上毛野君稚子《かみつけののきみわかこ》・間人連大塩《はしひとのむらじおおしお》が、中将軍として巨勢神前臣訳語《こせのかむさきのおみおさ》・三輪君《みわのきみ》根麻呂《ねまろ》が、後将軍として阿倍引田比邏夫連・大宅臣鎌柄《おおやけのおみかまつか》が遣わされ、二万七〇〇〇の兵を引率し、「新羅を打たしむ」ことになった。第一次派兵の際は前軍・後軍の二軍編成であったが、今回は中軍を加えた三軍編成である。「新羅を打たしむ」という目的に即して、六月には前将軍の上毛野君稚子らが新羅の沙鼻岐《さびき》・奴江《ぬえ》（「沙鼻岐奴江」の地名解釈は諸説あり）の二城を取るという戦果をあげた。中軍・後軍の動向は不明であるが、倭国に百済救援＝高句麗救援＝新羅征伐という意識があったこと、前年に百済を救済するため兵甲の修繕・船舶の備具・軍粮の儲設《ちょせつ》を実施していることを踏まえると、百済の救援に直接向かった可能性がある。

さて、百済復興軍の陣営では、避城への移動が失敗に帰した後、豊璋と鬼室福信との対立が激化している。六六三年六月、豊璋はついに鬼室福信の殺害に及んだ。豊璋が百済の故地に帰還したときは、「福信迎え来て、稽首《おが》みて国朝の政を奉て、皆悉《ことごとく》に委ね奉る」という状態であった。しかし、「時福信既に其の兵権を専らにし、扶余豊と漸く相い猜弐《さいじ》す」、「尋《つい》で福信、道琛《どうせん》を殺し、其の兵衆を併す。扶余豊但だ祭を主《つかさど》るのみ」とあるように、鬼室福信が兵権を掌握すると、両者の関係は悪化する。しばらく平穏を保っていたものの、避城への移動が失敗したことを契機に、両者の関係は修復不可能になる。六六三年五月、兵事を高句麗に告げて戻ってきた倭国の犬上君に対して、豊璋は鬼室福信の罪を語っている(これは倭国が高句麗と提携したことを示す記事としても注目される)。これは豊璋が倭国側に鬼室福信を排除ないし殺害することの同意を取り付けたものとみられる。避城への遷居をめぐって朴市田来津らと対立した豊璋であったが、その失敗を機に再び倭国との提携を強めていくのである(鈴木　一九九七)。

一方、唐・新羅連合軍の陣営では、六六三年五月、劉仁軌の要請を受けて、唐本国より孫仁師《そんじんし》の率いる約七〇〇〇の軍隊が海を渡った。鬼室福信殺害の報に接した唐・新羅軍は、これを好機と、攻撃目標を周留城にしぼって進軍を開始した。唐の孫仁師・劉仁願および新羅の文武王が陸軍を率い、さらに唐の劉仁軌と別将の杜爽《とそう》・扶余隆(百済義慈王の子)が水軍・兵糧船を率いて、周留城で落ち合うこととなった。八月一三日、周留城で籠城していた豊璋は、「今聞く、大日本国の救将廬《いお》原君臣《はらのきみおみ》、健児《ちからひと》万余を率いて、正に海を越えて至らむ。願わくは、諸の将軍等は、預《あらかじ》め図るべし。我自ら往きて、白村に待ち饗《あ》えむ」と述べ、倭国軍と合流するために、白村江へ向かって脱出した。ここに登場する廬原君臣軍について、新たな第三次派兵軍とみる見解もあるが、それを示す積極的な史料的根拠があるわけではない。前述のように、第二次派兵軍のうち中軍ないし後軍が百済の救援に向かったとすれば、その一部が廬原君臣軍であったとみる余地も十分にある。

八月一七日、新羅軍を主力とした陸軍は周留城を囲み（八月一三日には周留城の近辺まできていた）、唐軍を主力とした水軍は、倭国軍が周留城へ援軍を差し向けるのを阻止するために、白村江に布陣することにした。そして先述のとおり、八月二七・二八日に白村江の戦いがおこり、倭国軍は大敗北を喫し、豊璋もまた高句麗へと落ち延びていった。

しかし、白村江の戦いですべてが終わったわけではない。百済復興軍の中心的拠点である周留城が陥落するのは、約一〇日後の九月七日のことである。それまで周留城をめぐる攻防戦が続いていたのである。周留城の陥落を受けてであろう、九月二五日には、倭国軍および多くの百済人が弖礼《てれ》城を経由して倭国へと逃れていった。しかし、任存城では遅受信がなおも百済復興のための抵抗を続けており、その陥落は年末のことである。

以上、百済滅亡（六六〇年）から白村江の戦い（六六三年）にいたる一連の流れを概観してみた。白村江の戦いとは、倭国が百済救援＝高句麗救援＝新羅征伐という意識にもとづいて、百済復興軍の本拠地である周留城へ救援軍を差し向けたところ、白村江で待ち伏せをしていた唐軍に撃退された戦いであったといえよう。唐と雌雄を決するという意識が、当時の倭国にあったとみることは難しいように思われる。

それまでの倭国の歴史を振り返ってみても、朝鮮半島に派兵することは決して珍しくはなかった。著名な事例としては、高句麗の広開土王碑文をあげることができる。三世紀末から四世紀初頭にかけて、高句麗の南下政策を受けて、百済は倭国や伽耶《かや》諸国と提携し、高句麗および新羅と何度か戦争に及んだ。その後も倭国は折りに触れて朝鮮半島に軍隊を差し向けており、特に百済からの要請に応えたものが多い。白村江の戦いだけをみると、唐との戦闘という特異性が際立つが、朝鮮半島へ介入し続けた倭国の長い歴史を踏まえると、六六一年・六六三年の派兵は必ずしも特殊事例とはいえないのである。

また、私たちは六一八年に建国された唐が九〇七年まで存続することを知っているが、その前王朝の隋は三八年という短命で終わっており、それまでの魏晋南北朝時代（一八四〜五八九年）も、さまざまな王朝が群雄割拠する混沌とした状況が長く続いていた。当時の倭国の為政者が唐の力を過小評価していたわけではあるまいが、絶対的存在とは考えていなかった可能性もある。むしろ、度重なる隋・唐の侵略を撃退してきた高句麗の実績に対する信服の方がより大きかったと考えられる（山尾　一九八九など）。

当時の倭国にとっては、それまでの歴史がそうであったように、朝鮮半島に対する権益、とりわけ旧加耶地域に対する権益を確保することは重要な政治的課題であった。そのためには派兵をも厭わなかったように見受けられる。しかし白村江で大敗北を喫して以降、倭国は朝鮮半島に軍事介入することはなくなる。これは倭国の大方針転換といってよい。

三　白村江の戦いの歴史的位置づけ

それでは、白村江の戦いはどのように歴史的に位置づけられるのであろうか。ここでは、日本史、朝鮮史、東部ユーラシア史の視点から少し考えてみよう。

日本史にとって

日本史にとっての白村江の戦いの位置づけを考えるにあたって、敗戦後の対応策が参考になる。教科書の記述にもあったように、敗戦の翌年にあたる六六四年、北部九州に防人・烽火を置くとともに、大宰府への出入り口に水城を築いて、唐・新羅連合軍の侵攻に備えた。その後さらに、対馬から大和にかけての要所に山城を設け、防備を固めていった。六六七年には、都も飛鳥から近江大津宮へと遷される。

こうした防衛体制の整備と並行して、六六四年には「甲子《かっし》の宣《せん》」が出されている。その内容は、次の三点からなる。第一は、冠位を一九階から二六階に改めたことである。冠位一九階のうち七階以下を細分化することによって、中下級官人の増加に対処しようとしたものである。第二は、氏上を定めて、大氏の氏上に大刀、小氏の氏上に小刀、伴造らの氏上に干楯《たて》・弓矢を賜与したことである。氏上は氏の代表者で、主に畿内の豪族を指すと考えられている。第三は、氏上の「民部《かきべ》・家部《やかべ》」を定めたことである。「民部」「家部」については諸説あるが、前者は六七五年に廃止される「部曲《かきべ》」と同じもの、後者はのちに「氏賤」と呼ばれる奴婢を指すと思われる。第二・三は、明らかに氏上を優遇する政策である。しかし一方で、豪族たちの私有民にまで国家の支配が及ぼされることになった。そうした成果をもとに、六七〇年には庚午年籍が作成される。これは倭国の全地域・全人民（賤民身分も含む）を対象した戸籍で、サト（当時の用語は「五十戸」）を単位に作成された。また、戸籍の作成にともなって、一般の人民に対して姓（多くは部姓《べせい》）を付与した。そのため庚午年籍は、氏姓の根本台帳として永久保存されることになる。

　六六八年、長い称制期間を経て、中大兄皇子が即位した（天智天皇）。六七〇年正月五日、天智天皇の長子である大友皇子が太政大臣に、蘇我赤兄が左大臣に、中臣金が右大臣に、蘇我果安・巨勢人・紀大人が御史大夫に任命された。その翌日、「冠位・法度《のり》の事」が施行された。『日本書紀』は「法度・冠位の名は、具《つぶさ》に新しき律令に載せたり」という注を付けている。この「法度（新しき律令）」を近江令とみるのかどうか、飛鳥浄御原令との関係などを含めて多くの議論がある。この問題に深入りすることは避けたいが、律令編纂という観点からみても、「律令」体制の出発点を、白村江敗戦後の天智朝（六六二～六七一年）、あるいは天武朝（六七二～六八六年）に求めるのが有力な見解といってよい。

その裏づけとして、しばしば取り上げられてきたのが、白村江の戦いにみる倭国の遅れた軍事編成のあり方であった（鬼頭　一九七四など）。前述のように、倭国軍は前軍・中軍・後軍という編成をとった。前・中・後については、派遣の順番を示すものにすぎず、各軍が並列的に並ぶだけで、指揮系統が統一されていないという見方が有力視されている。また、軍隊の中身としては、地方豪族が集めた兵を主力とする国造軍を、将軍に起用された中央豪族が引率したにすぎず、統制が十分にとれていなかったと評価されることが多い。さらに戦法に関しても、気象を十分にみることもなく、単純な突撃作戦をとるだけの稚拙なものであった。水軍の数について、唐軍が一七〇艘、倭国軍が四〇〇艘以上で、倭国軍のほうが数は勝っているものの、唐軍には蒙衝《もうしょう》・楼舡《ろうこう》など大型軍船が投入された可能性も指摘されており、小型輸送船を主体とする倭国軍との力の差は歴然としていた。

白村江の戦い以前における倭国の国家形成が未成熟なものであったとする見解は、孝徳朝（六四五～六五四年）における一連の政治改革、いわゆる大化改新を否定する見解とも密接に関係している。大化改新の全面否定はさすがに行き過ぎであるが、戦後歴史学において、その評価が総じて低かったことは否めない。しかし最近では、孝徳朝の王宮である難波長柄豊碕宮が壮大なスケールであったことが発掘調査で判明し、また、飛鳥地域を中心に七世紀木簡が大量に出土したことによって、国－評－五十戸制（国－郡－里制の前身）が孝徳朝にまで遡る可能性が新たに生じるなど、大化改新を再評価する機運が高まりつつある（吉川　二〇〇四、市　二〇一四など）。続く斉明朝（六五五～六六一年）には、飛鳥の大改造、阿倍比羅夫の東北遠征といった大事業をおこない、朝鮮半島への大規模軍隊の派遣を決意するにいたる。これらを可能にしたのも、大化改新が一定の成果をあげたことが大きいであろう。詳細は省略するが、白村江の戦いにみる倭国の軍事編成についても、上記とは逆の評価を下すことも不可能ではない（佐藤　一九八五など）。

　このように研究の現状からみて、日本律令国家形成の画期を特定の事象（たとえば大化改新・白村江の戦い・壬申の乱など）に収斂させることは難しくなりつつある。七世紀後半全般を「形成過程」として捉え、ある程度の幅をもって理解する方が、より実態に即した議論が可能になるように思われる。このような点を十分に認識した上で、日本律令国家の形成を本格化させる契機のひとつとして、白村江敗戦を位置づける必要があろう。

　なお、ここで注意を促しておきたいことがある。それは、白村江敗戦後の倭国は唐を強く意識して国家形成したことは間違いないが、より直接的な影響を与えたのは、亡命百済人であり、少し遅れて新羅人であったという事実である。六六三年に大勢の百済人が倭国に亡命したことはよく知られている。これら亡命百済人の知識が活用された事例としては、古代朝鮮式山城の築城が名高い。そのほかにも、六七一年、法官大輔《のりのつかさのおおきすけ》・学職頭《ふみのつかさのかみ》に任命された百済人や、兵法・薬・五経・陰陽に通じた百済人に対して、冠位を授けているように、天智朝において知識をもつ亡命百済人は重用されたとみられる（天智朝以後も彼らやその子孫は有能な官人として活躍した）。また、多くの亡命百済人が東国を中心に集団移住させられているが、新たな土地の開墾が期待されてのことである。さらに、後述するような朝鮮半島情勢の推移もあって、六六八年以降、新羅と倭国との間では頻繁な交流が展開される。一方、倭国と唐との関係はといえば、六六四年・六六五年・六七一年に唐から倭国に使節が派遣され、六六五年と六六九年に遣唐使を派遣しているものの、これ以後七〇二年に遣唐使を再開するまで両者間の直接交流は完全に途絶えてしまう。この時期の倭国は、中国に由来する律令制を本格的に摂取して国家建設を加速化させるが、同時代の唐から直接学んだのではなく、主に亡命百済人や新羅人を通じて学び取ったのである。

朝鮮史にとって

つづいて、朝鮮史にとって、白村江の戦いはどのように位置づけられるのかを考えてみよう。この問題について示唆に富む考察をおこなったのが、ソウル大学で長年にわたって教鞭をとった盧泰敦氏の著作『古代朝鮮三国統一戦争史』である（盧　二〇一二）。盧氏は、六四一年から七〇〇年までの朝鮮半島の歴史について、「新羅の三国統一」という視点から、次の五期に分けてダイナミックな論を展開した。

第一期（六四一～六五九年）戦争の序幕
第二期（六六〇～六六三年）泗沘城陥落、百済復興戦争――周留城攻略戦と白村江の戦い
第三期（六六四～六六八年）新羅と唐の対高句麗戦争、平壌城陥落
第四期（六六八～六七六年）新羅と倭の関係改善、高句麗復興運動、新羅・唐戦争

第五期（六七六〜七〇〇年）戦争の余震――六七六年以降、新羅の対外関係と国内情勢

各時期の詳細は蘆氏の著作に譲るとして、ここで注目したいのは、第二期における白村江の戦いの意義に関する評価である。蘆氏は次のように述べている。

白村江の戦いの意義を、当時の東アジア国際情勢を決定づける決定的な会戦であったとみるのは、あまりに誇張しているようである。すなわち、この戦闘の主力が唐軍と倭軍であったことを強く意識して、ちょうど壬辰倭乱や清日戦争と対比して、古代中国勢力と日本勢力が朝鮮半島で雌雄を決する戦闘であるかのように認識しようというのは、戦闘の実像と符合しない。もちろん、この戦闘は、百済復興戦争に決定的な影響を及ぼした。これを境に倭の勢力が朝鮮半島から完全に斥けられたので、古代韓日関係史では大きな意味を持つ。この戦闘の敗北以降、日本は中央集権的国家体制である、いわゆる律令体制を形成したように、この戦闘が日本史の展開に一つの画期をつくる契機となったことは事実である。歴史的事件は、それが及ぼした影響によって評価される面を持つだけに、白村江の戦いの歴史的意味は重視されねばならない。しかし、この戦闘は、唐には大きな意味を持つ戦闘ではなく、新羅にとっても主たる戦場ではなかった。戦闘規模についても、どちらも実際に動員された兵力が一万数千の線から大きく離れない程度であった。何よりも、白村江の戦いに関する過度の強調は、その年に繰り広げられた百済復興戦争の主戦場が周留城攻略戦であったことと、新羅軍の存在を軽視することになり、

新羅を受動的な存在とみる歴史認識を生み出す側面がある。これは、白村江の戦いの実像や、その後の歴史展開の理解に助けとならない。

このように盧氏は、白村江の戦いについて、日本史の展開や韓日関係史の上で重要な意味をもったことを認めつつも、百済復興戦争のなかでは主戦場とはいえず、ましてや当時の東アジア国際情勢を決定づける決定的な会戦であったとはいえないと断じている。新羅の能動的・主体的な動きを過小評価してはならないという主張である。

盧氏の著作は、七世紀における「新羅の三国統一」の過程を詳細に論じたものであるが、「三国統一」の概念が果たして成立するのかどうか、実は極めて大きな問題である。よく知られているように、「新羅による朝鮮半島の統一」といっても、実際のところ、高句麗領の北半部を取り込むことはできなかった。高句麗領の北半部、さらにその周辺部を含めた地域には、六九八年に渤海《ぼっかい》が建国される。渤海は、高句麗人・靺鞨《まっかつ》人・その他民族によって構成されたが、韓国・北朝鮮、中国、ロシア（旧ソ連）それぞれの思惑も絡み合って、昔から民族の帰属をめぐる問題（属族問題）があり（李一九九一）、いわば「歴史の綱引き」がおこなわれてきた。さらに、二〇〇二年から二〇〇六年にかけて、中国で「東北工程」と呼ばれる一大事業が展開され、渤海ばかりでなく、高句麗の歴史をも「中華民族」の歴史の一環に位置づける動きがあり（井上 二〇一三）、大きな政治問題になったことは記憶に新しい。盧氏の著作もこれらの動向を強く意識したものであり（特に東北工程に対して）、わざわざ「「三国統一」という概念は成立するのか」という独自の章を最初に設定して、「新羅三国統一論」の賛否をめぐる諸説を紹介・検討している。朝鮮半島が現在置かれている状況――韓国・北朝鮮の分断――もあって、「統一」の捉え方は大変デリケートな問題を孕んでいるのである。「新羅の三国統一」という見方の是非は措くとして、朝鮮史の立場からみて、少なくとも新羅史の立場からすれば、白村江の戦いは必ずしも重要な戦いであったとはいえない、という見方が有力視されている点は認識しておく必要がある。

盧氏の著作でもう一点注目しておきたいのが、「新羅の三国統一」という観点からすれば当然なことながら、白村江の戦い以後の状況が詳細に論じられていることである。日本史の立場では、白村江の戦い以後を「戦後」として処理してしまいがちであるが、六六三年の白村江の戦いはもちろんのこと、六六八年の高句麗の滅亡をもってしても、実際には朝鮮半島における動乱は決して終わりを告げたわけではなかった。すなわち、新羅は唐と同盟を結ぶことによって、百済・高句麗を滅亡させることに成功したものの、それは直ちに新羅が朝鮮半島を統一したことを意味するものではなかったのである。唐は百済王族の扶余隆を熊津都督に任じて朝鮮半島の羈縻《きび》州支配をめざし、一方の新羅は、高句麗王族の安勝を高句麗王に冊立するとともに、百済故地から唐勢力を駆逐することを企てる。そしてついに、六六九年頃に新羅と唐との間に戦争が勃発した。六七六年になると、唐は安東都護府を平壌から遼東地方に遷し、朝鮮半島から撤退する。これをもって新羅による朝鮮半島の統一とみる向きもあるが、唐は依然として朝鮮半島への再侵攻の意図を捨てておらず、戦争の余

図２a　三国時代要図
（武田幸男編『朝鮮史』（山川出版社、2000年）85頁を転載）

図２b　新羅および渤海要図
（武田幸男編『朝鮮史』（山川出版社、2000年）99頁を転載）

震は長くことになった。

こうした新羅と唐の対立は、日本史にも大きな影響を与えた。高句麗が滅亡する直前の六六八年九月、唐との対決の決意を固めた新羅は、倭国と提携するために、六五六年以来となる使節を倭国に派遣してきた。これを受けて倭国は「御調《みつき》輸《いた》す船」一隻を賜与し、新羅を倭国の朝貢国として扱う。やがて新羅は唐との戦争に踏み切り、頻繁な日羅交渉が展開される。一方、唐も新羅との戦争の最中にあった六七一年一一月、旧百済領を統治していた熊津都督から、白村江の戦いの捕虜とみられる二〇〇〇人余りを引き連れて、倭国へと使者がやってきた（松田　一九八〇）。これは倭国に新羅攻撃の参加を要請する使者であったとみられる。結果として、倭国は捕虜と交換する形で甲冑・弓矢・絁・布・綿を賜与したものの、新羅攻撃用の兵は提供しなかった。以後、七〇二年まで倭国と唐との国交は断たれる。前述したように、倭国は新羅や亡命百済人を通じて、律令国家の建設に邁進していくことになる。白村江の戦いまでの国際情勢をみるだけでは、日本律令国家の形成過程を十分に捉えることはできないのである。

東部ユーラシア史にとって

さて、盧泰敦氏の著作は、単に朝鮮三国だけを取り上げるのではなく、唐・倭国はもちろんこと、パミール高原以東の大多数の国と種族の動向についても目配りをし、ダイナミックな叙述がなされている点に大きな魅力がある。盧氏は「三国統一戦争」が「東アジア国際戦争」の様相を帯びていた点に注意を促している。盧氏がいう「東アジア」とは、日本でイメージされているそれよりも広い範囲を指しており、近年注目を集めつつある「東部ユーラシア」に近い。ただし、盧氏の場合、広域的視野をもちつつも、あくまでも朝鮮三国、とりわけ新羅に焦点を定めて論を展開している。

これに対して、東部ユーラシア史を提唱する研究者の一人である山内晋次氏は、主に唐に焦点を定めて、興味深い指摘をおこなっている（山内　二〇一一）。すなわち、①唐にとっての主要な国際関係・国際問題の推移は、突厥《とっけつ》問題（六三〇年代初）→朝鮮半島問題（六四〇年代～六七〇年代半ば）→吐蕃問題（六六〇年代後半～六七〇年代）→復興突厥問題（六七〇年代末・六八〇年代前半）

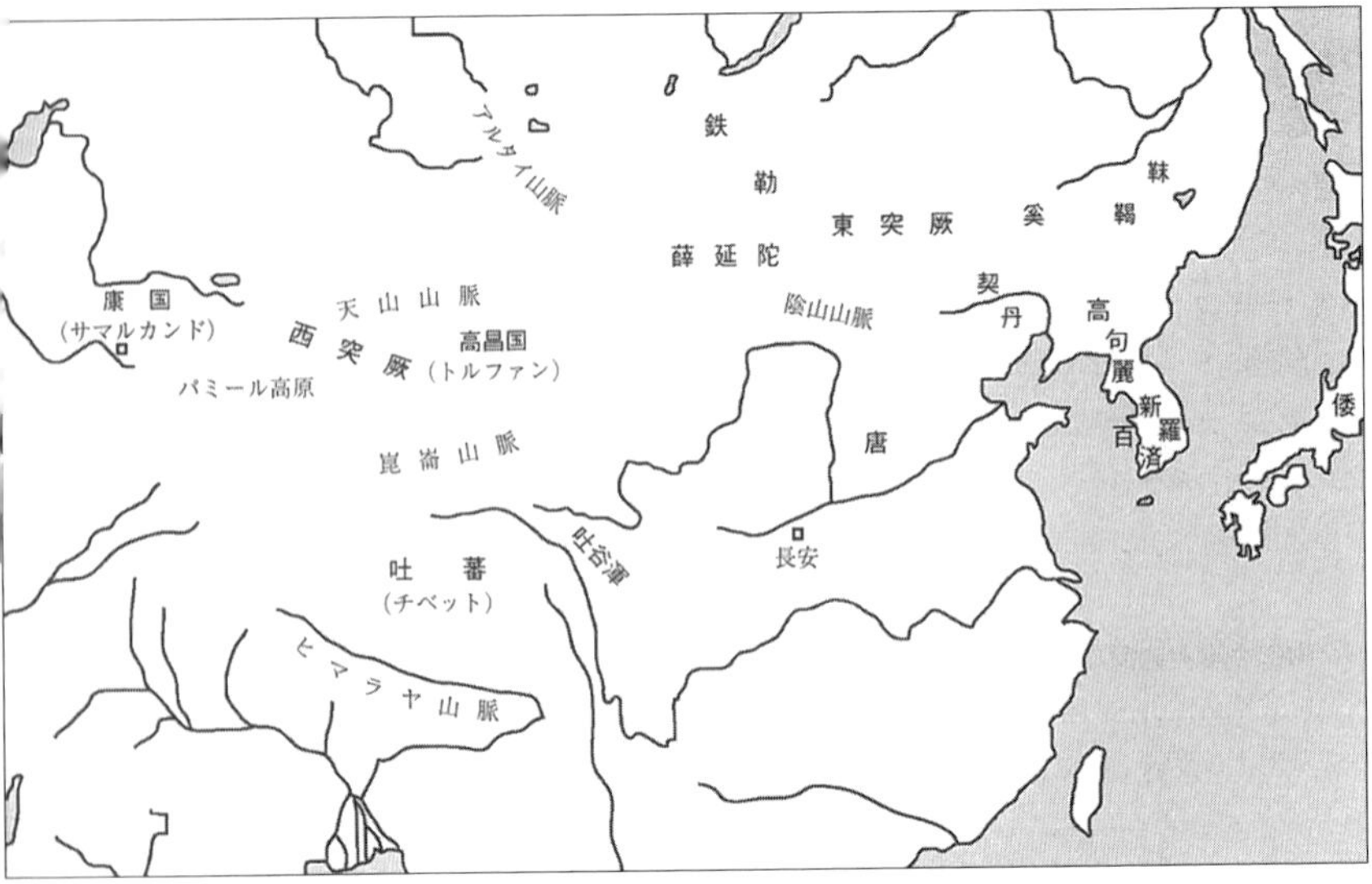

図３　７世紀半ば、三国統一戦争に直接・間接に関係した種族・国家
（盧泰敦『古代朝鮮三国統一戦争史』岩波書店、2012年、４頁の図１を転載）

であったこと、②唐の軍事的・政治経済的国際関係・国際意識において、その東方よりも西方・北方にある諸国家・民族の方が大きな比重を占めていたことに着目し、七世紀唐の対外的論理・戦略を次のようにまとめている。

六三〇年の突厥第一可汗国の滅亡により、唐にとって北方の軍事的脅威が激減した。また、新たに勃興した吐蕃《とばん》も、当時は軍事的にさほど脅威ではなかった。このような北方・西方の状況のなかで、朝鮮半島で高句麗・百済・新羅三国の大規模な抗争がおこり、軍事的に余裕のある唐は、新羅の救援要請もあり、朝鮮半島への支配拡張をねらって、新羅の協力のもとに断続的に大規模な派兵をおこなった。そして、その結果、六六〇年に百済、六六八年に高句麗を滅ぼし、その故地に羈縻支配をおよぼそうとしたが、それまでの同盟国の新羅の頑強な抵抗にあい、両国の戦争が展開された。ところが、この対新羅作戦の最中に、強勢化した吐蕃が唐の領域に大規模な侵略を開始したことにより、唐は新羅との抗争継続の軍事的余裕がなくなり、朝鮮半島での軍事をほとんど放棄し、対吐蕃戦へ軍事力を集中していったのである。

山内氏によれば、「新羅の統一」に帰結した、七世紀後半の朝鮮半島における大規模な歴史変動とは、上記のような唐と突厥・吐蕃との軍事的・政治外交的関係の推移と「つながり」のなかでおこった変動に他ならなかった。したがって、こうした広域的歴史動向のなかでみれば、白村江の戦いはその一環をなしていても、唐にとってはかなり重要度の低い事件・戦闘であった可能性が高いと指摘する。

このように日本史上重要な事件とされる白村江の戦いについて、朝鮮史・東部ユーラシア史の立場からは必ずしも高い評価が与えられていないことを知る。戦争は相手がいて初めて成り立つが、その歴史的位置づけ（あくまでも後世の歴史学者によるものであるが）は双方で常に同じであるとは限らないのである。グローバルヒストリーでは関係史が重視されるが、一連の連鎖においへ生じた出来事であっても、その意味するところは当事者ごとに違っていた点に注意する必要があろう。

今回特に触れなかったが、東部ユーラシア史についても、視点を唐から中央アジアの諸国家に移せば、また違ってみえるはずである（森安　二〇一五など）。

【主要参考文献】

市大樹（二〇一四）「大化改新と改革の実像」『岩波講座日本歴史2　古代2』岩波書店
池内宏（一九六〇）「百済滅亡後の動乱及び唐・羅・日三国の関係」『満鮮史研究　上世第二冊』吉川弘文館
井上直樹（二〇一三）『帝国日本と〈満鮮史〉』塙書房
鬼頭清明（一九七六、一九七四）「白村江の戦と律令制の成立」『日本古代国家の形成と東アジア』校倉書房
佐藤和彦（一九八五）「斉明・天智朝の兵力動員について」林陸朗先生還暦記念会編『日本古代の政治と制度』続群書類従完成会
鈴木英夫（一九九七）「百済復興運動と倭王権」武田幸男編『朝鮮社会の史的展開と東アジア』山川出版社
瀧川政次郎（一九七三）「東洋史からみた大化改新」『総合講座日本の社会文化史1　原始・古代社会』講談社
廣瀬憲雄（二〇一四）『古代日本外交史』講談社
松田好弘（一九八〇）「天智朝の外交について」『立命館文学』四一五～四一七号
森公章（一九九八）『「白村江」以後』講談社
森安孝夫（二〇一五）『東西ウイグルと中央ユーラシア』名古屋大学出版会
李成市（一九九一）「渤海史をめぐる民族と国家」『歴史学研究』六二六号

盧泰敦（二〇一二）『古代朝鮮三国統一戦争史』岩波書店
山内晋次（二〇一一）「「東アジア史」再考」『歴史評論』七三三号
山尾幸久（一九八九）『古代の日朝関係』塙書房
吉川真司（二〇〇四）「律令体制の形成」『日本史講座1　東アジアにおける国家の形成』東京大学出版会

編者あとがき

本書は、大阪大学の歴史系研究者による大学院博士前期課程のリレー講義「歴史学方法論講義・歴史学のフロンティア」の成果であり、書籍としては二〇〇八年に刊行した『歴史学のフロンティア――地域から問い直す国民国家史観』、二〇一三年の『グローバルヒストリーと帝国』に次ぐ三冊目となる。

三冊目のテキストを編集するにあたり、われわれは、統一テーマを「グローバルヒストリーと戦争」とした。グローバルヒストリーの研究は、中央ユーラシア史、海域アジア史、グローバル経済史と世界システム論の各領域で実績を積み重ねてきた阪大歴史系（特に世界史講座）が得意とする研究教育テーマである。この三つの核となる研究領域を中心に、阪大歴史系の研究は、大学全体にとって戦略的に重要な研究テーマとして、二〇一四年一〇月、「大阪大学未来戦略機構（Institute for Academic Initiatives: IAI）・第九部門・グローバルヒストリー研究」として認知された。同機構における文系最初の研究部門となった第九部門は、文学研究科世界史講座と共生文明論の教員を中心に、法学研究科、経済学研究科、国際公共政策研究科、人間科学研究科、言語文化研究科、全学教育推進機構からの教員15名と、専任外国人教授1名の計16名で構成し、科学史や技術史、医学史など理系の分野を含めて、広範な学際的研究を、歴史学を基軸として行っている。二〇一五年六月からは、オクスフォード大学グローバルヒストリー・センターを中心に世界の主要六大学による、グローバルヒストリーの国際共同研究（三年間）にも取り組んでいる。中国の清華大学、シンガポールの南洋理工大学など元来は理系の有名大学が、グローバルヒストリーを中心にすえた人文社会系の教育研究に乗り出すなど、世界の大学にわれわれと共通する動きが広がっている。

われわれが構想するグローバルヒストリー概念については、前著『グローバルヒストリーと帝国』の序章を、古代から現代にいたる具体的な歴史像・歴史解釈については、二〇一四年に出版した、大学教養課程向けの世界史教科書『市民のための世界史』（いずれも大阪大学出版会）を参照されたい。

本書を含めた研究面での評価は、読者のみなさまの判断にお任せするしかないが、最近三年間の私たちの試みの一端を味読していただければ幸いである。

旧大阪外国語大学との統合以前から続けてきたリレー形式の共同授業「歴史学のフロンティア」も、一三年にわたって続いてきたことになる。この間、歴史系や地域研究を専門とする教員約三〇名の協力を得て、共同授業を組織することができた。本書には、ゲストスピーカーとして授業に参加していただいた、新潟大学超域学術院の左近幸村氏、大阪観光大学国際交流学部の後藤敦史氏と、文学研究科共生文明論の元同僚の伊川健二氏にも寄稿していただけた。本書には執筆していただけなかったが、授業に積極的に協力していただいた他の客員講師や教員メンバー各位、毎回の授業で鋭い質問を投げかけてくれた受講生のみなさんにお礼申し上げたい。最後に、本書を含めて三冊のテキストの編集・出版を強く薦めていただき、的確なご助言をいただいた大阪大学出版会の落合祥堯氏に、改めて感謝いたします。

二〇一六年一月

秋田　茂
桃木至朗

岡田　雅志（おかだ　まさし）

1977年生まれ。大阪大学大学院文学研究科・世界史講座・助教

（主要業績）『越境するアイデンティティ――黒タイの移住の記憶をめぐって』（風響社、2014年）、「タイ族ムオン構造再考――18-19世紀前半のベトナム、ムオン・ロー盆地社会の視点から」『東南アジア研究』50巻1号（2012年）

後藤　敦史（ごとう　あつし）

1982年生まれ。大阪観光大学国際交流学部・専任講師

（主要業績）『開国期徳川幕府の政治と外交』（有志舎、2015年）、「アメリカの対日外交と北太平洋測量艦隊――ペリー艦隊との関連で――」『史学雑誌』124編9号（2015年）

古谷　大輔（ふるや　だいすけ）

1971年生まれ。大阪大学大学院言語文化研究科・准教授

（主要業績）近藤和彦編『歴史的ヨーロッパの政治社会』（共著、山川出版社、2008年）、村井誠人編『スウェーデンを知るための60章』（共著、明石書店、2009年）

伊川　健二（いがわ　けんじ）

1974年生まれ。成城大学共通教育センターほか非常勤講師

（主要業績）『大航海時代の東アジア――日欧通交の歴史的前提』（吉川弘文館、2007年）、「フィリピンと日本、日西関係の黎明」「豊臣秀吉とスペイン」（坂東省次・川成洋編『日本・スペイン交流史』れんが書房新社、2010年）

中村　翼（なかむら　つばさ）

1984年生まれ。大阪大学大学院文学研究科・共生文明論コース・助教

（主要業績）「日元貿易期の海商と鎌倉・室町幕府」『ヒストリア』241号（2013年）、「鎌倉禅の形成過程とその背景」『史林』97巻4号（2014年）

市　大樹（いち　ひろき）

1971年生まれ。大阪大学大学院文学研究科・日本史講座・准教授

（主要業績）『飛鳥藤原木簡の研究』（塙書房、2010年）、『すべての道は平城京へ――古代国家の〈支配の道〉――』（吉川弘文館、2011年）

執筆者紹介（執筆順）

秋田　茂（あきた　しげる）

1958年生まれ。大阪大学大学院文学研究科・世界史講座・教授

（主要業績）『イギリス帝国とアジア国際秩序 ── ヘゲモニー国家から帝国的な構造的権力へ』（名古屋大学出版会、2003年）、『イギリス帝国の歴史 ── アジアから考える』（中公新書、2012年）

桃木　至朗（ももき　しろう）

1955年生まれ。大阪大学大学院文学研究科・世界史講座・教授

（主要業績）『中世大越国家の成立と変容』（大阪大学出版会、2011年）、『わかる歴史・面白い歴史・役に立つ歴史 ── 歴史学と歴史教育の再生をめざして』（大阪大学出版会、2009年）

田中　仁（たなか　ひとし）

1954年生まれ。大阪大学大学院法学研究科・教授

（主要業績）『1930年代中国政治史研究 ── 中国共産党の危機と再生』（勁草書房、2002年）、『共進化する現代中国研究 ── 地域研究の新たなプラットフォーム』（共編著、大阪大学出版会、2012年）

中嶋　啓雄（なかじま　ひろお）

1967年生まれ。大阪大学大学院国際公共政策研究科・教授

（主要業績）『モンロー・ドクトリンとアメリカ外交の基盤』（ミネルヴァ書房、2002年）、“The Monroe Doctrine and Russia: American Views of Czar Alexander I and Their Influence upon Early Russian-American Relations,” *Diplomatic History*, Vol.31, Number 3（June 2007）.

中野　耕太郎（なかの　こうたろう）

1967年生まれ。大阪大学大学院文学研究科・世界史講座・教授

（主要業績）『20世紀アメリカ国民秩序の形成』（名古屋大学出版会、2015年）、『戦争のるつぼ ── 第一次世界大戦とアメリカニズム』（人文書院、2013年）

左近　幸村（さこん　ゆきむら）

1979年生まれ。新潟大学研究推進機構超域学術院・准教授

（主要業績）編著『近代東北アジアの誕生：跨境史への試み』（北海道大学出版会、2008年）、「経済的相互依存関係の深化とヨーロッパ社会の変容」小野塚知二編『第一次世界大戦開戦原因の再検討：国際分業と民衆心理』（岩波書店、2014年）

阪大リーブル56

グローバルヒストリーと戦争

発行日　2016年4月15日　初版第1刷　〔検印廃止〕

編著者　秋田　茂
　　　　桃木　至朗

発行所　大阪大学出版会
　　　　代表者　三成賢次
　　　　〒565-0871
　　　　大阪府吹田市山田丘2-7　大阪大学ウエストフロント
　　　　電話：06-6877-1614（直通）　FAX：06-6877-1617
　　　　URL　http://www.osaka-up.or.jp

印刷・製本　株式会社 遊文舎

ISBN 978-4-87259-437-9　C1320

031 **夫源病** こんなアタシに誰がした 石蔵文信 著 定価 本体1300円+税

032 **ああ、誰がシャガールを理解したでしょうか？** 二つの世界間を生き延びたイディッシュ文化の末裔 圀府寺司 編著 CD付 定価 本体2000円+税

033 懐徳堂 **懐徳堂ゆかりの絵画** 奥平俊六 編著 定価 本体2000円+税

034 **試練と成熟** 自己変容の哲学 中岡成文 著 定価 本体1900円+税

035 **ひとり親家庭を支援するために** その現実から支援策を学ぶ 神原文子 編著 定価 本体1900円+税

036 **知財インテリジェンス** 知識経済社会を生き抜く基本教養 玉井誠一郎 著 定価 本体2000円+税

037 **幕末鼓笛隊** 土着化する西洋音楽 奥中康人 著 定価 本体1900円+税

038 **ヨーゼフ・ラスカと宝塚交響楽団** （付録ＣＤ「ヨーゼフ・ラスカの音楽」） 根岸一美 著 定価 本体2000円+税

039 **上田秋成** 絆としての文芸 飯倉洋一 著 定価 本体2000円+税

040 **フランス児童文学のファンタジー** 石澤小枝子・高岡厚子・竹田順子 著 定価 本体2200円+税

041 **東アジア新世紀** リゾーム型システムの生成 河森正人 著 定価 本体1900円+税

042 **芸術と脳** 絵画と文学、時間と空間の脳科学 近藤寿人 編 定価 本体2200円+税

043 **グローバル社会のコミュニティ防災** 多文化共生のさきに 吉富志津代 著 定価 本体1700円+税

044 **グローバルヒストリーと帝国** 秋田茂・桃木至朗 編 定価 本体2100円+税

045 **屛風をひらくとき** どこからでも読める日本絵画史入門 奥平俊六 著 定価 本体2100円+税

046 **アメリカ文化のサプリメント** 多面国家のイメージと現実 森岡裕一 著 定価 本体2100円+税

047 **ヘラクレスは繰り返し現われる** 夢と不安のギリシア神話 内田次信 著 定価 本体1800円+税

048 **アーカイブ・ボランティア** 国内の被災地で、そして海外の難民資料を 大西愛 編 定価 本体1700円+税

049 **サッカーボールひとつで社会を変える** スポーツを通じた社会開発の現場から 岡田千あき 著 定価 本体2000円+税

050 **女たちの満洲** 多民族空間を生きて 生田美智子 編 定価 本体2100円+税

051 **隕石でわかる宇宙惑星科学** 松田准一 著 定価 本体1600円+税

052 **むかしの家に学ぶ** 登録文化財からの発信 畑田耕一 編著 定価 本体1600円+税

053 **奇想天外だから史実** ─天神伝承を読み解く─ 髙島幸次 著 定価 本体1800円+税

（四六判並製カバー装。定価は本体価格＋税。以下続刊）